产业集群知识溢出及其对企业创新绩效的影响研究

Research on Knowledge Spillovers in Industry Cluster and its Influence on Enterprise Innovation Performance

王 瑞 著

中国建筑工业出版社

图书在版编目（CIP）数据

产业集群知识溢出及其对企业创新绩效的影响研究/王瑞著.—北京：中国建筑工业出版社，2018.11
ISBN 978-7-112-22751-8

Ⅰ.①产… Ⅱ.①王… Ⅲ.①产业集群-影响-企业创新-研究 Ⅳ.①F273.1

中国版本图书馆 CIP 数据核字（2018）第 222132 号

本书从理论模型构建出发，通过对模拟仿真、数据可视化以及加入空间维度的数据分析等研究工具的综合使用，从各个角度探索了产业集群技术创新，特别是产业集群知识溢出现象的研究方法，在一定程度上打破了产业中观与企业微观之间的研究壁垒，拓展了产业集群技术创新这一研究主题的边界。

本书可以为致力于此领域的研究人员提供一些新思路。

责任编辑：封　毅　周方圆
责任校对：王雪竹

产业集群知识溢出及其对企业创新绩效的影响研究
王　瑞　著
＊
中国建筑工业出版社出版、发行（北京海淀三里河路 9 号）
各地新华书店、建筑书店经销
北京佳捷真科技发展有限公司制版
北京君升印刷有限公司印刷
＊
开本：787×1092 毫米　1/16　印张：9　字数：225 千字
2019 年 2 月第一版　2019 年 2 月第一次印刷
定价：**35.00** 元
ISBN 978-7-112-22751-8
（32861）

前　言

产业集群是我国区域经济发展的重要引擎，通过对资金、劳动力、技术的聚集和合理分配可以使集群企业的创新能力得到整体提高，知识溢出效应作为集群经济重要的组成部分，其对产业集群内企业创新绩效的作用效果受到企业吸收能力等诸多因素的制约，关于产业集群知识溢出与企业创新绩效之间的具体作用机制与作用路径仍存在争议。受到企业微观数据获取难度的限制，目前对于产业集群知识溢出的研究多停留于省、市等中观层面，基于宏观统计数据的研究虽然能够捕捉到知识溢出的痕迹，但无法深入剖析研究区域内部知识溢出的具体情况，捕捉与识别产业集群中的知识溢出现象难度较大，这也成为探究产业集群知识溢出与企业创新绩效微观作用机理的障碍。

本书研究的主要内容包括绪论以及以下六个部分：

第一部分，基于技术进步量子模型的产业集群知识溢出及其影响企业创新绩效的机理研究。首先基于企业技术进步的不连续性，结合产业集群半开放的组织结构，构建了技术进步视角下集群企业创新的量子扩展模型并提出了用于在企业层面识别追踪知识溢出现象企业技术能级的概念；然后，借用量子理论对产业集群内部的微观现象进行了深入的探讨和解读；同时，基于模型重新界定产业集群知识溢出、集群企业创新绩效的内涵。

第二部分，基于知识流动整合研究框架的产业集群知识溢出影响创新绩效的仿真研究。针对现有实证研究中对知识溢出概念的混淆和误用现象，根据第一部分提出的量子理论模型构建了产业集群知识流动的整合研究框架，并据此对知识溢出效应进行进一步的提取与解读；利用 Matlab 进行模拟仿真，验证知识溢出效应在产业集群技术创新中的重要性。

第三部分，产业集群内知识溢出量子假设的验证。从量子模型的角度对现有研究进行了完善，提出了以知识溢出发生条件即企业技术能级向下跃迁为考察指标的原因导向研究方法，代替目前普遍使用的以临近企业创新指标相关性为考察指标的结果导向研究方法。剖析了全要素生产率与企业技术能级之间的内在关联，对全要素生产率的测度和分解方法进行了探讨，构建了与技术进步量子模型相配套的量子扩展 C-D 生产函数，使用 SFA 方法对我国城市层面的统计数据进行分析，验证了本书提出量子假设以及量子扩展 C-D 生产函数的有效性，为使用企业技术能级进行知识溢出的识别和追踪提供了切实可行的计量方法。

第四部分，产业集群定位与集群企业技术能级的测度。首先，基于中国区域创新绩效的时空演化规律对研究区域进行选择，利用空间分析方法对所选区域内的产业集群进行识别和定位；随后，对抽取的企业样本进行企业技术能级的测度，使用面板门限模型验证企业技术能级的存在及其作为产业集群知识溢出识别指标的有效性，同时为后续实证研究提供所需的企业技术能级指标。

第五部分，产业集群知识溢出的识别及其影响创新绩效的实证分析。首先，利用可视化分析方法对产业集群内的知识溢出现象进行识别，指出产业集群的 H-L 和 H-H 集聚模式；其次，通过回归分析验证产业集群知识溢出、吸收能力、集聚模式对创新绩效的影响方式；最后，验证了产业集群主导企业技术能级衰落对知识溢出的影响。

第六部分，充分利用产业集群知识溢出效应的对策与建议。根据本书构建的理论模型，结合实证分析的结果，提出充分利用产业集群知识溢出效应全面提升企业创新绩效的政策与建议。

本书基于作者博士期间的若干研究著成，由于所研究企业动态数据获取渠道的限制，以及作者对大规模企业数据处理经验的欠缺，本书所得到的研究结论更多地是基于对产业集群量子化创新模型的证实和解读，此理论框架的应用情境还有待更为深入的挖掘。同时，也请同样致力于产业集群技术创新理论研究的学者，基于本书所建立理论模型做更多的实证研究，帮助作者对其进行修正和完善。

目　录

第1章 绪论

1.1 研究背景、目的及意义

1.1.1 研究背景

目前，无论是发展中国家还是发达国家，产业集群已成为区域经济最重要的增长极。我国的产业集群在增强地方竞争优势和拉动经济增长中发挥了突出作用，走向国际的产品中90％是由产业集群生产的。从区域性经济的视角进行观察，自改革开放以来，国内已经形成一批典型的产业集群或"准集群"。例如，浙江省目前已形成了成百上千个专业村、专业镇，其中产值超亿元的就有500多个，大约占了浙江工业产值的一半。广东省各种产业的集聚现象也十分明显，据初步估计，在240多个建制镇中传统产业领域已形成一定规模的专业镇就接近60个。此外，苏南地区的IT产业、晋江的制鞋业、山东寿光的蔬菜、河北清河的羊绒等都形成了发展良好的产业集群。产业集群已不再是少数地区的特殊现象，而是作为中国区域发展和产业布局的重要模式，越来越多的地区产业发展出现了集群化趋势。我国产业集群保持高速增长，经济创造能力持续提升，对经济增长作出了巨大贡献，但值得注意的是，由于资金缺乏、劳动力与技术等生产要素流动不自由，市场供给不充分，政府干预过多，市场格局的地区锁定，我国大部分地区仍然不具备维持高度产业集聚的条件。就总体而言，我国产业集群的发展速度仍然较慢，即便是比较成功的产业集群，也主要集中在产业链下游的传统行业，多处于产业链和价值链的底端，企业创新能力和创新绩效亟待提升。

利用可视化文献分析软件Citespace Ⅲ对2000年至2016年CSSCI收录的3600余篇产业集群相关学术论文进行关键词共现分析可以发现（图1-1），产业集群中的技术创新问题很早就得到了我国学者的广泛关注，这其中关于产业集群知识溢出、区域知识流动对集群创新影响的讨论与研究虽然很多且涉及面很广，但主要集中在中观层面，利用企业微观层面数据进行的实证研究还不多见。产业集群知识溢出是发生在集群企业之间知识溢出效应的总和，研究产业集群知识溢出的最终目的是通过知识溢出效应全面提升集群企业的创新绩效。同时，微观层面的企业数据或个体数据相较于宏观数据或行业数据信息量更大，有助于解决计量经济学中的个体异质性问题，同时由于增加了观测值的个数，使估计更有效率。随着计算机和信息技术的发展，数据的获取难度大大降低，其中以《中国工业企业数据库》为代表的企业微观数据库近年来被广泛用于生产率、国际贸易、企业研发、产业集聚等诸多领域的研究当中，本书参考量子理论中对微观现象的分析方法，尝试构建基于企业微观数据的产业集群知识溢出影响企业创新绩效的理论模型和数学模型，并对我国工业产业集群中的企业创新绩效提升问题进行深入研究。

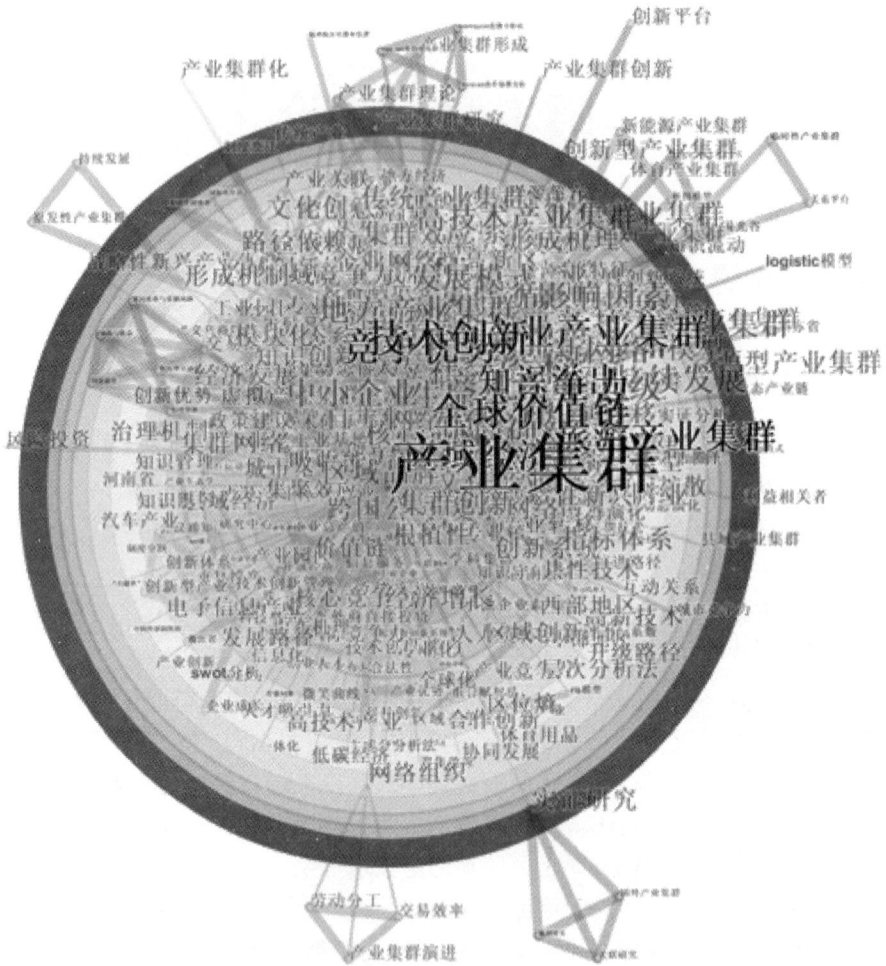

图 1-1　2000～2016 年 CSSCI 收录产业集群相关学术论文关键词共现分析

1.1.2　研究目的及意义

　　哈瑞·丹特（2009）将科技周期描述为 S 曲线[1]，这体现了经济学家长久以来对技术进步的连续性假设，但随着企业微观数据获取难度的降低，越来越多的研究发现，类似于量子理论中微观粒子的能量跃迁现象，技术进步在中观、微观层面往往表现出很强的不连续性。产业集群是由其内部的众多微观企业组成的中观经济体，如果以往研究中对技术进步的连续型假设不成立，将极大地影响研究结论的准确性，使得研究对于区域经济的发展趋势产生误判。物理学中的量子理论与技术进步、技术创新具有极为丰富的理论相似性和共通性。本书的研究目的在于，利用新的理论模型与框架对技术进步路径给出更为合理的解释，对以产业集群为代表的区域经济中发生的知识溢出现象及其影响企业创新绩效的内部机理进行更为深入的解读，解决现有研究方法缺少研究隐性知识溢出效应手段的实际问题，使得对知识溢出的研究在原有以效应产生结果为依据的基础上，增加了在知识溢出效应，特别是隐性知识溢出效应造成的结果产生之前进行判断的方法。在量子理论模型的指导下，通过对原有计量方法的改良，建立与包括可视化分析、大数据分析等现代研究方法之间的接口，利用建立的理论模型和数学模型，分析与评价我国企业对产业集群知识溢出效应利用的现状，以及产业集群知识溢出效应对企业创新绩效提升的积极影响，根据实证研究的结果提出相应的对策和建议。

本书以区域技术进步为研究背景，构建了产业集群知识溢出影响集群企业创新绩效的量子模型，提出基于地理位置信息的产业集群分析方法，利用模拟仿真和计量分析探讨集群知识溢出、企业吸收能力对企业创新绩效的作用机制，具有重要的理论意义和现实价值。

（1）拓展了区域产业集群、技术进步、知识溢出的相关理论，提供了便于操作的企业微观数据空间计量处理和分析方法。目前对于产业集群知识溢出及区域创新的研究主要有两个角度：其一是通过模型构建提出假设，借助专家对选用的指标体系赋予权重，使用访谈和问卷调查等方式获取产业集群中企业微观样本信息进行计量分析；其二是利用我国省市层面的统计年鉴构建面板数据，通过计算相关产业空间集聚指标、产出效率指标，对架构的结构方程进行回归分析并得出相应结论。由于企业微观数据可获得性的提高以及对产业集群创新本身细致深入研究的需要，本书通过网络开放平台对《中国工业企业数据库》中的企业进行定位，在传统的面板数据中添加空间计量分析所需的信息，在原有微观企业研究方法的基础上进行量子扩展，使用空间分析软件进行空间计量分析和产业集群的可视化分析，从定性和定量两方面对发生在产业集群内部的微观现象进行辨识和分析，不仅提出了区域经济发展背景下集群企业创新绩效的提升路径，所提出的微观层面空间计量处理和分析方法也为该领域今后的研究奠定了基础。

（2）为我国产业集群建设和集群结构优化提供指导，对提高集群企业创新绩效以及区域经济的持续健康发展具有重要的现实意义。我国的产业集群的空间分布不均匀，主要集中在东部沿海地区，产业集群内部企业同质化严重，且有被锁死在产业链低端的趋势，创新绩效普遍偏低。地方政府对集群企业的扶持政策缺乏监管，落后企业对主导企业的恶意模仿压缩了主导企业进行技术创新的利润空间，最终常导致"劣币驱逐良币"现象的发生。本书重点探究我国企业创新绩效较高区域中可推广的经验和方法，为企业创新绩效落后产业集群的结构优化与调整提供了指导，减少技术创新投入与产出的不均衡发展。另外，产业集群知识溢出可以较大地促进区域内与区域间的技术共享，提高技术成果转化效率，减少资源浪费，提升企业创新绩效。知识溢出能否最大限度地被落后企业吸收利用取决于落后企业的吸收能力，因此吸收能力应作为企业创新能力的重要衡量指标。本书以集群企业创新绩效提升为最终目标，提高产业集群知识溢出强度及其利用效率为手段，设计产业集群建设与优化方案，为制定更为合理的集群政策指明了方向，有助于我国集群企业挣脱低技术锁定，也有利于我国区域经济的可持续发展。

1.2　国内外研究现状分析

1.2.1　国外研究现状分析

马歇尔最早将产业集群称为产业区（Industry district），Michael Porter（1990）在讨

论国家竞争优势的过程中注意到国家优势产业在地理上的集聚，并明确提出了产业集群（Industrial cluster）的概念，认为产业集群是一组在地理上靠近的相互联系的企业和关联机构，产业集群中不仅包括相关联的产业和其他实体，也包括政府和大学等其他机构[2]。Krugman（1991）认为企业在空间上的集聚主要是为了获取由专业化经济、劳动市场经济以及知识技术经济带来的效率提升，并将知识技术的流动看作是马歇尔外部性的重要体现[3]。近年来，国外学者对产业集群创新、产业集群知识溢出进行了大量的研究。

1.2.1.1 集群企业创新绩效研究

创新的概念最早由熊彼特在其著作中提出，涉及技术性变化的创新和非技术性变化的创新[4]。目前研究普遍使用克利斯·弗里曼（1982）从经济学角度对技术创新进行的定义：技术创新是以其构思新颖性和成功实现为特征的有意义的非连续性事件[5]。许多学者的实证研究表明，创新活动倾向于地理集聚，集群内部的企业比外部孤立的企业更容易进行创新，相对的，创新也在很大程度上影响了集群的形成，这使对产业集群创新绩效的研究显得尤为重要。

产业集群是企业的集合，产业集群的创新绩效很大程度上取决于集群企业的创新强度。一般来说，企业的创新活动被分成两类：内部创新和外部知识获取，分别代表企业的技术创造和技术购买过程。除此之外，协作创新作为企业的第三类创新活动，其在企业的创新过程中的作用正在逐渐展现。与此同时，新的创新形式在产业集群中大量存在，例如开放式创新、众包、社群创新等。集群企业为从创新活动当中获益，在研发设计、生产制造、市场营销及售后服务等众多方面维持较高的竞争力，必须选择合理的创新策略，充分发挥三类创新活动的优势。

关于产业集群中企业创新绩效的研究主要有两个重点：其一是产业集群及集群企业创新绩效的影响因素研究；其二是产业集群及集群企业创新绩效的评价方式。企业创新绩效首先受到企业研发投入的影响。Parisi（2006）提出，企业研发投入，主要是研发资金的投入可以引导技术原型的产生和发展，其他学者也利用各国数据验证了企业研发投入对企业创新绩效的正向影响[6]。政府在企业研发投入方面同样起着举足轻重的作用，Elias Carayannis（2014）对意大利政府、企业、高校的案例研究表明，政企合作可以引导企业加强研发能力，从而提高企业的创新绩效[7]。Wallsten（2000）认为政府倾向于对规模较大的企业进行 R&D 资助[8]，Schwartz（2012）对德国产学研合作项目的分析发现企业规模与创新绩效正相关[9]。此外，企业创新意识、企业创新氛围和企业间交流也是影响企业创新绩效的重要因素。James Hayton（2005）对美国 237 家高新技术投资企业的研究发现，企业高层管理对创新活动的支持可以显著促进企业创新绩效，领导支持与员工的创新能力之间正相关[10]。Amabile（1996）指出，高水平的团队互动交流可以提高创新绩效[11]。创新绩效受到产业研发投入、高校研发投入、企业生产、服务空间集聚的影响，Mansfield（1991）利用结构方程和美国 NSF 数据的实证表明，企业作为创新主体，通过获取大学、科研机构提供的创新资源提升自身的创新绩效。集群企业间的合作是其提升创新绩效的重要途径之一，企业借助外部获取技术有助于集中资本、提高劳动生产率，正向促进其创新绩效[12]。值得注意的是，一些学者的研究发现研发合作会导致企业创新绩效的降低。Gulati 和 Singh 指出企业对研发合作者的搜寻、选择、协调、管理活动可能导致额外的交易成本，从而在一定程度上侵蚀企业的创新绩效[13]。Berchicci（2012）根据企业的知识存量不同，企业为获得更高创新绩效应保持适当的研发合作水平，过度合作会导致企业创新绩效不升反降，特别是企业与竞争对手或科研机构的研发合作会对企业创新绩效产生显著的负面影响[14]。

创新绩效的评价方式总体上分为基于单一指标的企业创新绩效测评和基于多指标的企业创新绩效测评。虽然目前的实证研究多将企业研发投入作为输入要素考虑，依然有学者认为由于研发投入指标可能直接导致企业的创新产出，可以作为衡量企业创新绩效的指标。Hagedoorn（2003）认为企业研发投入受以往研发绩效的影响，可以作为代表企业上一周期研发绩效的指标[15]。多数学者认为专利作为企业最主要的创新产出形式，更适合用作为衡量企业创新绩效的指标，Jaffe 和 Trajtenberg 等（1993）认为专利被引次数可以表征专利的质量，较早使用其作为创新绩效的衡量指标[16]。Hitt 等（1996）则以新产品所占比重作为衡量企业创新绩效的表征对美国 200 余家企业进行了实证研究[17]。也有一些学者认为专利数量并不能完全涵盖企业创新绩效的全部内涵，这种近似更适用于以高技术企业为对象的研究，Hagedoorn 和 Cloodt（2003）利用研发投入、专利及新产品构建企业创新绩效的综合指标。Beneito（2006）在此基础上引入了专利交叉引用率，丰富了原有的综合评价指标体系[18]。

1.2.1.2　产业集群知识溢出研究

知识是企业动态竞争优势的来源，知识溢出效应的存在使集群企业以较低成本获取外部知识，支撑自身的创新活动。Lissoni（2001）将集群内的知识分为显性知识和隐性知识两类[19]。显性知识可编码、易传播，受区位因素影响较小。然而集群知识的主体是难以编码的隐性知识，这类知识只能通过以专家、工程师、技术人员为载体通过面对面的交流传播，受区位因素限制。国外学者早期对知识溢出效应的研究可以归纳为基于专利、基于创新记录及基于专利引用三种研究思路。Jaffe（1989）利用企业申请专利数据代替知识溢出构建估计方程，计量回归的结果表明企业的专利申请不仅受企业自身研发投入的影响，当地整体研发水平、当地大学的研发投入都在一定程度上对其产生正向影响[20]。知识溢出以专利引用形式留下了踪迹，具有本土化的特征，知识溢出水平在不同产业中存在差异[21]。Acs etc（1992）认为创新记录（Innovation record）既包含了那些专利未能体现却实际应用于市场的创新，同时剔除了哪些未实现成果转化的专利，是一个更为直接的知识溢出衡量指标[22]。

知识溢出会对集群企业创新产生重要影响。Audretsch 和 Feldman（1996）使用研发投入与销售额的比值测度知识溢出，发现地理集聚、知识溢出都会促进创新活动在地理上的集中，其中地方知识溢出是创新活动区域集聚的主要原因[23]。很多学者发现，集群企业间的人员流动能够促进知识，特别是不易编码的隐性知识的流动，是知识溢出的重要载体。在受到知识外部性影响的同时，产业集群不同的网络类型也在很大程度上决定了知识溢出的形式。企业间的网络可以作为知识流动的管道，社会网络关系越稠密，网络关系越强，越有利于知识在企业之间的传播。

随着知识溢出理论的日渐完善，近年来学者们进行了大量的实证研究。Angeles Montoro-Sanchez（2011）对西班牙 784 家科技创新企业的实证研究表明知识溢出可以增强企业的创新倾向，刺激企业加大研发投入[24]。Lamia（2011）对瑞士服务和建筑行业的问卷调查研究指出，知识溢出受溢出通道的影响，企业在提高技术能力方面的投入与企业在提高技术吸收能力方面的投入共同影响其对 FDI 知识溢出的利用效率[25]。Gopal（2011）利用美国审计行业数据进行两阶段最小二乘法的研究表明，审计行业与非审计行业企业之间存在知识溢出，但是知识溢出与二者的绩效显著负相关[26]。Macro Ferretti（2010）建立了政府政策与 FDI 知识溢出的关系模型，认为伊朗的实际案例表明政府直接干预在产业集群发展初期有助其获取超出自身知识吸收能力的 FDI 知识溢出[27]。来自产业的证据表明，更为开放的创新模式虽然会对缺乏竞争力的企业造成冲击，但是开放带来的贸易和投资可以在短期内刺激企业技术水平加速提高，在长期促进区域经济的发展。Isaac（2012）对尼日利亚的实证研究认为，知识溢出主要是通过企业间的网络连接、劳动力转移、竞争和培训等途径发生的，几种途径的知识溢出均使接受溢出的企业获益，其中通过接受主导企业的人才培训获得的知识溢出对企业创新绩效的促进作用最强[28]。虽然仍有部分学者认为产业集群知识溢出的度量存在难度，而且产业集群知识溢出效应常被高估，但知识溢出在提升产业集群企业创新绩效过程中的积极作用是不应被忽略的，值得进行更为深入的研究。

1.2.1.3　集群企业吸收能力研究

吸收能力指的是组织识别创新信息并将其彻底消化，最终应用于商业用途的能力。组织能否高效地管理使用已有知识和从外部获取的知识决定了其是否可以实现卓越的创新、有效和高效的创新以及良好的用户响应。因此，吸收能力越来越显著地影响着组织的竞争优势地位。国外很多学者对吸收能力进行了深入的研究和扩展，这其中包括吸收能力与创新的关系研究，组织学习理论扩展研究，管理认知，知识视角下的企业研究，企业协同发展理论研究吸收能力作为最重要的动态组织能力之一，被广泛用于组织间、组织内部层面的研究当中。

根据观察尺度的不同可以将产业集群吸收能力的研究分为三个层次：集群的吸收能力、集群企业的吸收能力和集群企业中个人的吸收能力，国外学者围绕这三个层次进行了一系列研究。Jose Antonio（2016）对西班牙巴伦西亚地区产业集群的研究论证了吸收能力是企业融入集群、获取集群知识溢出的决定性因素[29]。Markus Kohlbacher（2013）基于集群背景探讨了吸收能力对企业开发式创新和探索式创新的影响，对中欧集群企业的实证研究表明吸收能力能否有效支持集群企业的创新活动取决于集群环境的动态演化形式以及集群的竞合环境[30]。Jan Meinlschmidt（2016）选取行业中的领先企业与跟随企业进行对比研究，发现企业吸收能力的提升可以帮助企业识别、获取、内化由价值链上游企业溢出的可持续性知识[31]。对于项目团队的创新活动而言，吸收能力同样至关重要，Saeed（2013）引入企业灵活性因素对英国企业进行网络问卷调查，研究认为吸收能力与企业创新绩效呈倒 U 形关系，吸收能力的提高并不一定能够增强企业的创新能力，却可以明显地提升企业在市场中的灵活性[32]。Evaldo（2013）认为集群企业获取多样化资源的同时也通过与集群内其他企业的交流不断增加自己的知识存量，从而实现吸收能力的提升[33]。大量研究都证实了吸收能力在集群知识交流、集群绩效方面的重要作用，只有当资源投入和吸收能力达到某一门限值时才能保证集群企业知识转移、内化的成功率，拥有较强吸收能力的企业可以更好地将外部知识转化为自身的创新能力，为企业的产品创新提速。

1.2.2　国内研究现状分析

1.2.2.1　集群企业创新绩效研究

国内早期关于产业集群创新以理论研究为主，魏江（2003）从核心价值网络、可控支持网络和不可控支持网络三个层次构建了集群创新系统的结构模型[34]。盖文启（2001）认为企业、大学和研究机构、地方政府、中介服务机构、金融机构等组织空间上的集聚促进了创新成果的区域间扩散、转移，是区域发展成功的关键[35]。黄建康（2004）利用网络资本理论对硅谷的研究也证明了这一点[36]。魏江和叶波（2002）认为建立在集群物理结构上的企业间的竞争与合作促使整个集群的技术创新活动高速有效地进行[37]。蔡铂与聂鸣（2003）认为集群企业之间的信任和联系是集群中信息、知识流动的重要保障[38]。集群创新动力的重要来源是集群内知识的流动，除此之外还有由集群企业间地理位置临近带来的其他外部性以及企业间的有序竞争与互信合作。

随着研究的深入，对产业集群企业创新绩效的实证研究逐渐成为研究重点。吕宏芬和余向平（2005）以温州瑞安汽摩配产业集群为例从集群创新网络和集群技术互动两个层面探寻集群创新能力提升的内在机理及实现条件[39]。古家军（2008）基于我国集群内企业的实证研究认为，高层管理团队的知识结构、职业背景异质性对集群企业的创新绩效有着积极而显著的影响，相较而言企业规模和团队规模对企业技术创新绩效的影响较小[40]。郑海涛（2011）结合案例和对广东省 458 家集群企业的调查研究认为企业集聚程度主要是通过调节网络结构与外部社会资本的关系对集群企业创新绩效产生影响[41]。曾婧婧（2016）对武汉市生物医药产业集群的研究证明了产业集聚程度对集群企业创新绩效具有积极的影响，影响程度与企业中心度正相关[42]。朱建民（2015）基于产业集群生命周期视角的实证研究表明产业集群中积累的大量社会资本虽然对集群企业创新绩效具有积极的作用，但在集群发展的不同阶段作用效果差别很大[43]。赵波（2011）以陶瓷产业集群为例对产业集群特征与创新绩效的关系进行了探讨，认为集群内企业协同性越强越能有效地从集群网络中获取资源，创新绩效也越高，但集群内企业的竞争可能会减弱集群集聚度对创新绩效的促进作用，因此需要对集群内企业之间的关系进行治理[44]。郭京京（2013）参考 Leiponen 和 Helfat[45]（2010）的研究探讨了集群企业知识存量对企业新产品开发的重要性[46]。近年来关于产业集群企业网络关系特征与创新绩效的研究也有逐年增多的趋势，研究内容涉及核心企业网络权力、网络关系、网络结构、网络位置、网络联结能力等诸多方面。除此之外国内学者也从区域政策、企业间竞合关系、区域环境、集群升级模式等角度对产业集群企业创新绩效进行了讨论。

1.2.2.2　产业集群知识溢出研究

国内早期对知识溢出的研究多为思辨性的，孙兆刚（2005）阐述了知识溢出效应的内涵及其经济学解释[47]。彭中文（2005）认为知识与创新都具有积累性并以知识员工的流动为主要溢出途径[48]。吴寿仁和李湛（2004）阐述了科技孵化企业知识溢出效应的内涵与机理，认为同技术领域非竞争企业聚集更有效率[49]。邓莉和梅洪常（2004）认为 R&D 投资的溢出效应非常明显，但在集群不具备内部创新能力的情况下反而可能抑制集群的创新活动[50]。辛文昉（2004）肯定了知识溢出对创新集聚效应的积极作用并设计了相应的计算模型[51]。郑德渊和李湛（2002）认为溢出效应有利于增加研发成果和最终产品供给，政府应对集群企业间的技术转移予以政策支持与鼓励[52]。也有一些学者提出了相反的意见，喻金田（2002）认为知识溢出会造成企业知识资本的流失，动摇企业的技术优势地位，企业应防范不合理的技术知识外溢[53]。叶建亮（2001）分析了浙江省的企业集群现象，认为知识的溢出在促进集群形成的同时还会导致集群内产品同质化和恶性竞争的发生[54]。

近期国内关于产业集群知识溢出的实证研究证实了相关的理论假设，李文博（2011）对杭州软件产业集群企业的调研识别出影响知识溢出的网络、组织、知识、环境四个层面因素[55]。傅利平（2014）以北京中关村科技园为例进行了研究，认为人员流动和企业衍生是集群知识溢出的主要形式[56]。郑慕强（2015）对闽粤产业集群的实证研究表明，知识溢出可以提高企业的创新绩效，但受到企业知识生产能力和知识转移能力的影响[57]。闫华飞（2015）对浙江、山东、武汉等地产业集群中的新创企业进行调研，认为创业行为可以显著增加创业知识的溢出，从而正向刺激产业集群的创新绩效[58]。王飞绒（2015）认为浙江省高基数产业集群中的 Mar 溢出和 Jac 溢出对集群的创新绩效均有显著的正向影响，其中 Jac 溢出的影响大于 Mar 溢出[59]，集群间知识溢出对技术创新能力的影响大于集群内知识溢出对技术创新能力的影响。庄小将（2016）基于传统产业集群企业的实证研究表明，集群中的显性知识溢出并没有明显提高集群企业技术创新绩效，而隐性知识溢出与集群企业技术创新绩效显著正相关[60]。产业集群知识溢出的其他研究方向还包括 FDI 知识溢出与本土集群企业成长的关系研究，产业集群知识溢出的系统动力学模型构建，产业集群知识溢出悖论，高校嵌入与产业集群知识溢出研究等。

1.2.2.3 集群企业吸收能力研究

我国关于产业集群吸收能力的研究相对较为匮乏，但以实证研究为主。吴波（2009）对浙江产业集群的研究认为集群企业吸收能力的构建依赖网络的开放和战略的领先，集群企业关系强度对企业吸收能力的影响有限[61]。朱彬钰（2009）对珠三角传统产业集群中的企业进行了调研，论证了集群企业资源获取类型、吸收能力、创新绩效三者之间的关系[62]。吴先华（2010）以苏州市电脑产业集群为例，认为集群微观层面的吸收能力差异才是影响集群企业创新和学习行为的最主要因素[63]。窦红宾（2010）基于西安通信装备制造产业集群的实证研究认为，企业外部网络的规模的扩大并不能对企业吸收能力、创新绩效产生预期的促进作用，企业外部网络的联系强度、网络的稳定性和网络密度才是更应该被关注的因素[64]。蔡猷花（2013）基于福建省三个制造业集群的实证分析证明了知识整合能力对创新绩效有显著的正向影响[65]。

相对而言，我国学者更多地关注企业层面吸收能力对创新绩效的影响。这其中对创新网络与创新绩效的关系研究多以吸收能力为中介变量，分别从网络特征、网络位置、网络关系强度、网络结构、网络权力等角度进行了广泛的探讨。魏江（2010）以吸收能力作为中介变量探讨了关系嵌入强度对企业技术创新绩效的影响机制[66]。武博（2011）以吸收能力作为中介变量对企业智力资本与创新之间的关系进行了实证分析[67]。薛捷（2015）以技术市场迅速变化的环境为背景研究了企业动态吸收能力与创新绩效的关系。还有学者研究了开放式创新形势下对企业吸收能力的要求[68]。

1.2.3 国内外研究现状述评

前文对于产业集群知识溢出、吸收能力与集群企业创新绩效的研究，对相关概念的内涵、实质、主要影响因素以及相互作用机制等基本框架进行了比较深入的研究，基本确定了产业集群知识溢出在集群企业创新绩效提升过程中的重要作用，对吸收能力初期辅助增加知识溢出发生的可能性，中后期提升知识溢出对创新绩效的促进效果过程中起到的调节作用有了较为明确的认识。相关研究广泛使用了统计学、空间经济计量学等方法，使用调研数据和统计数据相结合的方法，在定性分析确立的理论框架基础上进行充分的定量分析，具有很强的说服力，并将重点逐渐转移到基于中观区域层面和微观企业层面数据的实证研究上，具有很好的指导性。尽管如此，现有文献对于产业集群知识溢出、吸收能力、创新绩效的研究在研究内容上尚存在一些缺陷。主要表现在：

（1）对产业集群、产业集群创新网络、产业集群知识溢出的形成及相互作用机制缺少统一、系统的理论模型，以专利引用、进出口贸易为对象的研究不仅预先假定了专利和进口商品的移动伴随着知识溢出，忽略了约束本身对结论真实性的影响，也将研究内容局限于显性的知识溢出，限制了模型的完整性，缺少对各种形式知识溢出的发生条件、传播路径直接有效的识别方式。

（2）对产业集群的识别定位缺少统一的方法，产业集中、产业集聚、产业集群的概念常被混用，大多数实证研究都是围绕单个集群或指定区域内的少数集群，得到的结论常与理论假设相冲突不具备普适性，因此依据实证结果提出的政策建议区域特点明显，不方便大规模推广。

（3）产业集群中存在多种知识的流动方式，现有研究常将知识扩散、知识转移、知识分享错误地视为知识溢出进行分析研究，虽然华连连（2010）对相关概念进行了辨析[69]，但如何将知识溢出从众多的知识流动形式中识别出来仍存在争议。

（4）应用企业微观层面数据的研究仍然十分有限，并没有一套有效的研究企业微观层面知识溢出、吸收能力、创新绩效的研究方法。大量研究依旧着眼于省、市等中观层面，对企业微观层面数据仍然沿用针对宏观、中观系统的研究方法，得出的结论略显笼统，且准确性存在争议，不具备实际操作性和对现实创新活动的指导性。

现有研究采用的技术创新、技术进步的连续性假设本身存在问题，这可能会导致建立在此假设之上的计量模型和计量方法失效，严重影响实证研究的结果，需要对现有的计量方法进行修正和扩展。

1.3　研究思路、主要内容及方法

1.3.1　总体思路

从总体上看，绝大多数研究表明产业集群中的知识溢出可以提升集群企业的创新绩效，但来自产业集群的实证研究也得出过与之相反的结论，这使得看似具有确定性的理论产生了动摇。同时，越来越多的研究表明技术创新、技术进步本身虽然从长期来看是一个逐渐积累的连续过程，但在一定时期之内往往表现出极强的不确定性和不连续性。企业微观层面创新绩效的不确定性是否是造成知识溢出理论失效的原因？能否通过建立企业微观层面的知识溢出、创新绩效模型和研究方法对原有理论体系进行修正和完善？产业集群中知识溢出与企业创新绩效之间的关系是否受到产业集群集聚形式的影响？基于以上考虑，本书在借鉴和参考国内外研究的基础上，结合量子理论中对微观世界的研究方法建立了量子扩展的产业集群知识溢出、企业吸收能力、企业创新绩效模型，同时对原有的研究方法进行了微观化、量子化的拓展，建立了相应的研究体系；然后，对产业集群以及产业集群知识溢出的识别方法进行了系统的讨论，提出相应的解决方案；据此，使用来自企业微观层面的数据，从整体上对我国产业集群集聚形式进行识别，重点对长三角区域进行空间计量分析；最后根据研究结论提出充分发挥产业集群知识溢出提升企业创新绩效的对策建议。本书研究的技术路线如图 1-2 所示。

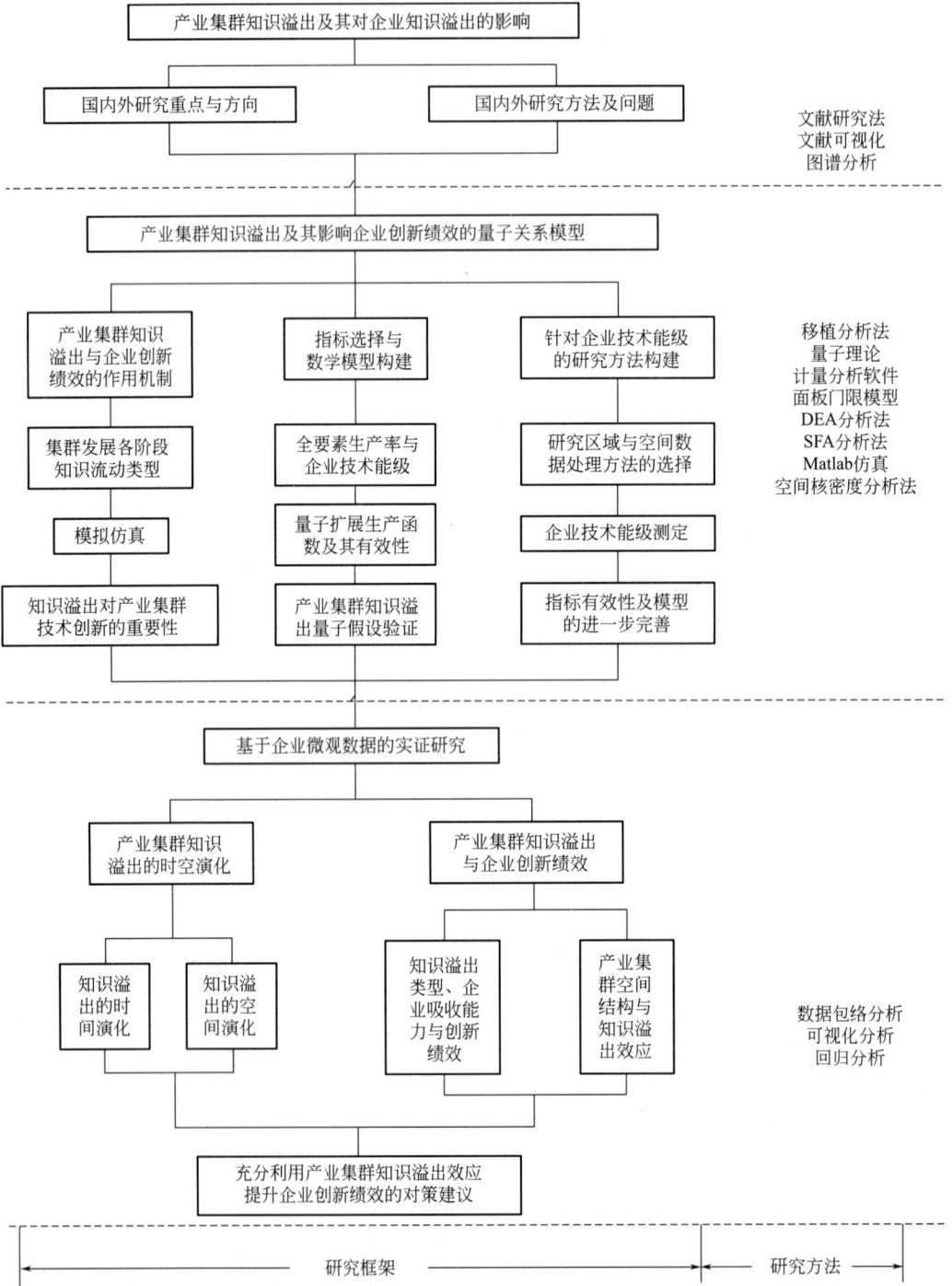

图 1-2　技术路线图

1.3.2 内容框架

本书的研究内容主要有以下三个部分：

第一部分为基础研究，包括第 1 章。主要介绍本书的研究背景、目的和意义，利用 Citespace Ⅲ 文献可视化图谱分析软件对相关文献进行梳理，并对相关领域国内外学者的研究情况进行归纳、整理和总结，为本书奠定理论基础，并在此基础上提出本书主要研究框架、研究方法和创新之处。

第二部分为系统研究，包括第 2、3、4、5 章。第 2 章对产业集群理论与量子理论进行相似性比较，结合案例分析构建量子化的产业集群知识溢出影响企业创新绩效模型，提出了企业技术能级的概念，同时探讨了产业集群结构对发挥知识溢出效应提升企业创新绩效的影响；第 3 章对产业集群中的知识溢出和其他几种知识流动形式进行辨别和区分，构建产业集群知识流动整合研究框架并重点对其中的知识溢出现象进行仿真研究，明确产业集群知识溢出在集群发展各阶段对企业创新绩效的作用；第 4 章通过引入技术创新、技术进步的不连续性假设对生产函数以及相关参数、半参数、非参数方法进行量子扩展，建立了企业技术能级与企业全要素生产率之间的关联，利用随机前沿分析对本书提出的量子化假设进行了验证；第 5 章首先使用笔者提出的空间核密度可视化分析方法，结合 Anselin Local Moran'I 分析方法，以《中国规模以上工业企业数据库》作为数据来源，选取长三角区域为具体的研究对象，分行业对区域内的产业集群进行了识别和定位。同时，选取区域内的企业样本进行企业技术能级的初步测定，证明了企业技术能级作为产业集群知识溢出识别指标的有效性，并对模型进行了进一步的完善。

第三部分为实证分析和对策研究，包括第 6、7 章。第 6 章首先利用计算得到的企业技术能级数据，对各产业集群中的知识溢出现象进行识别和可视化分析，随后对第 5 章识别出的产业集群进行空间计量分析，利用多种方法测度产业集群 Jac 溢出、Mar 溢出、基于集群主导企业技术能级变化的知识溢出以及基于人员流动的知识溢出对集群企业创新绩效的影响，最后引入吸收能力作为中介变量观察知识溢出、吸收能力在产业集群中的表现形式及作用效果；第 7 章结合本研究构建的理论模型和实证分析的结果提出充分利用产业集群知识溢出效应的对策建议。

1.3.3 研究方法

为顺利达成本研究的研究目标，保证本书对研究对象分析的时效性、创新性、实用性，本书主要采用以下研究方法：

（1）文献研究法

首先利用文献可视化图谱分析对本书研究对象之间的关联性进行识别和验证，进而对国内外相关文献进行系统地梳理和总结，重点关注领域内的前沿和热点，参考其中有价值的研究方法和有开创性的研究观点，对产业集群知识溢出、吸收能力对企业创新绩效的作用机制展开研究。

（2）移植分析法

将量子理论与产业集群相关理论进行类比，将薛定谔方程、波函数应用到企业微观层面的研究中，同时将能级、跃迁等量子力学概念移植到产业集群创新模型当中，构建完整的产业集群量子扩展模型。

（3）数学建模法

产业集群是一个半开放半封闭的复杂系统，本书研究过程中将物理学、经济学、统计学、地理学等学科中的方法应用其中，如引入空间核密度模型，提出了基于企业微观数据的产业集群识别方法；将 SFA 模型、索洛模型、DEA 模型与量子理论相结合，建立了三种模型间的联系，验证了模型本身的量子性。

（4）仿真集成法

通过 Matlab Simulink 对本书建立的理论进行模型构建与仿真，从总体上描绘产业集群各生命周期中知识溢出对企业创新绩效的影响，同时明确了产业集群知识溢出与集群中其他知识流动现象的区别。

（5）可视化分析法

对于不易利用数学模型进行抽象分析和识别的产业集聚现象，使用可视化分析的方法对研究区域进行初步的分析，在实证分析得出结论后，利用可视化分析的方法对研究结论进行进一步的验证。

1.4　研究的创新之处

（1）提出基于企业微观数据的产业集群识别方法

本书利用百度开放平台对《中国工业企业数据库》中的企业进行筛选和定位，建立了相关企业的空间关系矩阵。分别利用点密度和核密度的方法对产业集群及集群中心进行识别，该方法可以充分利用数据库中的数据，对企业不同要素在空间上的集聚进行捕捉，结合传统的集聚测度指标，为产业集群相关研究提供了新的思路。

（2）构建技术创新、技术进步量子模型

区别于现有文献中将宏观技术进步理论直接套用到企业技术进步研究的做法，本书将量子理论中例如电子能级、分子振动能级、跃迁等一系列概念，以及光电效应、康普顿效应的一系列现象引入到现有模型中，建立了量子化的企业技术创新、技术进步模型。同时，将知识溢出、吸收能力等概念整合到该量子模型当中，从全新的角度解读了产业集群的形成路径、知识溢出的发生机制以及产业集群知识溢出、企业创新绩效之间的关系和作用机理，在理论上有所突破。

（3）完善产业集群知识流动整合研究框架

通过构建产业集群知识流动整合研究框架，明确指出了不同知识流动现象在集群中发生的时间及作用，这样做不但有利于对本书的重点研究对象——产业集群知识溢出的识别，也防止了以后相关研究对知识流动形式的混用和误用，保证了相关研究的有效性。

（4）计量方法与生产函数的量子扩展

一直以来国内外学者对技术创新、技术进步的研究大多是建立在连续性假设的基础上，本书指出技术创新、技术进步很有可能遵循另外一种量子化的、不连续的演化路径。在技术进步不连续假设的背景下，传统的对数处理数据方法将因为原始数据信息缺失过大而失效，本书引入波函数和薛定谔方程，对原有计量模型和生产函数进行了量子扩展，增加了其在微观企业层面研究的适用性。

第2章 产业集群知识溢出与企业创新绩效的作用机制及量子关系模型的构建

本书所研究的集群企业创新绩效是衡量、评价产业集群整体发展及其对周边区域经济辐射作用的重要指标，而产业集群中的知识溢出、集群企业的吸收能力则是直接影响企业创新绩效的决定性因素。国内外学者从自身的研究角度出发对三者的内涵进行了不同的界定，并从不同的维度对其进行划分，但值得注意的是，虽然三者的内涵在不断地丰富，解释维度也在不断地扩充，目前的大多数研究仍然停留在"是什么"的阶段，对于要素各维度之间"如何"相互作用的研究并不深入。本章将借鉴量子物理中的相关理论，重新界定产业集群知识溢出、企业吸收能力和企业创新绩效的内涵，并在此基础上综合考虑企业内部与外部结构对知识溢出效应的作用机制构建本书研究的概念模型。

2.1 研究内容的内涵界定

2.1.1 产业集群的内涵

产业集群（Industrial cluster）的概念最早由美国学者迈克尔波特（1990）提出，其理论基础可追溯至马歇尔[70]（1920）对产业地理集聚现象的解释和描述，在对产业集群的内部创新机制进行研究之前，首先应该明确产业集群的概念与内涵。

罗胤晨（2016）将产业集群理论的发展按照时间的顺序分为三个阶段：重视根植性的萌芽阶段、着眼系统性的发展阶段和强调联结性的深化阶段[71]。本书在此基础上从三个方面阐述产业集群的内涵：

（1）产业集群是产业集聚的高级形式。产业集聚是主导产业在空间上的集中布局，以主导产业为基础，将产业向上下游拉伸并形成完整的产业链条，由外及内地形成较高水平的产业关联，是产业集群发展的中间阶段。产业集群，作为更高层次的产业集聚，其概念维度由主导产业的集中布局扩展至更为完善的产业配套与产业关联，利用地理邻近带来的优势，通过产业垂直分离，一方面有助于企业获得专业化效应，另一方面由分工合作实现产业的横向拓展，形成高水平的产业内在关联。

（2）产业集群是根植于地方经济的区域性组织。由于地理的临近，产业集群中的企业拥有相似的技术背景，受到相同的地方惯例、制度和文化等社会因素的影响，这种根植性使得集群企业之间不仅存在基于贸易的合作交流，还存在非贸易相互依赖的过程。同时，产业集群所在区域内的创新活动和创新环境协同作用反过来也促进了地方经济的发展。产业集群的这种根植性在强化区域内资源流动、构建产业氛围（industrial atmosphere）、激发本地蜂鸣[72]（local buzz）的同时，也会因内部过于紧密的联系导致区域发展的内部锁定，最终阻碍了集群企业对区域外新技术的吸收和利用[73]。

（3）产业集群是嵌入外界整体地域环境的创新系统。为了避免集群企业过度根植性问题、防止技术锁定、集群封闭、区域衰退等现象的发生，实现集群的可持续发展，产业集群需要嵌入区域外的经济实体，并时刻与市场保持联系。因此，作为产业集群生存发展的环境，政府、集群区域周边的相关企业、高校、研发机构都可以纳入产业集群的内涵当中，也可以将产业集群作为区域创新系统内涵的一部分进行研究。在这种视角下，整个地域内的生产系统、网络组织和社会环境都应该成为集群研究的重点。

2.1.2 产业集群知识溢出的内涵辨析

在马歇尔的研究中，将知识溢出现象看作是产业区中弥漫的一种创新氛围，是企业创新活动的一种外部效应。朱秀梅（2006）总结国内外学者的研究指出，知识溢出的本质是知识生产者无法独占的一部分知识，是一种非排他性公共物品，知识溢出对溢出主体可能产生正、负两种效应，但可以通过增进社会整体福利的途径提高整个社会的知识存量[73]。对产业集群而言，一方面，知识在集群企业之间的流动促成了集群创新主体之间的交流互动，使得集群内的创新得以实现，从整体上提高产业集群的创新绩效；另一方面，产业集群在市场力量作用下自然形成的地理边界可以在很大程度上将知识流动限制在集群内部[74]，更有利于异质知识的激荡与强化。事实上，马歇尔知识外部性的内涵包括了产业集群中知识流动（Knowledge flow）的四种形式：知识溢出（Knowledge spillover）、知识扩散（Knowledge diffusion）、知识转移（Knowledge transfer）和知识共享（Knowledge commons）。国内研究较少从概念上对四种形式予以区分，存在概念混用、错用的现象，研究内容主要集中在对知识流动途径、影响因素、知识流动主体与知识流动发生情境等几个方面，但研究比较分散，并没有形成完善的产业集群知识流动研究体系。因此，要想理清产业集群知识溢出、企业吸收能力与企业创新绩效的作用机制，就必须首先将知识溢出与产业集群中的其他知识流动形式区分开。本章首先通过对产业集群知识流动方面的研究进行梳理，在产业集群知识流动的整体视角下对知识溢出的内涵进行辨析。

2.1.2.1 产业集群中知识流动的不同形式

知识溢出主要分为被动溢出和主动溢出。被动溢出是指个体不支付报酬而从其他个体的研发成果中获益的现象[75]；而主动溢出是指个体的研究成果以有偿使用的方式流动到其他个体的现象。知识扩散是指个体之间在互动合作过程中知识拥有者对知识的有意传播[76]，主要关注由个体向群体的知识共享和利用。知识转移则强调知识在个体间转移内化的过程，要求知识转移的双方都对所转移的内容有明确的认识[77]。而知识共享是组织中的个人与其他人分享与组织相关的信息、想法、建议、经验的过程[78]，是知识流动的最终目的。知识流动的四种形式不仅在概念、内涵上存在明显的交叉，其发生机制和路径也有较强的相似性。

知识溢出主要有四类途径：人才流动、研发合作、企业家创业以及贸易投资[79]。对产业集群知识溢出的研究集中在以人员流动、贸易投资为载体的被动溢出，认为产业集群中的知识溢出是伴随经济活动自然产生的知识流动初级形式，这其中又以隐性知识的溢出为主要研究对象。本书沿用此框架，将产业集群中的知识溢出分为两类：一类来自落后企业为保证生存进行的技术追赶过程中对领先企业的模仿学习，为表述方便，本书以"技术追赶"代指第一类知识溢出；另一类则由领先企业在市场份额下降、企业规模缩小的过程中向集群中释放，符合被动知识溢出的特点，为表述方便，本书以"纯知识溢出"代指第二类知识溢出。

知识扩散最早是发生在发达国家企业与发展中国家企业的贸易、合作中，是伴随发达国家产业结构优化升级过程中将落后产能向相对落后的发展中国家转移的同时发生的，虽然发展中国家企业在接受技术扩散的过程中很难获得来自技术扩散主体企业的核心技术，技术扩散仍然是企业摆脱技术轨道锁定、实现技术自主创新能力全面提升的重要渠道。周丹（2010）等对辽宁省装备制造业的研究表明，我国企业接受国外技术扩散主要经历了合资合作、设备引进、资产重组并购三个阶段，过程当中伴随着大量的人员流动和来自国外的资金投入[80]。同样的，产业集群中的知识扩散表现出明显的主动性，扩散的知识同时包括显性知识和隐性知识，由集群领先企业以培养技术跟随者或技术配套者为目的向落后企业扩散，落后企业由于不具备足够的知识势能，无法产生知识扩散。

产业集群中的知识转移强调对显性知识的转移，以人员流动、产学研合作为重要渠道，是知识有意识的主动流动与吸收，双方对知识的转移过程有共同的认识。本书将产业集群知识转移界定为相对领先企业和相对落后企业为达成各自绩效提高的目标，在双方认可下发生的技术知识由较领先企业向较落后企业的流动过程及其结果。与产业集群知识扩散不同，集群知识转移是一对一的过程，同时，知识转移的主体不需要是集群中的主导企业，跟随企业为提高自身的竞争力，同样会选择对落后企业进行知识转移，建立合作关系。最后，将产业集群中三种知识流动的实现统一看作知识共享的发生。

2.1.2.2　产业集群知识溢出的内涵

通过知识流动的整体视角对产业集群知识溢出的概念进行辨析，本书从三个方面对产业集群知识溢出的内涵进行阐述：

（1）产业集群知识溢出是集群知识流动的初级形式。产业集群中的知识流动受到集群内部技术环境的影响，总体而言，顺畅的知识流动是建立在集群企业知识存量、企业间正式和非正式的合作网络以及企业分享和获取知识的意图的基础之上的。集群中的知识扩散和知识转移作为知识流动的高级形式，除了具有相似的技术背景外，一般需要企业之间拥有相同的愿景，在互相信任的前提下建立稳定的战略合作关系，通过双方认可的、有组织的人员流动和技术合作，保证知识扩散和知识转移过程的最终实现。本书研究的产业集群知识溢出属于知识流动的初级形式，是企业对弥漫在产业集群空气中的非独占知识识别利用的过程，知识溢出的有效实现只需要企业之间具有相似的技术背景，既不需要知识溢出主体企业与客体企业之间的互动合作，对集群中的合作网络形式与强度也没有特殊要求。

（2）产业集群知识溢出是集群企业的潜意识行为。集群主导企业进行知识扩散是为了培养配套者，通过知识扩散的方式使企业本身成为行业或区域产业的规则制定者，集群企业之间的知识移动则是企业实现技术成果转化的一种途径。二者均是主体有意识、有目的性的知识流动行为。学者多将知识溢出分为主动知识溢出和被动知识溢出，根据本章对知识流动相关概念的辨析可以发现，主动知识溢出在概念和内涵上与知识扩散、知识转移均有一定程度的重合，因此本书所研究的知识溢出主要指被动知识溢出。被动知识溢出所涉及的知识从表达方式上看属于隐性知识，不同于企业主动使用书面文字、图标和数字表述作为载体的规范知识或显性知识，尚未被语言或其他形式表述的隐性知识无法通过专利或技术转让、专业杂志、书籍、专利出版物或媒体进行传播，只会通过企业下意识的行为传递给其他企业。导致企业知识溢出的潜意识行为主要包括企业间日常社交活动中面对面的技术交流、员工更换工作产生的人员流动等，本书认为当企业在集群中处于主导地位时，集群中的其他企业为了获取来自主导企业的知识溢出，会对主导企业进行模仿和学习以实现技术追赶，此时，虽然作为知识溢出客体企业的模仿行为是主动的，但对于知识溢出主体的主导企业而言知识溢出的发生是企业没有对核心技术进行有意识保护的结果，仍然可以将这种情况下发生的知识溢出看作是企业的潜意识行为。另外，当企业无法维持在集群中的主导地位时，会通过资产剥离、资源重组等方式保护企业的核心知识，伴随着这一过程，大量的非核心知识将被释放到产业集群中，当这些知识被其他集群企业利用时便产生了知识溢出效应，由于这一知识溢出的行为并非企业有意为之，而是企业为求自身生存所作决策的结果，仍可将其归为集群企业的一种潜意识行为。

（3）产业集群知识溢出是未来我国产业集群发展中集群外部性的核心内容。由于我国对产业集群的建设起步较晚，在产业集群发展初期大多数集群企业处于较低的技术水平，企业加入集群的目的主要是为了获取规模化经济和劳动力集中所带来成本优势，但随着我国产业集群的不断发展以及全球化市场经济的冲击，单纯依靠规模效应和人口红利已经不足以支撑产业集群的长期高速发展，只有利用集群主导企业以及集群中高校、研究机构的核心技术，对集群中的其他企业产生辐射作用，才能推动区域产业升级，促进区域经济的发展。随着我国市场化经济环境的不断完善，互联网信息通路的不断优化，知识在集群中的流动更加畅通、迅速，企业加入产业集群所能获得的外部性将更多地来自于企业对集群技术氛围的感知以及对集群技术资源的利用。通过鼓励集群主导企业的创新活动，不但可以生产出更多的创新知识，主导企业的标杆作用还会促使集群中的其他企业对产业领先技术的模仿和学习，从而带动产业集群的全面升级。在未来一段时间内，集群中的主导企业由于受到来自集群内部企业学习模仿和集群外部企业以及国外企业的竞争压力，不易产生主动知识扩散以及知识转移的意图，而知识溢出作为企业日常创新过程中的潜意识行为将会大量地存在于产业集群中，因此，对产业集群知识溢出的识别和利用应该作为我国产业集群发展的核心内容。

综上所述，知识溢出是企业由自身研发投入积累的知识存量中超出企业控制力范围的部分，知识溢出效应是其他企业对这部分知识存量的吸收和内化并最终转化为企业知识创造能力提升的过程。产业集群知识溢出可以理解为由集群企业，特别是集群主导企业溢出的知识，在政府、科研机构和科技中介机构的共同作用下转化并最终被集群其他企业利用的过程，是产业集群创新氛围的重要组成部分。

2.1.3 吸收能力的内涵

本书第 1 章将产业集群的吸收能力分成三个层次：产业集群整体的吸收能力、集群企业的吸收能力和集群企业中个人的吸收能力，本书将重点研究集群企业的吸收能力对企业创新绩效的直接和间接影响。Cohen 和 Levinthal（1990）认为吸收能力是指企业对外部知识的搜索、消化并最终商业化的能力[81]。Zahra 和 Geogre 通过对其他研究者的总结认为吸收能力是企业通过一系列经营规则和流程，对外部知识进行获取、消化、整合和利用的过程，又将其中的知识获取、消化能力汇总成企业的潜在吸收能力，将知识整合、利用能力汇总成企业的实现吸收能力[82]。

企业的潜在吸收能力是投入导向的，企业对知识的搜索、评估、获取、理解和解释的能力主要取决于企业的知识存量，而企业通过对知识的理解和解释对企业的知识存量又起到了丰富和增强的作用。企业通过增加研发方面的投入、引进高水平人才，可以有效地提高企业的潜在吸收能力，企业潜在吸收能力的提高又会反哺企业的研发能力。企业的潜在吸收能力和企业的创新能力、商业成果转化能力之间存在一道鸿沟，企业是否能够有效运用吸收能力决定了企业创新的效果，因此，企业的实现吸收能力是结果导向的。现有研究将吸收能力作为自变量或中介变量时，常使用研发投入、研发人员全时当量等指标进行替代，而将吸收能力作为因变量进行研究时常使用专利数、新产品产量等指标进行替代，如果将企业的潜在吸收能力和实现吸收能力结合起来作为吸收能力，会由于吸收能力与创新绩效之间内涵的重叠造成研究中产生共线性，使研究结果出现偏差。本书将吸收能力限定于潜在吸收能力，认为产业集群知识溢出与企业创新绩效的内部微观作用机制是造成企业吸收能力使用效率差异性的主要原因。

2.1.4 创新绩效的内涵

创新绩效被认为是衡量国家、区域、企业创新强度和创新效果的重要指标。不同于人类科学发展之初仅依靠少数卓越个体就可以改变某一学科领域、某一产业乃至某一国家的科学创新情况，现代社会中的创新活动很难再由个人凭借一己之力完成，需要团队、企业甚至区域、国家之间的协同合作，因此，国内外研究中多使用企业创新绩效作为衡量区域、国家创新绩效的最基本单位。国外许多学者将企业创新绩效看作由产品创新或工艺创新活动带来的企业绩效的提高。朱秀梅认为创新绩效是企业通过对生产要素的新组合所取得的效果和生产效率的提高。目前国内外学者多直接选用专利、新产品销售收入、研发创新效率等作为衡量企业创新绩效的指标，很少对创新绩效的概念进行界定，而在本书的理论框架中，上述指标只能在一定程度上反映企业短期内表现出的创新状态，这种创新状态背后反映的作用机理才是提高产业集群和集群企业创新能力的关键。

本书认为创新绩效不是从单一维度，而是从整体上对系统内创新状态的全息描述，区域、企业创新绩效的演化是一个动态的过程，这其中即包含了以专利申请、新产品生产为代表的创新成绩的动态演化，也包含了以研发创新效率为代表的创新效果的动态演化。企业创新绩效可以表现为技术创新活动对企业营利性、市场份额以及员工素质提高的贡献。企业创新绩效是企业整体生产绩效的一部分，是去除资金、劳动力等资源投入，单纯考虑技术创新资源投入创造出的剩余绩效，企业创新的成绩和企业创新的效果分别从不同的角度反映了企业的创新状态。

2.2 企业技术能级概念的提出

技术进步是推动国家与区域经济发展的动力源泉，中国正处于经济转型阶段，十二五期间，全国各地市纷纷加大资金投入，引进优秀人才，努力由传统的资源、劳动密集型产业向资源利用效率更高的资金、技术密集型产业转变。这种投入的增加是否切实带来了技术的进步？企业、区域乃至国家整体是否实现了技术轨道跨越并完成了技术升级？技术进步与区域创新活动之间存在怎样的作用机制？这些都是亟待解答的问题。按照技术轨道理论，技术的发展是一个连续积累的过程，具有非常明显的继承性[83]；同时，技术的发展存在极限，即技术前沿，突破这个极限实现技术跨越需要根本性、颠覆性的创新或范式转换[84]。技术水平的差距造就了差异化的技术路径：以美国、德国、日本为代表的技术强国拥有坚实的技术基础，技术创新可以在原有技术的基础上继承和创造；以中国为代表的发展中国家在传统技术上投入较少，却具备一定的技能和基础设施，通过对新技术"机会窗口"的捕捉可能领先于发达国家进入新的技术范式，实现技术跨越。技术发展这种总体上连续、小范围离散的特性类似于宏观经典物理与微观量子物理中对物质能量分布的不同解释，是由于观察问题的尺度不同造成的。与发达国家相比，我国企业的技术知识存量相对较少，技术水平偏低，"技术追赶"与"技术跨越"现象普遍存在，相较于学者普遍采用的技术进步连续模型，离散模型更符合实际情况。本书以企业技术进步的不连续性为落脚点，引入量子力学中的能级思想，将企业所处的技术水平定义为企业技术能级，从全新的视角解释产业集群中企业间的知识溢出现象。

2.2.1 技术进步的量子性

企业掌握核心技术的水平决定了其能否有效整合投入要素，实现企业盈利增长。按照技术轨道理论，技术的发展是一个连续积累的过程，具有非常明显的继承性[85]，这与国家整体层面技术进步呈现出的连续发展态势相吻合，各种要素投入驱动着技术水平的涨落；同时，技术的发展存在极限，即技术前沿，突破这个极限实现技术跨越需要根本性、颠覆性的创新或范式转换[86]，从区域层面到企业微观层面，技术进步与所投入各要素之间的相关性逐渐减弱，投入要素相近的区域往往表现出巨大的技术差异，表现为技术发展的不连续性[87]。Hsin-Hui Chou 的案例研究表明，企业成功跨越技术不连续性（Technological discontinuities）需要调动自身及周边资源，形成连续充分的产品、技术流程和营销技术储备[88]。Jenkins 对 F1 方程式 56 年发展历程的研究指出，企业自身技术轨道（Technological trajectories）的差异性很大程度上影响了其跨越技术不连续性的模式，并且企业实现技术跨越的路径往往是突破式的而非渐进式的[89]。将企业看作微观粒子，国家或区域看作由众多微观粒子组成的系统，要素投入对企业和国家技术进步的不同作用机制分别对应于外部输入能量对单个微观粒子与整个系统能量变化的作用机制。对技术进步和物质能量变化进行对比，可以发现其具有以下相似性：

（1）宏观的连续性与微观的离散性

技术进步与物理中的能量变化在宏观尺度都遵循连续性分布，而在微观层面的分布则表现出不连续性与不确定性。经典物理中，物体受外力作用会产生加速度和位移，并伴随动能的增加，力作用的时间越长，物体获得的动能越大；物体还可以通过热交换获得能量，根据热力学第一定律，一个热力学系统的内能增量等于外界向它传递的热量与外界对它做功之和，是一个连续的过程。微观尺度下经典物理优雅的连续性不复存在，量子理论发现，微观粒子（主要指电子、光子等）的能量状态分布既不均匀也不连续，而是按照能级分布，微观粒子从低能级向高能级前进的路径也表现为跨越式的跃迁，这就意味着低于能级差的能量不能被微观粒子吸收利用（光电效应）。宏观尺度下的能量的连续性由大量微观粒子离散分布的能级叠加形成，介于两者之间的中观层面（如分子、大分子），物质的能量则呈带状分布。

技术的发展从总体上是一个随时间不断累积，在原有体系上不断添砖加瓦的过程，人类历史上长时间的资金、人才投入孕育了现代辉煌的科技成就。通过对相关文献的整理发现，由于企业层面技术信息获取难度较大，国内外学者对 Dosi 提出的技术轨道理论[90] 主要从理论模型构建和案例分析两个方面进行深入的探讨：Soete 在技术轨道理论的基础上提出技术"蛙跳"（Leap frogging）的概念[91]，随后 Brezis 和 Krugman 对这一理论进行了完善[92]，企业技术水平的差距造就了差异化的技术路径：以美国、德国、日本为代表的技术强国拥有坚实的技术基础，企业可以在原有技术基础上继承和创新；以中国为代表的后发国家在传统技术上投入较少，却具备一定的技能和基础设施，企业通过对新技术"机会窗口"的捕捉可能提前进入新的技术范式，实现技术跨越。Teece 和 Tunzelmann 等对技术轨道理论进行了系统的梳理和评述[93-94]。Funk、Dijk 和 Tanaka 分别以移动互联网和电力汽车技术为例，剖析了实现技术轨道跨越的必要条件和影响因素。姜红、熊鸿儒等分别对技术轨道理论进行了综述研究和展望[95-97]。黄鲁成、杨中楷、缪小明基于专利引用，分别以太阳能电池和汽车产业为案例对技术轨道的演化进行了实证研究[98-100]。

目前的技术轨道理论主要以产业为研究对象，张立超认为产业系统从低级阶段向高级阶段演进过程中与外界进行物质、能量交换的过程体现了量子特性[101-102]，其提出的产业技术轨道跃迁模型虽然刻画出了产业系统的演化路径，但对产业所处阶段、运行轨迹和发展路径的把握仍是基于案例的定性描述。这主要是由于产业是由处于其中的异质性企业组成的复杂系统，要将跨越式技术演化路径从产业中观层面表现出的渐进式技术轨道中识别出来，就像物理中对由多种分子组成的系统进行光谱分析一样困难[103-105]，因此，关于技术轨道的不连续性就必须从组成产业的分子，即企业层面寻找证据。

（2）状态与趋势的测不准原理

海森堡提出，不可能同时知道一个粒子的位置和它的速度，这有两方面原因：其一是测量过程对事物的扰动，而这个扰动将导致事物状态的改变；其二是由量子假设的本质决定的，量子不存在具体的运动轨迹，而是以概率的形式分布在空间中，这直接限制了对粒子状态的精确测量，也就是说，基于量子理论，要想精确测量一个粒子的位置，就必须通过限制其运动状态的方式来实现。

在对技术进步的研究中，我们无法在精确测量系统瞬时状态的同时预测技术未来的发展趋势，以统计数据为例，理论上来说，无限增加统计的频率，通过收集到尽可能多的反馈，可以增加统计数据的精度，但是与此同时，随着统计强度的增加，统计过程本身对于被调查主体未来行为的影响也在增加，并最终使其未来行为的趋势变得不可测量。

（3）技术的波粒二象性

波粒二象性是微观粒子的基本属性，最早被爱因斯坦用来解释光电效应，实验发现，用光照射金属表面，将有电子放出，是否放出电子只与光照的频率有关，与光照强度无关，即便光照强度很弱，只要频率超过了金属物质的极限频率，金属表面就会放出电子。

康普顿效应也可以用光的粒子性来解释。同时，光还具有波动性，可以相互叠加、干涉、衍射、偏振。

企业吸收外来技术从而产生技术跃迁，能否实现跃迁与吸收技术的总"量"无关，而与技术本身的"质"有关，企业能力的提升无法通过大量吸收低质技术实现，必须吸收大于等于自身技术水平的技术。能量较高的技术可以被企业部分吸收，并将多余的部分释放出来，实现高"质"技术的分解。拥有相似技术企业之间的竞争和合作则分别对应于技术的干涉和叠加，同类技术产品之间的竞争将降低其市场价格，行业内部的技术合作则很有可能激发企业的创新潜能，这体现出了技术的波动性。

（4）技术水平的维持与能力跌落

量子理论中，以原子为例，在原子核中心势场作用下，电子能级状态分为基态和激发态，电子维持基态能级不需要外界提供能量，当受到吸电能力强的原子影响或受到高频光照射时，电子会进入激发态。激发态的电子非常不稳定，当外界影响消失或受到外界刺激时，电子将无法维持激发的状态而向更低的能级跌落，同时以光子的形式释放出能量。另外，中心势场的强度决定了电子能级的分布，中心势场的降低也将使基态在内的所有能级状态的能量降低。

国家、区域、企业要维持较高的技术水平，一方面需要源源不断地投入资金、人才等资源，当资源减少或技术领域内市场流动性变差时，从国家层面上会出现技术进步减缓、停滞以至倒退的现象，企业投入资源的减少将使其无法维持在较高的技术水平，企业能力下降，企业规模缩小，同时将现有企业规模无法容纳的资金、设备、人才等资源释放给整个市场；另一方面，技术的引进和外部需求的刺激同样重要，外来先进技术可以激发创新潜能，提高创新绩效，全方位地提高劳动生产率和资金利用率，外部的需求则可以提高内部发展技术的积极性，同时提供了技术进步所需的资金。随着外部刺激的消失，这种受激状态将无法维持，激发态下产生的技术将以不同的形式扩散到整个市场。

2.2.2 从企业技术能级跃迁到国家技术进步

组成物质的各种元素，其原子核是由质子和中子（统称核子）组成的，核子之间由一种强相互作用力——"核力"聚拢在一起，与此同时，质子之间还存在静电斥力，并随着原子核内质子数的增加而增加，为维持原子核的稳定性，需要更多中子所产生的核力来平衡这一斥力。张震宇（2008）认为，企业创新资源由人、财、物、技术、信息五方面构成[106]。本书将物细分为不承载技术的物和承载技术的物，分别作为财和技术的一部分，将企业创新资源简化成人、财、技术、信息四部分。财和技术构成了企业的基本结构，人围绕着这种基本结构进行各种生产活动，信息充当企业内、外能量传递的载体。若采用希克斯技术中性假设，在劳动—资本比（即人—财比）不变情况下，技术进步不会使劳动与资本的边际替代率发生变化，将人比作电子，财比作质子，技术比作中子，信息比作光子，当代企业的演化与物质元素的演化呈现出相似的过程。规模较小的企业，财与技术往往是一一匹配的，如美国硅谷初创企业常见的"1+1"式创业，即一个具有丰富管理经验的经营者和一个精通相关领域技术的大学教授共同创办一个企业。随着企业规模的不断扩大，企业整合的财不断增加，这也导致企业内部斥力增加，需要通过汇集更多的技术来增加企业的核力。

规模效应在企业内部微观层面表现为人、财、技术的转移。人、财本身并非中性，会造成转移主体间的排斥力，这种企业与资源的聚变反应受到经济周期（GDP）、利率、股票市场波动、国家总体生产率水平及劳动力市场供需的影响[107]，需要来自宏观尺度充分的能量才有可能实现。中性的技术与企业之间不存在斥力，但技术转移的实现强调转移技术与企业技术存量的匹配，过大的技术差距（Technology gap）不利于企业对技术的内化和吸收[108]，而当被转移技术能量过大时，技术转移的过程可能会对企业造成冲击，导致类似核裂变反应的企业解体。类似于物质衰变的过程，企业受到外部环境变化的影响会将内部的人、财、技术以不同的组合形式释放形成溢出效应，溢出效应在提升周边企业生产效率的同时经常伴随着溢出企业自身能量的流失。

在更大的尺度上考察企业要素投入对技术进步的影响。企业通过聚合资源形成中心势场，投入要素总量越大则中心势场强度越强。与传统理论不同，量子视域下特定中心势场中企业以人为载体的技术水平将呈概率分布而非确定分布，中心势场的强弱只决定企业基态和各激发态的技术水平以及各种状态之间的技术能级差，企业具体处于何种状态则受到外部各种随机因素的影响。封闭式创新模式下企业的技术创新主要来自其本身长期的资源积累，较大概率处于基态，表现为渐进式的技术进步。伴随区域经济的发展和信息技术的使用，企业边界不断开放，来自周围环境中的各种资源，特别是由信息承载技术资源可以使企业进入激发态，以开放式创新为代表的创新模式有利于突破式技术进步路径的形成[109]。相对于企业核心技术而言，信息承载的能量较低，且表现出明显的"波粒二象性"。

区域中企业间通过建立网络形成不同规模的产业集聚区，对比原子间通过电子成键组成分子，将区域层面的技术进步分为两类：第一类是由区域中企业生产研发技术引起的技术跃迁的叠加，技术进步路径主要受区域中企业技术能级分布的影响，常表现为突破式的技术进步[110]，对应于分子的电子能级；第二类是由区域中企业间的组织管理、信息技术引起的技术跃迁的叠加，技术进步路径取决于企业间的网络结构及网络强度等因素，表现为阶段性的渐进式技术进步[111]，对应于分子键的振动能级和转动能级。模型中第一类技术进步主要来自行业内部，常伴随区域内某个行业整体的技术能级跃迁和区域生产效率的大幅度提高，可以用专业化集聚的 MAR 效应来解释。模型中第二类技术进步来自整个区域组织管理技术和信息技术等非专业技术的使用，企业间通过更为有效的交流沟通形成高强度的网络结构，当这种由多样化聚集产生的 JAC 效应积累超过一定阈值则会促使整个区域内企业生产效率的提高[112]。引入量子物理中能级、能带的概念，区域的第一类技术进步在完成技术轨道跨越（Leap frogging）前区域的生产效率没有明显的提高，呈能级分布，第二类技术进步过程伴随着技术、基础设施的积累，并在完成积累后实现跨越，呈能带分布。表 2-1 给出了企业、区域层面技术进步量子模型的具体形式。

观察和识别区域技术进步的量子演化特征需要被观察的区域具备以下条件：①所研究区域内具有相似技术背景和资本构成的企业达到一定的比例；②区域具有一定的开放度，企业有渠道获得来自外部的各种资源；③区域内企业样本量足够大。

表 2-1

企业、区域层面技术进步量子模型

研究维度	能量来源	技术进步路径	稳定状态	技术衰退路径	相关概念
企业层面 企业内部结构		技术 + 团队		团队 + 技术	技术转移 内向型与外向型开放式创新 团队企业
		团队		资产 + 人才	科技孵化器 众创空间 人才流失 资产流失
企业整体 全部投入要素 人	规模效应	企业中心势场 科技人才基态能级 管理人才基态能级 扩张	收缩		全要素生产率 渐进式创新
区域层面 小型产业集聚 产业链 大规模集聚网络	由生产、研发、管理、信息技术引起的能级跃迁	激发态 基态 技术 受激跃迁	激发态 受激跃迁	受激(自然衰退) 技术	技术轨道跨越 技术溢出效应 开放式创新 突破式创新
		基态 技术	激发态 受激(自然衰退)	基态 技术	集群网络 链式网络 复杂网络 网络强度 网络位置 耦合联系 网络式创新

企业资源投入水平的提高有助于企业累积型技术轨道的形成，当企业受到来自外部的技术、政策、环境等因素的刺激，则有可能由稳定基态技术能级跃迁至不稳定的激发态技术能级，若企业能够把握机会窗口全面提升企业的规模，企业处于基态技术能级时所携带的能量也会随之提升，当企业失去外部刺激再次由激发态跌落至基态技术能级时将表现出企业整体技术能力的提升，即企业实现了技术轨道跨越[113-114]；若企业没能够把握机会窗口，当企业由激发态跌落至基态技术能级时，由于整体规模不变，会表现为企业回归原技术轨道，即企业无法实现技术轨道跨越，具体模型见图 2-1。

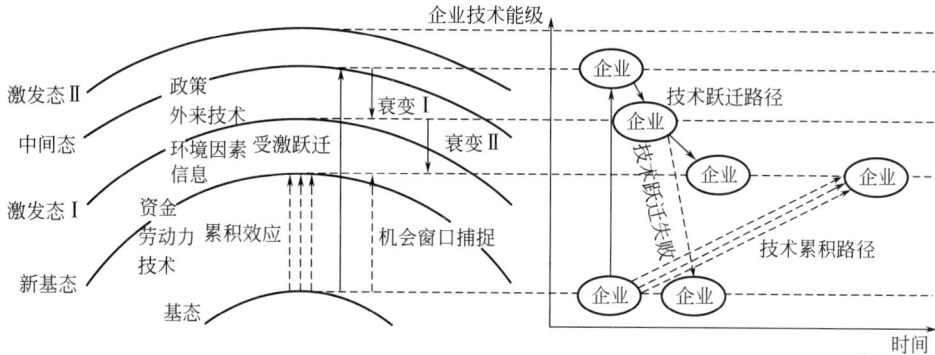

图 2-1　企业技术轨道模型

假定企业的技术水平分为基态和第一、二、三激发态，则以区域技术创新为观察对象的研究由于区域内企业结构差异可能识别出三种不同的状态，见图 2-2。状态 1，无明显规律。区域本身具有一定的开放度时，企业有渠道获得来自外部的各种资源，可能处于不同的激发态。与此同时区域内的企业构成没有规律，各种行业、各种规模、各种资本构成的企业随机分布在区域内部，企业本身的异质性使得企业间的技术水平分布规律各不相同，这种随机分布与区域内同质企业本身技术水平的随机分布相叠加，表现为资源投入与技术水平在总体上正相关但在局部区间内相关性较弱，呈现出无明显规律的随机分布；状态 2，近似连续线性分布。当区域本身开放度较差时，企业难以从外部获得资源，将较大概率地处于基态能级，若此时区域内企业构成比较复杂，资源投入与技术水平的正相关性将会直观地表现出来，技术水平随资源投入呈现近似连续的变化趋势；状态 3，不连续能级分布。当所观察的区域同时满足识别技术进步量子演化特征的三个条件时，区域内企业的技术水平将呈现出如图 2-2 所示的不连续能级分布。目前在全世界范围不断涌现的产业集聚区和产业集群，由于集群内企业众多且大多具有较为相似的技术背景和资本构成，同时长期与外界保持资金、人才、技术的互动和交换，是观察技术进步量子化分布的极佳场所。

国家层面的技术进步主要表现为类似 S 曲线的积累、爆发、成熟与衰落，量子特性逐渐减弱，类似化学反应的宏观特性开始展现，国家层面技术进步化学模型如图 2-3 所示。企业技术水平能级化跃迁的发生需要满足众多条件，在日常经营当中发生的概率较低，特别是在包括我国在内的发展中国家，企业主体的自主创新能力相对有限，大多数企业仍然处于规模化扩张的发展阶段，企业整合外部资源的方式也多为"化学反应"式。企业以人为媒介与其他企业交涉、沟通，形成以合作、关联、网络、价值创造、价值维持为目的的产业链，产业链的形成降低了企业间的交易成本，创造出的剩余价值以能量的形式流入市场，促进区域、国家宏观经济的增长。产业链中企业之间的链接是人，特别对于产品同质

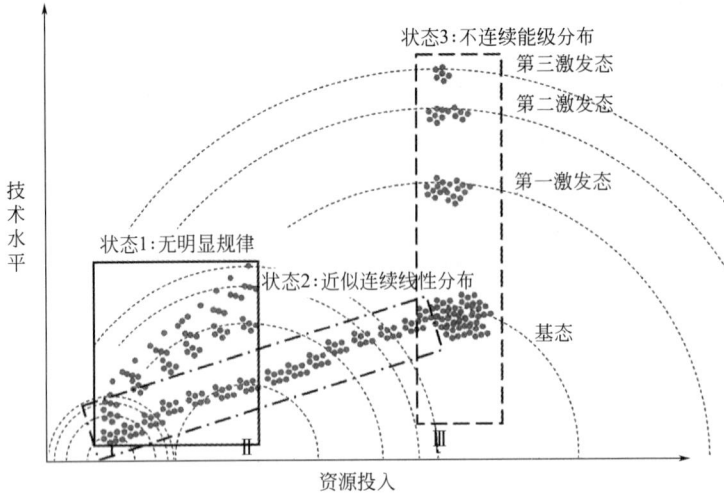

图 2-2　资源投入与技术水平关系

化相对严重的产业，企业原料供应商、产品客户的选择更多是建立在相关业务负责人之间信任的基础上，受产品本身因素影响很小。以人为基础建立的协作链接类似于化学中以共用电子对为基础形成的分子键，产业链的形成、解体、重组可以分别对应化学中的化合反应、分解反应、中和置换反应，企业间链接的形成会释放能量，产业间链接的断裂则会吸收来自市场中的能量，国家、区域中产业链的结构不断变化，与化学反应过程一样，结构的变化需要宏观经济为其提供活化能，变化前后企业间链接的总能量差若为正，则代表结构变化过程总体而言创造了能量，将促进区域经济的增长，变化前后企业间链接的总能量若为负，则代表结构变化过程总体而言吸收了能量，将对区域经济增长造成负面影响。

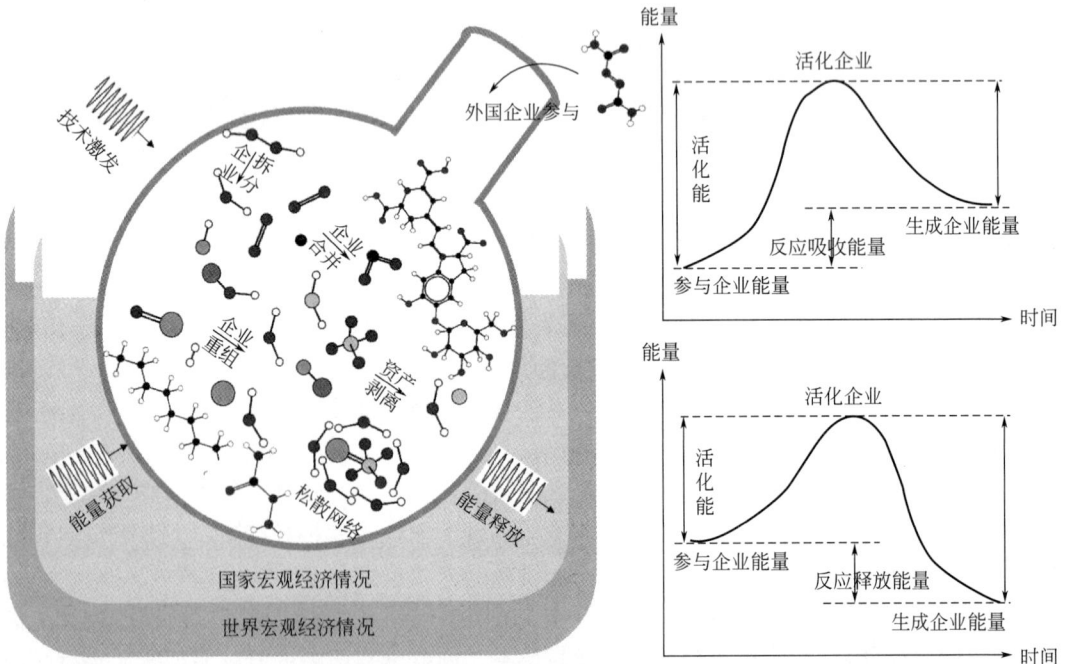

图 2-3　国家层面技术进步化学模型

　　新形成的产业链通过对有形资产和无形资产的整合，以及对创新成本、风险、收益的分享，使得产业链中的企业无论是生产能力还是创新能力都会得到一定程度的提高，但是就总体而言，一方面产业链形成过程中所需要的活化能来自于产业链企业外部，受国家宏观经济环境的影响；另一方面产业链形成过程中释放出的总能量是十分有限的，并且这种能量的释放将在产业链成熟后逐渐停止，不能够持续刺激国家、区域经济的增长。究其原因，产业链提供的能量建立在以契约为基础的交易成本降低，这只能优化企业间组织利用资源的方式，并不涉及企业间技术，特别是核心技术的共享和交流。与其相对，基于产业集群的区域协同创新网络及以其为载体的产业集群知识溢出正在促进区域经济持续发展战略中占据越来越重要的地位。

2.3　基于企业视角的要素间量子化关系模型

2.3.1　产业集群知识溢出与企业创新绩效

　　企业处于激发态技术能级时创新绩效可以实现大幅度的跃升，这种激发态一般是由于产业内新技术的引入造成的，要维持这种激发态需要行业内高水平创新技术的持续产生，否则企业乃至企业所处的整个行业都将迅速跌落至基态能级，其创新绩效、生产绩效也会随之大幅度降低。以美国互联网行业泡沫为例，1995～2001 年大量的互联网公司在美国成立并相继上市，在市场的追捧下市值一路飙升，回顾这一阶段互联网行业的发展，主要是由于 World Wide Web 的出现以及互联网网络基建、互联网供给、门户网站技术的日趋成熟对各行业造成了巨大的冲击，信息的传播效率、企业与合作者的沟通效率得到的大幅度的增强，大量新技术和资金的集聚使美国互联网的资源投入水平和创新水平得到大幅度的提高，跃迁至技术能级很高的激发态。然而，当时在美国出现的大量新创互联网相关企业并没有充足的资金、技术存量，很多企业单纯依靠创造新的商业模式、制定不切实际的企业发展规划获得融资，获得高额融资后仍旧忽略企业核心资源的积累，未能实现企业基态技术能级的提升。当市场逐渐冷却，互联网行业的技术创新水平也趋于平稳，资本投入和创新技术水平已经不足以维持整个行业的激发状态，在 2000 年 3 月～2002 年 10 月网络技术公司的总市值减少了约 5 万亿，互联网行业整体跌落至基态能级。

　　根据量子模型，企业技术能级的衰退路径包括中心势场强度下降引起的整体技术能级衰退以及企业由激发态技术能级向基态技术能级的衰变两部分，并且两种衰退路径都伴随着能量的释放。当中心势场强度下降时，企业中聚集的资源减少，企业中的人才，特别是作为创新主体的高技术人才在薪酬水平、晋升机会以及发展前景等方面都将受到负面的影响，企业无法聚集更多的人才，并有可能伴随着大量高技术人才的流失，技术人才作为企业中隐性知识的重要载体向企业外部的流动形成了隐性知识溢出的第一种路径。当企业由激发态技术能级向基态技术能级衰变时，由于企业的核心资源并未减少，中心势场强度也不会受到影响，因此企业仍旧保持原有的聚集人才的能力，不会出现明显的人才流失现象。然而，企业技术能级的衰退将降低企业的整体绩效，从而影响人才、特别是技术人才能够自主支配的资源总量，这种状态的改变会从多个方面影响相关个体所处的社会网络层次与网络结构，为隐性知识的溢出创造了新的通路。以工资水平为例：工资水平的降低会影响个体在社会网络中所处的层次，与其他收入水平个体通过各种非正规途径的沟通频率将会增加，在交流的过程中，技术人才可以将原所处技术能级中获得的隐性知识传递出去，形成知识溢出；工资水平的降低会影响个体对已掌握隐性知识的控制力。当个体的工资水平较高时，对缄默知识的保护可以帮助其在职场中保持较高的竞争力，缄默收益大于缄默成本，以人与人之间的交流为载体的隐性知识溢出将很难发生。当个体的工资水平降低到一定程度时，拥有缄默知识所获得的收益已经接近保持缄默所付出的成本，将缄默知识用于社交所获得的社交货币成为更强的个体激励因素，从而形成知识溢出；值得注意的是，当某些企业的工资水平显著高于行业内其他企业时，经过编码的显性知识溢出更可能发生。一方面，企业为了跃迁到更高的技术能级，需要进一步地获取外部资源，以当今信息技术的飞速发展为背景，保持外界对企业的关注度是企业能否持续获取资源的关键因素，企业会通过新闻发布会、专题报道、广告宣传等方式向外界传递企业的研发信息；另一方面，落后企业为了提高自身的绩效，同时落后企业中的员工为了提高个人工资水平，会尝试通过非正式渠道与主导企业的员工、特别是技术员工进行交流，并且通过对其技术、研发战略的模仿尝试技术追赶，由于主导企业对自己的核心技术会保持缄默，落后企业技术追赶过程中获得的知识仍多为经过编码的显性知识。与隐性知识相比，显性知识所携带的能量较低，一般无法直接激发落后企业使其实现技术跃迁，但技术追赶的过程中落后企业的研发资本投入可以从根本上提高企业的基态技术能级，从而提高其创新绩效。

2.3.2　产业集群知识溢出与企业吸收能力

众多学者对于产业集群中知识溢出与企业创新绩效的研究均将吸收能力作为中介变量或者调节变量，直接影响知识溢出对创新绩效的作用效果。谢建国（2009）指出吸收能力及其相关项必须达到一定水平才能够对区域技术进步起到调节作用[115]。史丽萍（2014）证明了知识溢出与创新绩效之间的倒 U 关系，同时认为吸收能力在其中起到了正向调节作用[116]。周春应（2009）将企业的吸收能力细化，并分别论证了细化指标对于知识溢出与创新绩效的中介调节作用[117]。与以往的研究认为吸收能力是向下兼容的限制因素不同，本书认为企业、区域的吸收能力实际上更多是充当企业技术向上跃迁的平台。

通常的研究认为企业只能获取其吸收能力允许的知识溢出，如果知识所携带的技术能量超出一定水平，吸收能力将成为企业获取外部技术、实现创新绩效提升的障碍与瓶颈。本书所设定的量子模型则认为企业目前所处的技术能级决定了企业吸收能力的下限，即平台位置，企业的吸收能力并不存在上限，所谓的吸收能力瓶颈只是对企业完成知识吸收内化之后表现出的稳定状态。据此，企业获得知识溢出、实现创新绩效提升的过程如图 2-4 所示。

产业集群中的主导企业集聚着大量的资源，创新能力的能级分布较为分散，能级差较大，与此同时，相对于集群中的其他企业，主导企业研发投入更高，较高概率处于激发态。当主导企业受到外界市场环境、技术环境变化时，会从激发态能级向下跌落，能级跌落过程伴随着以隐性知识溢出为主要形式的能量释放。集群中的其他企业创新能力有限，可以理解为较大概率处于其基态能级，以技术存量相对较高的跟随企业为例，通过在集群中进行知识地理搜索，当搜索到技术能量大于企业由基态跃迁至激发态所需能量的溢出知识时，企业会首先将该隐性知识全部捕获，随即进入内化吸收过程。这里对溢出知识技术

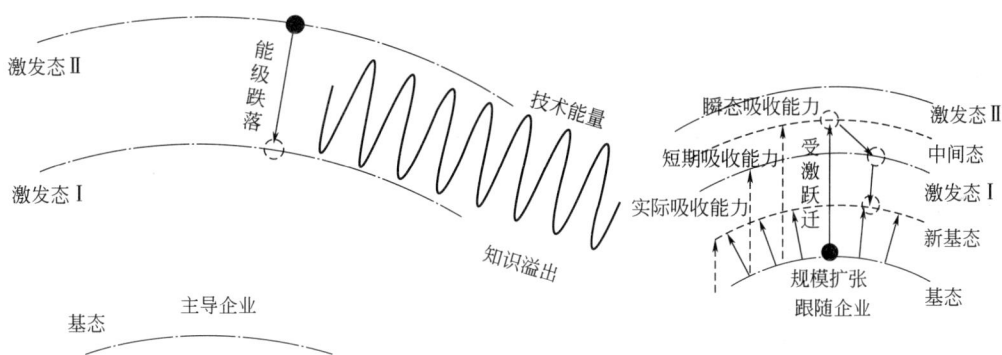

图 2-4　知识溢出量子模型

能量有两方面要求：其一为技术的适用性，即两个企业处于相同或相似的领域，具有相同的技术背景，可以理解为技术能量频率的匹配；其二为技术的先进性，即主导企业溢出知识中所包含的技术处于较高水平，跟随企业支付成本对其吸收内化可以获得整体创新能力的提升，可以理解为对技术能量强度的要求①。根据量子模型，跟随企业获取知识溢出后会由基态跃迁至激发态，当所获取知识中的技术能量大于激发态与基态的能级差时，将会进入极其不稳定的激发态并随即向最近的激发态跌落，若数据统计时点恰巧与企业处于中间态的时点重合，则观察到的企业吸收能力为瞬态吸收能力，瞬态吸收能力与企业创新绩效、生产绩效等反映企业实际情况的指标不相关，无法反映企业的真实情况。在外部知识持续的刺激下，企业可能保持被激发的状态一段时间，由于企业很难长期保持对外部知识的获取，最终会由于失去激发能量而向基态能级跌落，若数据统计时段与企业处于激发态的时段重合，则观察到的企业吸收能力为短期吸收能力，短期吸收能力反映了企业激发态、激发态与基态之间的能量差等指标，可以部分反映企业的真实情况。企业受激跃迁后处于中间态和激发态时获取外部资源的能力大幅提高，同时创新能力的提高需要企业加大资金和研发投入与其相匹配，如果企业能够及时将能级跃迁后获取的资源投入企业后续的生产研发当中，则伴随企业中心势场的增强企业的基态能量也会提升，企业进入新的基态。由激发态向新基态跌落的过程中伴随着跟随企业的隐性知识溢出，最终企业将进入新的稳定状态，若数据统计时点在企业进入新基态之后，则观察到的企业吸收能力为企业实际吸收能力，包括了知识的引入、消化、再创新的过程。

我国大部分企业都很重视技术的引进，却往往忽略了技术的内化吸收过程。调查显示，我国大中型企业每花费 1 元钱引进技术只匹配 0.07 元进行技术消化，与工业化成长时期日本、韩国每花费 1 元钱引进技术匹配 5~8 元进行技术消化相比，二者对技术内化的重视程度相差悬殊。在这样的背景下，以往研究对企业吸收能力的测度极有可能存在偏差，如果误将企业的瞬态吸收能力、短期吸收能力作为企业的实际吸收能力进行研究，可能得到的结论与研究假设想去甚远，影响研究的有效性。

2.3.3　企业创新绩效与吸收能力

马宁（2000）指出了影响企业技术创新绩效的主要因素[118]，国内学者在其理论基础

---

① 注：微观粒子波的频率与能量在量子力学中是统一的，频率与普朗克常量的乘积就是微观粒子所携带的能量。

上分别从以自主开发能力、技术合作、对创新作用的认同为代表的技术类因素，以研发投入、外资引进、人员素质为代表的人员资金类因素，以组织结构、管理方式、创新策略为代表的组织管理类因素以及以市场信息、产业政策、竞争冲击为代表的外部环境类因素四个方面进行了理论与实证研究，并从多个角度论证了该理论的有效性。樊利钧（2009）通过对国内外研究的整理将企业吸收能力的影响因素分为企业内的个体认知因素，包括经验知识、研发活动、组织结构、企业战略、整合能力在内的企业层面因素，以及主要表现为企业间相似性的企业间层面因素[119]。

根据企业投入资源（主要指资金）的多少，会形成相应的中心势场，并伴随企业运营生产、技术创新等能力的量子化分布，形成有规律分布的能级，企业的中心势场越强则相邻的两个能级之间的能量差越大。产业集群中的主导企业一般规模较大，企业所聚集的资源较多，且处于较高的技术能级，生产、创新效率较高；相对而言，产业集群中大量的跟随企业、落后企业规模较小，聚集的资源较少，或在某核心资源方面有所欠缺，在无外界激发的情况下较大概率处于基态能级，生产、创新效率较低。

在外部因素的影响下，企业所处的能级是不确定的，即便是影响要素完全相同的两个企业仍可能处于不同的能级，通过对企业的观察研究只能够确定一定资源投入水平下企业的能级分布，以及在已知外部影响因素组合的情况下推测企业处于某一能级状态的概率。企业所处的能级代表了企业的技术水平，企业的生产绩效和创新绩效均可以表达为企业能级的函数，同时根据模型，企业的吸收能力可以表达为企业从目前所处能级跃迁到下一能级所需能量的函数，此模型很好地解释了企业吸收能力与创新绩效之间的相关性，并且使得以企业吸收能力作为外部因素影响企业创新绩效的中介调节因素进行研究变得更加合理。

企业创新绩效与企业吸收能力不仅受到相似因素的影响，企业吸收能力还在一定程度上代表了企业创新绩效可能达到的下一水平。企业的创新绩效遵循量子化的分布规律，可以利用现有的参数与非参数方法对其实际取值进行测算，企业的吸收能力仅代表一种可能性，既在受到外部技术刺激的情况下企业可能达到的下一技术能级，因此企业吸收能力对创新绩效的影响存在滞后性，本周期内企业创新绩效与企业吸收能力的某种线性组合将成为下一周期内企业的创新绩效。

企业吸收能力不能够确保企业达到下一技术能级，只有当企业获取技术所携带的能量超过企业的吸收能力时，企业才能够实现技术能级跃迁，进入下一激发态的技术能级。激发态技术能级十分不稳定，在受到外部环境刺激时会向低能级跌落，因此企业在实现技术能级跃迁后需要把握时机，通过获取更多的资源投入，加大自主研发投入力度，从而增强企业的中心势场，从长期的角度看，企业基态技术能级的提升才是企业创新绩效持续升级的真正动力。

表2-2列出了近年来关于企业创新绩效和吸收能力在众多相同视角下的研究，不难发现，影响企业创新绩效的因素都以某种形式与企业的吸收能力相关，但其中的作用机制又存在一定的区别。学者的研究表明，企业的创新绩效受到表2-2中第一列各因素的影响，而除特殊标注的因素会提高企业的吸收能力之外，其余各项因素被认为是受到企业吸收能力的影响和调节，而实证结果大多认为各项因素以企业的学习为中介因素，受到吸收能力的正向影响继而正向影响企业的创新绩效。

企业创新绩效、企业吸收能力相关研究　　　　　　表 2-2

影响因素	企业创新绩效	企业吸收能力
自主开发能力	李光泗(2011)	易力(2013)
技术合作	初大智(2011)	唐锦铨(2012)
对创新作用的认同	杨皎平(2014)	
研发投入	马文聪(2013)	Veuglers(1997)
外资引进	杜群阳(2007)	张海洋(2005)
人员素质*	范赟(2015)	邹波(2011)
组织结构*	张光磊(2011)	原长弘(2011)
管理方式*	杨百寅(2013)	曹石亚(2015)
创新策略	Haim Hilman(2015)	潘宏亮(2013)
市场信息	王玉荣(2014)	邹波(2015)
产业政策	程华(2013)	郑绪涛(2011)
竞争冲击	王玉荣(2011)	徐二明(2009)

值得注意的是，通过回归分析实际上只能确定两个观测变量之间的相关性，具体到因变量和自变量的选择依靠的是研究者根据经验做出的判断，若尝试放松以往研究对企业吸收能力作为中介变量的假设，根据企业吸收能力、企业创新绩效和各影响因素之间的同向相关性，可以认为企业的吸收能力和企业的创新绩效都是表 2-2 所列出各项影响因素的一个线性组合，并据此构建如图 2-5 所示的产业集群知识溢出、吸收能力、创新绩效量子模型。

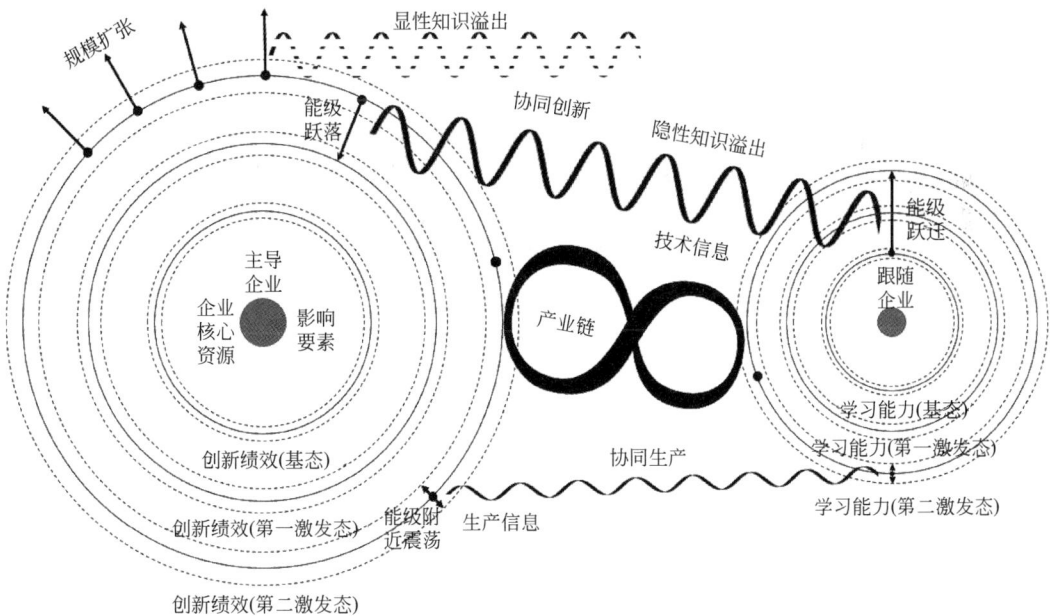

图 2-5　产业集群知识溢出、吸收能力、创新绩效量子模型

2.4　基于产业集群结构视角的知识溢出模型

作为集群企业创新的孵化器，产业集群从最初起源于若干企业在地域内简单的扎堆，

经发展演进而形成由企业及相关机构在区域内构建起一个较完整协调的分工与合作系统，集群结构在这一过程中发生了巨大的变化。众多现实经验以及理论研究表明，产业集群结构对集群本身的生存和发展能力会产生不同的效应[120]，也将很大程度地影响知识溢出效应在集群企业创新绩效提升上的发挥。

2.4.1 集群开放性与封闭性对知识溢出效应的影响

作为构成产业集群的基本元素，企业对于创新方式的选择不仅直接决定了产业集群整体呈现出的创新状态，还会影响以知识溢出为代表的产业集群知识流动的通畅性和有效性，可以作为发挥产业集群知识溢出效应、提升企业创新绩效的重要切入点。从时间维度观察，企业创新方式的发展主要经历了封闭式创新、联盟式创新、网络式创新和开放式创新几个阶段。根据资源本位论，封闭式创新形成的技术资源位势壁垒可以给企业带来先行优势[121]，这一度使得拥有大型内部实验室的技术先行企业获利颇丰。然而，随着技术的进步、产品生命周期不断缩短，同时为了满足消费者个性化的需求、适应高速变化的外部环境，创新中的资金和技术要求往往超出单个企业的能力范围，封闭本身反而成为企业创新发展的瓶颈。Henry W. Chesbrough（2003）首次提出"开放式创新"的概念，相对于封闭创新模式下企业的"亲力亲为"，开放式创新更强调企业边界的拓展，将一切可获取的创新资源"为我所用"，也强调与其他企业之间的技术共享。国内学者对开放式创新的中国模式进行了大量探索，赵金楼（2008）将无边界大规模创新导向型企业定义为创新型大企业，并将其视为集群创新的源泉[122]。彭正龙（2011）等从资源共享的角度对开放式创新与封闭式创新进行了比较研究[123]。袁健红（2009）的实证结果表明，当企业采用开放式创新模式时，其创新类型往往是突破性的，创新新颖度大，相反，当企业采用封闭式创新模式时，其创新类型往往是渐进性的，创新新颖度较低[124]。肖岳峰（2010）分析了技术、市场、企业禀赋等内外环境因素对企业开放式创新形式与趋势的影响[125]。李文元（2011）基于技术创新服务体系构建了中小企业开放式创新模型[126]。

20世纪80年代后期，美国企业纷纷建立自主研发实验室，如沃森实验室、萨尔诺夫实验室、帕洛阿尔托实验室，依靠技术创新带来的收益抵消由企业规模扩大造成的不稳定性，此时企业处于封闭式创新状态。开放式创新的初级形式，即网络协同创新强调区域内企业、政府、科研机构和科技中介机构在技术信息、研发投入、基础设施等诸多方面的资源共享，重点关注以现代信息技术为载体、区域网络为框架，区域内各主体的协调和同步，此时区域创新绩效的提升主要来自于区域网络的构建和企业间部分信息的开放。引入量子理论，对企业中不同创新方式重新解读，见图2-6。

开放式创新过程中伴随着企业核心知识的溢出，相对于传统创新方式中产生的知识溢出携带了更高强度的技术能量，也更有利于集群企业创新绩效的大幅度提升。产业集群能够为企业带来集中的资源、充足的劳动力以及技术创新环境，但并不能完全满足企业在原材料配给、市场开拓以及技术获取等方面的需求，在获得集群外部性的同时，集群内企业也要付出相当的运输、学习成本，集群企业对于收益与成本的权衡造成了企业在集群间的流动。为了保证产业集群的相对稳定与持续发展，在市场与政策双重作用下会自然形成具有一定封闭性的集群边界，产业集群的这些特点都为集群企业开放式创新的开展提供了有利条件：

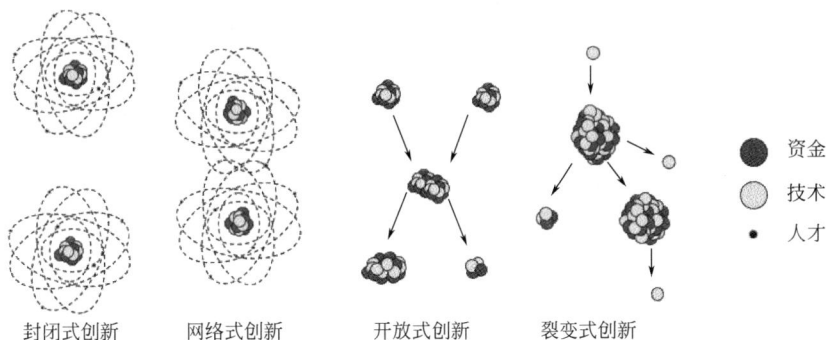

图 2-6　量子视角下的创新方式模型

（1）产业集群有利于企业间创新网络的构建，为集群知识溢出提供通路。开放式创新强调对于企业内外部资源的整合，企业通过与外部建立链接开展技术的合作与交流，提升自身对技术变革的响应速度[127]，这些都依托于创新网络的构建与经营。产业集群将具有相同或相似技术背景的企业聚集在一起，可以提高内向型开放式创新企业技术搜索团队的技术识别与定位效率，同时，由于集群地理、技术边界的存在，外向型开放式创新企业倾向于选择集群内的其他企业进行技术的外部商业化，内、外两种开放式创新有机结合，最终形成牢固的创新网络。

（2）产业集群为企业开放式创新中知识溢出造成的损耗提供补偿。集群内技术领先企业①多采用外向型开放创新方式[128]，对集群规模经济、技术创新、产品推广的贡献很大，Henkel（2006）认为企业由于开放向外界溢出的知识会使竞争者从中获益，从而削弱自身的竞争优势，为防止由此产生的优质企业流失，产业集群通常会有针对性地提供相应的补贴扶持政策，这有助于保持技术领先企业深入开展开放式创新的积极性[129]。

（3）产业集群可以优化企业开放式创新的环境，提供来自集群内、外多方面的知识溢出。企业开放式创新绩效受内、外环境因素的影响，内部因素包括企业的学习和吸收能力、内部研发能力、网络能力以及创新意识等软能力[130]，外部因素包括经济环境、技术环境和政策环境。集群主导企业会自发的利用技术扩散为自身培养跟随者和配套者，这一方面有助于主导企业非核心生产经营活动的外移，使其可以集中优势资源进一步提高企业核心竞争力，另一方面也可以促进落后企业内部能力的提高。产业集群本身具有一定的体量，可以缓冲外部经济环境剧烈变化对企业的影响，为企业提供相对稳定的创新环境。产业集群多建立于高校与研究机构周围，来自行业外的异质性技术可以有效地激发企业的创新活力。

不应忽略的是，产业集群的某些特点也限制了企业开放式创新效果的发挥。由于集群存在政策与技术双重边界，有创新意愿的中小企业可能受自身规模、研发能力的限制，被产业集群排除在外，而集群内中小企业的技术学习创新活动中普遍存在的"搭便车"现象，可能导致集群内技术的同质化和集群内部创新的停滞[131]。

现有研究中对开放式创新的定义实际上指向的是不以"人"为载体的企业内中性技术的共享。当两个原子处于相对独立的空间中时，各自原子核中质子和中子数量的增加、电

---

① 一般而言，产业集群中的主导企业在技术研发上投入更大，更普遍地在技术上保持领先，但是在某些资源密集型产业中的主导企业可能主要依靠的是规模优势，技术方面并不领先。本书研究技术进步视角下产业集群的创新情况，提及领先企业与落后企业均指技术方面的领先和落后。

子受激跃迁只能单独影响其自身的能量状态；原子之间可以化合形成分子，这一过程伴随着电子轨道的耦合重组，原子核外电子以一种更稳定的状态形成杂化轨道并且释放出能量；当两个原子碰撞时可能聚合在一起，聚合后的粒子由于核子比例失调重新分裂为两个与原来不同的粒子，这个过程中粒子的质量损失会转化为巨大的能量释放出来。产业集群中的领先企业选择封闭式创新，虽然可以通过增加资金、人才、技术等方面的投入极大地提升企业的创新能力和创新绩效，但由于落后企业无法从领先企业的研发过程中获得外部性，封闭式创新行为并不能提升产业集群的整体创新绩效；集群企业间可以通过业务上的合作实现跨越企业边界的分工协作，从而降低生产成本，在原有生产部门合并的过程中会释放出多余的劳动力，劳动力本身携带着原工作岗位的隐性知识，因此这一过程也伴随着技术能量的释放，这些技术能量作为知识溢出可以被集群中的其他企业吸收利用，这类传统意义上的知识溢出所含技术能量较低，只能够在一定程度上提升产业集群整体的创新绩效；技术领先企业通过与技术落后企业的深入合作，可以实现非核心业务的剥离，技术领先企业之间的技术合作也可以对优势创新资源进行整合重组，释放创新潜能，这说明领先企业间的知识转移可能最终产生不同于技术追赶和纯知识溢出的全新形式的高能知识溢出。

微观粒子的原子核本身不是电中性的，这就导致原子核之间存在着静电斥力，成为聚合的阻力，因此，科学家利用电中性的高能中子轰击原子核引发核裂变从而获取能量，即核裂变反应。因为企业总是倾向于保护自身的核心技术以保持在市场中的竞争优势，开放式创新通常会受到来自企业内部的阻力，借鉴核裂变反应原理，可以利用技术中性触发高水平的开放式创新，即裂变式创新。进一步的，利用产业集群的封闭性，参照核反应中的连锁裂变反应构建适用于产业集群的连锁裂变式创新模型，如图 2-7 所示。连锁裂变式创新过程中伴随着领先企业对高能知识的内化与溢出，溢出的高能知识可以进一步被集群中的其他领先企业和落后企业利用，从而带动集群企业整体创新绩效的提升。

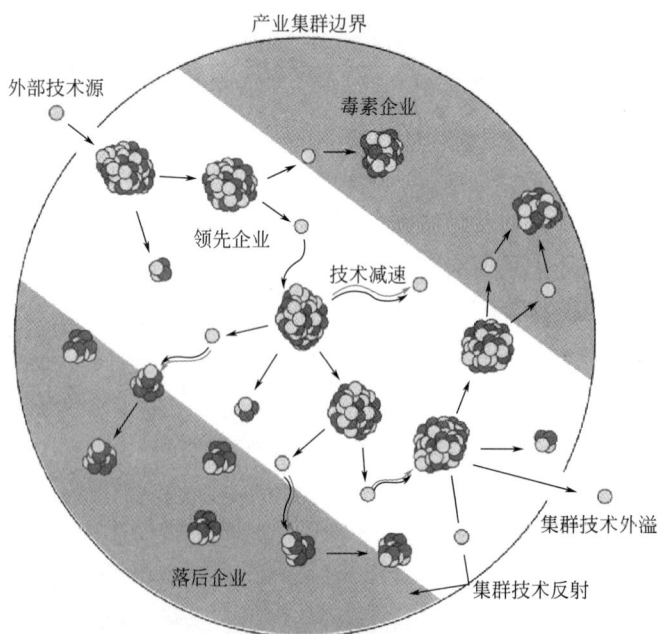

图 2-7 产业集群连锁裂变式创新模型

2.4.2　集群企业集聚结构对知识溢出效应的影响

汤临佳（2012）按照集群内大、中、小企业的结构类型将产业集群分为主导型企业结构、中卫型企业结构和扁平型企业结构[132]，实证研究表明，集群企业的分布结构会对集群创新能力、竞争优势产生影响[133]。本书将产业集群中的大型企业定义为集群领先企业，中型企业和小型企业定义为集群落后企业，结合前文构建的产业集群连锁裂变式创新模型，对集群企业集聚结构对知识溢出效应的影响机理进行解读。

核裂变是原子核受到热中子（即高能中子）轰击分裂成质量更小的几部分，同时释放出更多热中子的过程，利用新产生的热中子继续轰击其他原子核引发连锁裂变，反应过程中释放出的能量就是核能。人类对核能的使用方式主要有两种：一是利用封闭环境下高强度核能积累、爆发所产生的破坏力生产武器；二是利用半封闭环境下强度可控的核能提供人们日常生活所需的能源，后者对于产业集群中开放式创新方式的选择具有指导意义。

常见的核裂变反应物铀 235 与其同位素铀 238 具有相同的高质子数，核内斥力强，由于少 3 个中子核力较小，更容易在热中子的冲击下发生裂变，并在裂变后释放出更多的热中子触发连锁裂变反应。连锁裂变反应的持续进行需要大量铀 235，使用以下辅助手段可以降低反应难度：①集中堆放反应物增加连锁反应几率；②在反应物周围设置反射壳，减少热中子的损耗；③利用水对热中子减速使其更易被原子核捕捉。与此同时，利用硼 10 对热中子的吸收能力控制反应强度，反应中间产物氙 135 对热中子的大量吸收会阻碍反应的进行，需要及时处理。

根据连锁裂变反应原理，集群中发生连锁裂变式创新需要具备以下条件：①裂变式创新主体——领先企业的大量集聚。组织理论认为企业在稳定和成长时期会积累冗余资源以供困境时期使用和消耗[134]，冗余资源包括多余的"人""财""技术"。以产业集群主导企业为代表的大中型企业，特别是高新技术企业整体结构中的"技术"资源比例更高，有利于维持较大的企业规模，但同时伴随着大量的资金投入，企业内部斥力增加，外来高能异质技术可以引发企业的裂变式创新，产生的新技术可以继续引发其他创新主体的裂变式创新，形成连锁裂变式创新；②需要技术在小范围内的传播和交流。在开放的地域空间内，裂变式创新释放出的高能技术可能在被进一步利用之前消耗，导致连锁裂变式创新中断，通过政策手段对创新技术的流动进行控制，可以增加发生连锁裂变式创新的可能性，同时降低了连锁裂变式创新对创新主体数量的要求；③需要引入落后企业控制连锁裂变式创新的强度。裂变式创新产生的技术引发作为其载体的组织与个人的聚集，大量资源被转换成创新能量并快速释放，这一方面不利于区域经济的可持续发展，另一方面还有可能造成局部经济过热，对其他企业造成冲击。落后企业一般规模小、研发投入低、自身技术储备不足，获取创新资源的意愿强烈，可以吸纳裂变式创新产生的过量技术与人才，并以某种形式储存起来，保证经济的安全持续发展；④需要对裂变式创新产生的技术进行减速。裂变式创新过程中产生的新技术由于技术含量高，且包含大量"know-how"类型的隐性知识，不易被其他企业识别和吸收，从而影响了连锁裂变式创新的进行。市场中风险投资以及金融投资机构、企业中的高技术人才都可以对技术进行合理解读，达到减速的目的。

Ciccone（2002）对欧洲 5 个国家 628 个地区数据的分析结果证明了企业集聚程度对区域经济增长的正相关关系[135]，但单纯使用大企业集中度来度量集群中企业集聚结构的特征，并不能全面地反映产业集聚结构对集群知识溢出效应、企业创新绩效的影响。产业集群的创新环境与核裂变反应有诸多的相似性，参考核反应堆的构建方式可以为产业集群设计更有利于集群知识溢出效应发挥的企业集聚结构。首先，集群中领先企业与落后企业应该保持一个适当的比例；其次，集群领先企业与落后企业应该处于更为合理的空间布局；最后，还应引入科研中介机构等市场机制，充分发挥市场对集群企业创新的调节作用。

2.4.2.1 保障集群领先企业与落后企业的均衡发展

开放式创新主要被分为内向型和外向型两种，其中内向型开放式创新被企业使用较多，企业只需投入较低成本对外部创新资源进行搜索就可以达到提高自身财务绩效和研发水平的效果[136]。当来自外部高校、研发机构、企业的创新成果与集群内企业的禀赋、技术存量相匹配时，可以激发裂变式创新。领先企业是集群裂变式创新的能量源，集群内的创新主体一般具有相同的产业背景和相似的核心技术，领先企业裂变式创新产生的新技术可以被再次捕捉吸收，引发新的裂变式创新，实现技术的增殖。裂变式创新在创造新技术的同时会产生巨大的能量并最终以知识溢出的形式释放出来，集群企业对这类高能知识溢出的吸收利用能力有限，只有一部分能够被成功地转化为创新绩效的提升，未被吸收转化的能量将成为产业集群内部的不稳定因素，这种情况下，可以利用落后企业对反应进行控制。

落后企业在集群中通过模仿和学习谋求自身创新绩效的提升，一方面吸收裂变式创新过程中产生的热技术，减少集群中热技术的总量；另一方面为满足自身日常经营的需要，雇佣产业集群劳动蓄水池中多余的劳动力，从而起到控制裂变式创新强度的作用，有助于保持产业集群的动态稳定。在转向开放式创新的过程当中，企业会采用两种不同的策略，领先企业倾向于使用外向型与内向型相结合的开放性创新，落后企业则更倾向于使用内向型的开放型创新，这种创新方式可以帮助企业低成本、小投入地获取创新资源。产业集群中的企业具有相似的技术背景，创新产生的新技术经慢化后很容易被落后企业吸收，这说明产业集群中的落后企业可以胜任类似核反应堆中控制棒的角色对产业集群中的技术连锁裂变反应进行控制。相对于市场兼具的控制作用，利用落后企业进行控制的优势有两点：首先，控制效果稳定。落后企业对热技术的捕捉是由企业的逐利性决定的，是企业的内生需求，不受外部环境的扰动，因此可以持续稳定的发挥对反应的控制作用；其次，控制内容全面。落后企业对反应的控制不局限在技术创新一个方面，产业集群发挥并长期保持创新能力及竞争优势的前提条件是拥有一定规模的技术劳动力蓄水池，领先企业对劳动力的使用量是有限的，如何维持蓄水池的规模是摆在很多产业集群面前的问题，落后企业虽然自主创新能力较差，但是对技术劳动力仍有一定的吸纳能力，可以大大缓解集群内自由劳动力过多带来的波动。

2.4.2.2 合理化集群领先企业与落后企业的空间布局

自持连锁裂变式创新是指集群企业连锁裂变式创新可以长期自主持续的现象，是一种健康的集群创新方式。将产业集群中外向型开放式创新释放的技术与内向型开放式创新吸收的技术之比定义为创新技术的增殖因数。当增殖因数小于1时，产业集群内新增的创新技术少于损失的创新技术，连锁裂变式创新进程减缓，要保持连锁裂变式创新的进行，需要继续从外界获取技术资源。当增殖因数大于1时，连锁裂变式创新不断增强，释放出的能量强度不断提高，最终将超出产业集群的承受能力，产业集群的边界被突破，这可能会产生两种截然不同的结果：第一种情况，产业集群边界被突破后，集群内高新技术企业留在集群内，继续从事经营和创新活动，为产业集群以及产业集群外的整个行业提供热技术，可以理解为产业集群整体进入外向型开放式创新的全新路径，对区域内创新绩效的提升产生积极的作用；第二种情况则更可能出现，集群内高新技术企业率先突破产业集群边界，从集群中脱离，加入对其吸引力更强的其他产业集群中，或以自身创新优势为核心资源，吸引其他领先企业加入，形成新的产业集群。原产业集群则因为连锁裂变式创新主体的丢失，逐渐衰落、解体。最好的情况是，产业集群中领先企业数量、落后企业数量以及总体的市场情况均在一个合理的范围内，领先企业中高新技术企业的数量能够保证快技术的产出率，市场将足够多的快技术转换成慢技术①，落后企业将维持领先企业连锁裂变式创新最低要求之外的全部热技术吸收，在不考虑毒素企业等其他因素的情况下，创新技术的增殖因数基本保持在 1，产业集群内的连锁裂变式创新反应进入一个稳定的状态，仅依靠集群内的企业就可以自我持续进行，产业集群进入自持连锁裂变式创新阶段。

在核反应堆中，还需要调整燃料棒和控制棒的空间布局，以维持连锁裂变反应的稳定进行，为了更好地发挥集群中的知识溢出效应，保持集群企业的创新活力，可以参考核反应堆的设计原理对领先企业和落后企业进行更为合理的空间布局。领先企业在空间中的集聚有利于领先企业对裂变式创新产生的高能知识溢出的吸收和利用，是连锁裂变式创新发生的重要保障，但领先企业在空间中的过度集中将导致连锁裂变式创新的失控，创新过程中产生的巨大能量会对产业集群产生破坏性的冲击，因此，需要在领先企业周围布局落后企业，形成连锁裂变式创新的缓冲带。落后企业的加入不仅可以对集群内的创新活动进行控制，通过吸纳集群连锁裂变式创新产生的冗余创新能量，落后企业自身的创新能力也会有所提升，实现了对产业集群知识溢出效应的充分利用。

2.4.2.3　充分发挥市场的调节作用

新技术在企业的研发部门、研发人员之间可以高速地传递，由于从事相似领域的研究开发，这种传递方式并不对技术进行减速处理，技术的表现形式多为专利、论文、实验报告，很难被搜索和转化。市场中的金融投资机构在对一项技术进行投资和市场化之前，会对相关技术进行价值评估，同时进行市场的调研与分析，制定周全的商业计划。这个过程可以使新产生的技术"慢"下来，一方面，可以使技术更适应市场；另一方面，也通过对技术的解读，加强整个行业、区域对该技术的了解，使其更易被其他企业利用。

以出行类 O2O 服务提供商为例，2013 年 8 月，快的打车接入支付宝，成为中国第一家可以在线支付全部打车费用的 APP。2013 年 8 月 5 日，微信 5.0 上线，"微信支付"这一商业化功能推出，2013 年 9 月滴滴打车接入微信支付。2016 年 1 月 11 日，滴滴公布其 2015 年全平台订单总量达到 14.3 亿，日均订单近 600 万单，在很大程度上改变了人们出行传统的线下支付方式，而这个过程只用了不到 3 年的时间。线上支付作为一项创新技术，能够如此迅速地被商家和消费者广泛使用，市场资本起到了最关键的作用。从 2014 年 1 月份开始，滴滴打车在腾讯的支持下开始发放红包，快的在阿里巴巴的投资下紧随其后，至 2014 年 5 月份，双方共补贴 20 亿元，大量的资金投入起到了减速剂的效果，服务供应商和消费者都对 O2O 的商业模式、运作方式有了更深的理解，手机及其他形式线上支付的便捷性、安全性、快速性得到了验证，同时也得到了出租车司机、打车消费者双方

---

① 本书中将经过减速的技术称为慢技术。

面的认可。目前，O2O 行业普遍采用线上支付的方式，并大多加入了红包、代金券等形式的补贴，利用市场资本对新技术的慢化作用，将自身创新的服务供应理念及经营方式传递给市场和消费者。2015 年上半年 O2O 市场规模已达 3049.4 亿元，大量 O2O 服务提供商得到了高额的风险投资，而这种情况在 2015 年下半年却发生了巨大的改变，风险投资机构对 O2O 项目的投资也更加谨慎。

在核反应中常用的减速剂水同样也用来对整个系统进行冷却，反应产生的能量被水吸收，在水中产生空泡，水对快中子的减速效果也随之下降，核反应堆芯中慢中子数量减少，反应强度下降，这将导致水温降低，水中的空泡减少，恢复对快中子的减速效果，反应强度也随之重新上升，最终实现对整个系统的自我调节。这可以用来解释市场对连锁创新强度的自主调节作用，首先，市场和资本对快技术进行减速，行业内的慢技术数量增多，连锁创新增强，释放出更多的能量，使得整个市场更加繁荣；随着市场的繁荣，资本的流动加快，快技术因子下降，行业内慢技术数量减少，连锁创新减弱；由于连锁创新不断减弱，市场转冷，资本流动速度减慢，快技术因子恢复，连锁创新进入新的运行周期。O2O 行业发展所经历的"商业模式引入—补贴推广—行业爆发—市场转冷"的过程，正是连锁创新在市场调节下调整循环的一种体现。市场对于连锁创新的作用主要在于对技术的解读与减速，虽然在市场过于繁荣时也会通过快技术因子的降低对反应强度起到调节作用，但还是需要经历整个行业从阶段性繁荣走向阶段性萧条的过程。行业的大起大落会对产业集群的整体创新环境造成扰动，这可能裂变式的过程失稳，对整个集群造成不可逆的伤害。结合核物理知识，仅通过市场对反应强度进行调节还存在一类特殊的风险，当连锁创新在高功率下进行时，市场的快技术因子会随着市场的繁荣而降低，但在低功率下进行时，市场的快技术因子会随着市场的繁荣而升高，这是因为市场对于技术创新的反应具有一定的时滞性，产业集群内产生新技术的初期，外部资本还在不断进入，而技术的快速发展也将吸引更多的资本进入，被解读慢化的新技术总量也将增加。不同于美国硅谷、英国剑桥工业园，我国大部分产业集群在技术创新方面并没有达到很高的强度，即使已经满足发生连锁创新的条件，反应功率依然很低，无法单纯依靠市场的作用对反应强度进行控制。

2.4.3 同质性集聚与异质型集聚对知识溢出效应的影响

Marshal（1890），Arrow（1962）和 Romer（1986，1990）提出的 Mar 溢出效应强调地方化的外部性，其核心是发生在相同产业内部的专业化知识溢出，并认为垄断性的市场结构是促进创新的原因[137-139]。与其相对应，Jacbos（1969）提出的 Jacob 溢出效应强调城市化外部性，认为发生在不同行业间的多样性溢出是促进区域经济发展的重要动力，异质企业间由于不存在直接的利益冲突，更容易在技术创新方面进行合作和交流，行业间的知识相互溢出会促进创新思想的形成[140]。大多数学者的研究认为 Mar 溢出和 Jac 溢出都可以促进产业集群技术水平和生产率的提升，但在两种溢出形式对区域创新影响的研究存在争议。Audretsch 和 Feldman（1999）利用美国企业创新数据的研究发现，Mar 溢出对创新没有显著影响，Jac 溢出对创新产出与经济发展都具有显著影响[141]。Raffeaele 和 Stefano（1999）对意大利多个产业集群的研究发现，虽然 Mar 溢出和 Jac 溢出都能够正向影响区域创新活动，但在高基数产业集群中 Jac 溢出更为显著[142]。吴梅（2011）利用替代指标对我国广东省 2000～2006 年 21 个地区 3 个行业的研究表明，广东省高技术产业中不存在 Jacob 溢出效应，而 Mar 溢出效应十分显著[143]。

结合本书构建的量子模型，企业对产业集群 Mar 溢出的有效利用主要反映的是企业技术能级分布与所处集群中"弥漫"的非专属同质性知识的匹配，而企业对产业集群 Jac 溢出的有效利用主要反映的是企业技术能级分布广度与所处区域中异质性知识多频段匹配的适应性。国外企业，特别是以硅谷区域为代表的高新技术企业十分重视研发投入与员工的教育投入，选拔人才时更看重员工的综合创新能力，这使得企业的研发部门不仅可以及时对行业内部的创新信息进行捕捉和内化，同时也对其他领域的创新前沿有一定的了解，员工结合企业创新需求大量吸收来自外部的异质性技术，充分发挥了产业集群中 Jac 溢出效应，从而带来企业整体创新绩效提升。我国产业集群中的企业普遍在研发、员工教育等方面投入较低，整体较低的创新水平更容易将企业的创新活动锁定在所从事的领域，企业对外部创新、技术资源较低的吸收能力水平也阻碍了企业对于异质性知识溢出的吸收。

2.5　小结

产业集群中的知识溢出效应是提升集群企业创新绩效的重要因素。本章根据技术进步的不连续性，结合量子物理的相关理论，定义了企业的技术能级作为识别产业集群知识溢出的重要指标，构建了产业集群知识溢出影响企业创新绩效的量子模型，并且从产业集群结构的角度分析了充分发挥集群知识溢出效应的影响因素，为本书后续的研究奠定了理论基础。

第 3 章　产业集群知识溢出的辨别及其作用于企业创新绩效的仿真研究

产业集群知识溢出是产业集群中知识流动的初级形式，与知识转移、知识扩散等其他形式的知识流动之间无论从作用机理上，还是从作用效果上都存在一定的差异。目前对于产业集群知识溢出、知识转移、知识扩散的研究多从单一的视角出发，缺乏对不同知识流动形式的横向对比，且常存在对概念的混淆和误用，本章依托前文构建的量子模型理论思想，在建立产业集群知识流动整合研究框架的基础上，利用 Matlab 对产业集群知识流动情况进行模拟仿真，旨在回答以下问题：①产业集群中不同知识流动形式如何作用于集群整体及集群企业的创新绩效；②产业集群知识溢出在集群发展的不同阶段是如何作用于集群企业创新绩效的。通过回答这些问题，进一步明确产业集群知识溢出效应在我国现阶段集群企业创新中的突出作用。

3.1　产业集群知识流动类型辨析

3.1.1　产业集群知识流动的量子解读与触发条件

首先将技术进步的量子模型嵌入产业集群知识流动研究中，构建如图 3-1 所示的产业集群知识流动量子模型，重点讨论产业集群中的知识溢出、知识扩散以及知识转移发生的条件。产业集群中同时存在领先企业和落后企业，与落后企业相比，领先企业（或主导企业）除了具有更大的规模、更多的资金投入之外，还具有更高的无形资产比例，且企业员工，特别是技术员工处于较高的技术创新能级，可以保证企业较高的整体创新绩效。落后企业中按照主观意愿不同可以分为跟随企业和搭便车企业，当与集群中领先企业的技术差距超过一定的阈值后，落后企业由于产品技术落后将无法保证在市场当中的竞争力，并最终导致利润的下降。相较于搭便车企业，跟随企业由于具有一定的技术存量，吸收能力较强，会主动对处于高知识势能的领先企业进行模仿和学习以提升自身创新绩效。第一类知识溢出即技术追赶被触发。外部环境变化可能造成集群领先企业失稳，无法维持原有的高水平技术研发投入，这使得领先企业的知识势能跌落，同时释放出大量的知识，这其中一部分知识将被产业集群中的落后企业无偿地获取，落后企业被激发至较高的能级状态，创新绩效提升。第二类知识溢出即纯知识溢出被触发，这类知识溢出发生需要落后企业具有一定的吸收能力。除此之外，纯知识溢出中的一部分知识将以资产剥离的形式最终被其他领先企业有偿获取，例如柯达宣布破产后大量的专利被苹果、三星等公司以低价购买，此类事件现阶段在我国产业集群中鲜有发生，故本书暂时仅将其列入产业集群知识流动的研究框架中，不做深入讨论。

当产业集群中的领先企业处于发展阶段时，会选择部分知识进行扩散，知识扩散的目的是培养跟随者和配套者，通过企业边界的扩展，将非核心、低效率的生产经营活动外移，集中优势资源进一步提高企业的核心竞争力。领先企业选用知识扩散的方式虽然会将企业当中的部分技术开源化，相当于放弃了自身的部分技术优势，但成功的知识扩散不但可以帮助企业巩固其市场地位，还能为企业的长期发展提供良好的技术环境。首先，知识扩散可以帮助领先企业实现资源的整合。领先企业成功转型的关键是技术创新，这需要企业投入大量的资金以及研发时间，此时，诸如生产、营销、售后等企业日常活动将对企业经营造成巨大的压力，通过知识扩散，将拥有丰富生产、营销、售后服务但技术创新能力相对落后的企业纳入自身的生产经营体系，可以将领先企业从资源分配的囚徒困境中解放出来，极大地提升企业的发展速度；其次，企业通过技术的开源化与知识扩散活动制定了行业标准。知识扩散活动使更多的跟随者参与相关行业的技术研发创新当中，作为规则的制定者，领先企业可以通过技术的开源化高速有效地向跟随企业传递技术发展的趋势、方向等信息，行业内技术水平的提高将使相关行业的体量迅速增加，从而为领先企业开拓了更为广阔的市场和机会。

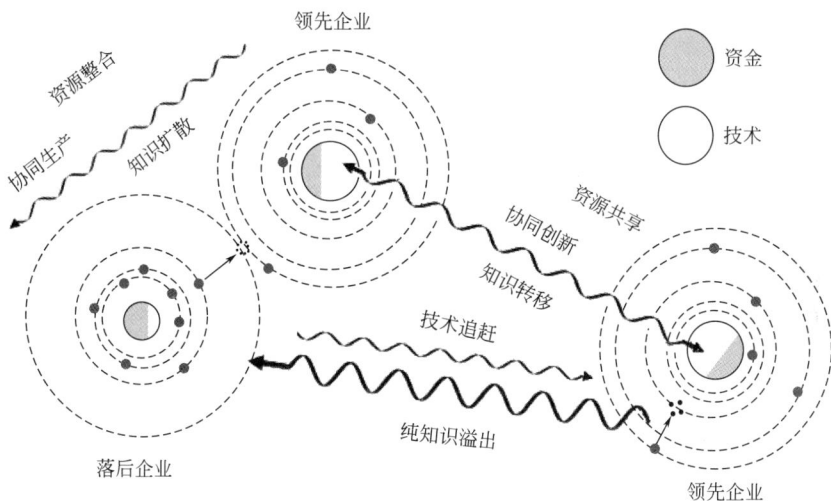

图 3-1　产业集群知识流动的量子模型

知识扩散不会以企业的主要竞争对手作为扩散的受体，也不会将核心技术作为扩散的对象，也就是说领先企业选择知识扩散受体时，倾向于选择集群中的落后企业而非集群中的其他领先企业。同时，集群知识扩散的发生要求落后企业与领先企业之间的技术差距达到一定水平，差距过小时，知识扩散导致的落后企业技术水平提高将会对领先企业造成冲击，弱化领先企业进行知识扩散的意愿。

产业集群知识转移与知识扩散的区别，一方面在于受体的数量，另一方面，知识转移更强调主体和受体之间的知识交流和知识共享。作为知识流动的高级形式，产业集群知识转移发生的条件相对比较苛刻，要求知识转移的双方具有较小的技术水平差距，主要发生在集群领先企业之间，同时要求知识转移主体处于高速发展的阶段，此时，集群内企业的主要任务是拓展市场，企业之间的竞争并不是主要的矛盾，这有利于企业开放自身的边界，与其他企业展开深入的交流和合作。

3.1.2　产业集群生命周期与知识流动

衡量产业集群发展所处阶段的主要指标包括集聚程度和集聚效果，学界多采用倒"U"形假说，认为集聚效果与集聚成熟度间呈倒"U"关系。本书结合该假说和S曲线（S-Curve）理论建立如图3-2所示的基于产业集群生命周期的产业集群知识流动整合研究模型。产业集群整体经历了诞生期、成长期、成熟期和衰退期四个阶段。①诞生初期的产业集群内部聚集了大量的资源，这其中包括以自然资源、资金资源和劳动力资源为代表的自由市场资源，也包括以地方政府税费减免、补贴为代表的政策资源，这在吸引优质领先企业进入的同时也引入了一部分落后企业。知识流动主要以知识扩散为主，集群企业之间的技术差距不断缩小，产业集群逐渐进入成长期。②产业集群的高速成长使得原落后企业中崛起一批技术跟随企业，此时为了适应高速发展变化的环境，实现对集群资源的深入开发和利用，领先企业与跟随企业、领先企业与领先企业之间发生大规模的知识转移、深入的技术合作，在提高产业集群整体竞争力的同时也进一步缩小了集群企业之间的技术差距，产业集群进入成熟期。③成熟期产业集群中企业数量不断增加，可供利用的资源逐渐稀缺，企业间的竞争替代合作重新成为主导企业决策的重要力量，领先企业不再经常性地主动进行知识扩散和知识转移，转而采用技术防守策略，通过对自身技术专利的保护或加入由领先企业组成的专利联盟，建立强大的技术壁垒，以抵抗能力不断提高的跟随企业的冲击。当集群内领先企业与跟随企业间技术差距过大时，跟随企业会采用技术追赶策略，维持自身在市场当中的竞争力。④进入衰退期后，如图3-2所示，集群中大部分企业的规模缩小，领先企业由于本身规模较大，又拥有高水平的研发部门，规模的下降最终导致人员流失、部门脱离、技术和知识的转让，发生显著的纯知识溢出现象。

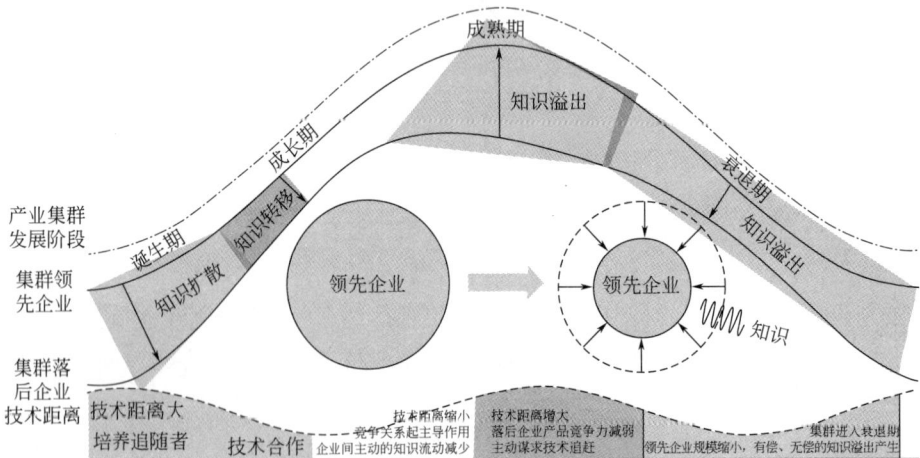

图 3-2　产业集群知识流动整合模型

综合上述分析可知，要确定产业集群中知识流动的类型不仅需要了解领先企业（即知识流动的主体）和落后企业（即知识流动的客体）在被观察时刻的技术状态和发展趋势，还需要了解领先企业和落后企业之间技术的相对状态（即技术差距）。领先企业的知识转移、扩散能力以及落后企业的知识吸收能力作为中介变量，受企业内部总体的知识存量影响，而由领先企业衰变引发的纯知识溢出量则受到其衰变速度的影响，衰变速度越快释放出的技术能量（即知识溢出）水平越高，对知识溢出接收方的吸收能力要求也越高。

3.2　产业集群知识溢出的仿真设计

产业集群的知识流动贯穿产业集群整个发展过程，当中涉及集群内企业之间的交流互动，也受到集群整体环境以及集群外部环境变化的影响，产业集群知识流动研究框架中的所有企业，其状态都处于连续的变化当中，很难对企业瞬时的技术状态和发展趋势进行准确的捕捉，利用软件进行模拟仿真可以在一定程度上弥补实证研究的不足。

将集群中的企业分为领先企业（Leading Company，用 LC 表示）、落后企业中的跟随企业（Following Company，用 FC 表示）和落后企业中的搭便车企业（Free Rider Company，用 FRC 表示），按照第 2 章提出的量子模型，三类企业在发展过程中基态能量的演化路径应该是一条连续的曲线，但如果考虑企业可能在某一发展阶段处于激发态，则企业能量的演化路径可能存在阶跃性。本章将领先企业、落后企业和跟随企业分别看作产业集群中的三个子系统，考察各子系统内全部企业平均能量状态的演化过程，此时，由于系统中的每一个企业都较大概率处于基态能级，三个子系统的能量可以近似看作连续变化。三类企业在集群中扮演不同的角色，不仅存在由领先企业向两种落后企业的知识流动，落后企业之间同样存在知识和能量的流动。

3.2.1　集群企业的状态变量及其变化规则

集群企业伴随集群的发展可能存在至少 4 种状态：整体能量加速提升、整体能量减速提升、整体能量减速下降、整体能量加速下降。本章采用企业能量（Company Energy，用 CE 表示）和企业能量速度（Company Energy Speed，用 CES 表示）的组合来描述以上四种状态，其中 $CES = \partial CE / \partial t$。

企业的整体能量越高，则企业对资源的吞吐能力及利用效率也越高，体现为企业创新绩效的提升。规定企业能量提升的动力来自于两个方面：其一是由产业集群提供的资源，包括资金、劳动力和技术；其二是产业集群内部企业之间的知识流动。通常，领先企业为保持其在产业内的竞争优势，会在研发方面投入更多资源以提升自身的技术水平，跟随企业虽然整体实力不及领先企业，但由于技术追赶的需要仍会维持一定程度的研发投入，而搭便车企业本身规模很小，无法承担技术研发所需的高额费用，并且其进入产业集群的出发点是获取来自领先企业和跟随企业的溢出，因此对于技术研发的投入将长期保持在较低水平。假定企业的技术水平以研发投入为中介变量与企业能量成正比，领先企业由于技术水平较高，更容易对产业集群外部的技术创新进行捕捉，即可以获得由集群外部提供的知识流动。三类企业的能量演化遵循规则如式（3-1）所示。

$$CE_{t+1} = \delta CE_t + R_t + \lambda(K_{OD,t} + K_{OT,t} + K_{OS,t}) + K_{ID,t} + K_{IT,t} + \mu K_{IS,t} \quad (3-1)$$

其中 CE_t 和 CE_{t+1} 分别为第 t 和第 $t+1$ 期初的企业能量，δ 为企业能量衰减系数，R_t 为企业第 t 期从产业集群获得并有效内化为企业能量增加的资源，$K_{D,t}$、$K_{T,t}$、$K_{S,t}$ 分别为企业第 t 期从其他企业获得并有效内化为企业能量增加的知识扩散、知识转移和知识溢出的总量，下标 O 代表来自产业集群外部的知识流动，下标 I 代表来自产业集群内部的知识流动，λ 和 μ 为状态变量，当企业为领先企业时，$\lambda=1$，$\mu=0$，否则 $\lambda=0$，$\mu=1$。

规定产业集群第 t 期所能提供的资源总量为 $R_{C,t}$（角标 C 代表产业集群 Cluster）。三类企业第 $t+1$ 期所获得资源 R_{t+1} 占总资源 $R_{C,t+1}$ 的比例由第 $t+1$ 期初企业能量占总企业能量的份额决定：

$$R_{t+1}/R_{C,t+1} = CE_{t+1}/CE_{C,t+1} \quad (3-2)$$

其中 $CE_{C,t+1} = CE_{LC,t+1} + CE_{FC,t+1} + CE_{FRC,t+1}$。在此基础上，将式（3-1）改写为式（3-3）的形式，引入滞后效应，考察企业对集群资源、知识流入的内化速度对产业集群内知识流动的影响。

$$CE_{t+1} = \delta CE_t + R_{t-n_1} + \lambda(K_{OD,t-n_2} + K_{OT,t-n_3} + K_{OS,t-n_4}) +$$
$$K_{ID,t-n_5} + K_{IT,t-n_6} + \mu K_{IS,t-n_7} \quad (3-3)$$

3.2.2 集群企业间知识溢出及其他形式知识流动规则

企业间的知识流动由企业自身状态和企业间的相对状态共同决定，同时还受到知识源企业知识输出能力、知识接收企业知识吸收能力以及集群网络强度的制约[144]，学者普遍认为企业的吸收能力与知识存量正相关[145]，且对产业集群中的知识流动起到中介调节作用[146]，本书将企业的吸收能力作为企业的内生因素考虑，使用 CE 代替 CAC 作为集群知识流动的中介变量。

产业集群中的知识扩散和知识转移源均为拥有高企业能量的领先企业，知识扩散和知识转移的主体和客体都可以从中获得收益，最终实现企业能量的提升，但触发条件有所不同。落后企业无偿或以较低代价从领先企业获得知识溢出，此时只有知识溢出的客体，即落后企业可以从中获得收益，领先企业则无法从中获益。本书重点讨论产业集群内部企业之间的知识流动，引入集群企业间知识流动的具体规则，对式（3-3）集群内知识流动部分进行扩展。

领先企业与跟随企业之间存在知识扩散、知识转移、技术追赶和纯知识溢出，领先企业与搭便车企业之间存在知识扩散、纯知识溢出并有可能存在知识转移，落后企业与搭便车企业之间仅存在纯知识溢出。以领先企业与跟随企业为例，二者之间的知识流动及能量转化规则如式（3-4）所示。

$$K_{ID,t+1} = \begin{cases} \dfrac{a_{ID}CE_{LC,t}CE_{FC,t}}{D_{LCFC}(CE_{LC,t}-CE_{FC,t})} & if \quad CES_{LC,t} > 0, \ \partial CES_{LC,t}/\partial t > 0, \\ & CE_{LC,t}-CE_{FC,t} > threshold1 \\ 0 & else \end{cases} \quad (3-4)$$

$K_{ID,t+1}$ 为第 $t+1$ 期初由企业间知识扩散产生并同时供给知识扩散双方的能量，a_{ID} 为知识扩散系数，$CE_{LC,t}$ 和 $CE_{FC,t}$ 分别为第 t 期末领先企业和落后企业的总能量，D_{LCFC} 为两企业之间的地理距离，当领先企业的能量增速 $CES_{LC,t}$ 和加速 $\partial CES_{LC,t}/\partial t$ 均大于 0，并且双方的能量差大于领先企业知识扩散意图门限值 $threshold\,1$ 时企业间存在知识扩散。

$$K_{LCIT,t+1}=\begin{cases} \dfrac{a_{IT}CE_{LC,t}CE_{FC,t}}{D_{LCFC}(CE_{LC,t}-CE_{FC,t})} & if\quad CES_{LC,t}>0,\ \partial CES_{LC,t}/\partial t<0,\\[2mm] & threshold\,1>CE_{LC,t}-CE_{FC,t}>threshold\,2\\[2mm] 0 & else \end{cases}$$

(3-5)

$K_{IT,t+1}$ 为第 $t+1$ 期初由企业间知识转移产生并同时供给知识转移双方的能量，a_{IT} 为知识转移系数，与知识扩散触发条件不同，当领先企业的能量增速 $CES_{LC,t}$ 大于 0，能量加速 $\partial CES_{LC,t}/\partial t$ 小于 0，并且双方的能量差小于领先企业知识扩散意图门限值 $threshold\,1$ 大于领先企业知识转移意图门限值 $threshold\,2$ 时，企业间存在知识转移。

$$K_{FCIS,t+1}=\underbrace{\lambda_1 a_{IC}CE_{FC,t}/D_{LCFC}}_{\text{技术追赶}}+\underbrace{\lambda_2 a_{IS}CES_{LC,t}CE_{FC,t}/CE_{LC,t}D_{LCFC}}_{\text{知识溢出}}$$

$$\lambda_1=\begin{cases}1\ if\ CE_{LC,t}-CE_{FC,t}>threshold\,3\\0\ else\end{cases},\ \lambda_2=\begin{cases}1\ if\ CES_{LC,t}<threshold\,4\\0\ else\end{cases}$$

(3-6)

$K_{IS,t+1}$ 为第 $t+1$ 期初由领先企业知识溢出产生并对落后企业释放的能量，a_{IC} 为知识追赶系数，a_{IS} 为纯知识溢出系数，双方的能量差大于落后企业知识追赶意图门限值 $threshold\,3$ 时发生技术追赶，当领先企业技术能量的增长速度为负，且小于落后企业捕捉知识溢出意图的门限值 $threshold\,4$ 时，发生纯知识溢出。

3.3　产业集群知识溢出的模拟仿真

首先设置各参数的初始状态，知识扩散系数 $a_{ID}=0.1$，知识转移系数 $a_{IT}=0.2$，知识追赶系数 $a_{IC}=0.1$，纯知识溢出系数 $a_{IS}=0.2$，领先企业知识扩散意图门限值 $threshold\,1=110$，领先企业知识转移意图门限值 $threshold\,2=50$，落后企业知识追赶意图门限值 $threshold\,3=10$，落后企业捕捉知识溢出意图的门限值 $threshold\,4=1$，企业的能量损失率 $\delta=0.1$，领先企业初始能量 $CE_{LC,0}=150$，跟随企业初始能量 $CE_{FC,0}=60$，搭便车企业初始能量 $CE_{FRC,0}=30$，领先企业从集群外部获得的知识流动总量 $K_O=10$，领先企业与跟随企业、领先企业与搭便车企业地理距离 $D_{LCFC}=2$、$D_{LCFRC}=2.5$，各类知识流动转化为企业能量的时滞设定为 2，产业集群为企业提供的总能量初始设定为正弦波的一部分，初始模拟主要结果见图 3-3，可以发现知识流动贯穿产业集群的整个演化过程。

3.3.1　环境波动下的产业集群知识溢出及其他形式的知识流动

初始设定中的产业集群环境是稳定的，为企业提供的总能量随集群演化过程连续变化，真实的集群环境受到外部环境的影响，往往存在波动。在初始能量源上叠加一个较高频率的正弦波，观察集群环境波动对产业集群内三种企业能量分布、知识流动和集群总能量的影响，结果见图 3-4。通过观察可以发现相对于技术追赶和知识转移，纯知识溢出和

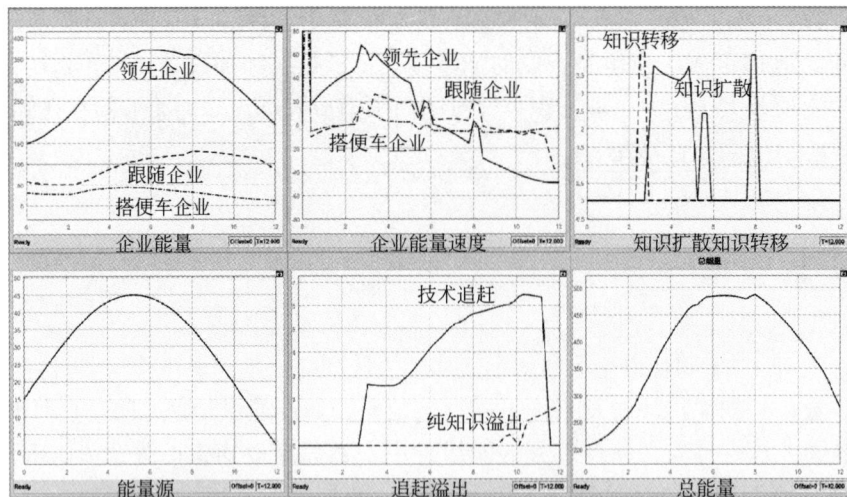

图 3-3　初始条件下仿真主要结果

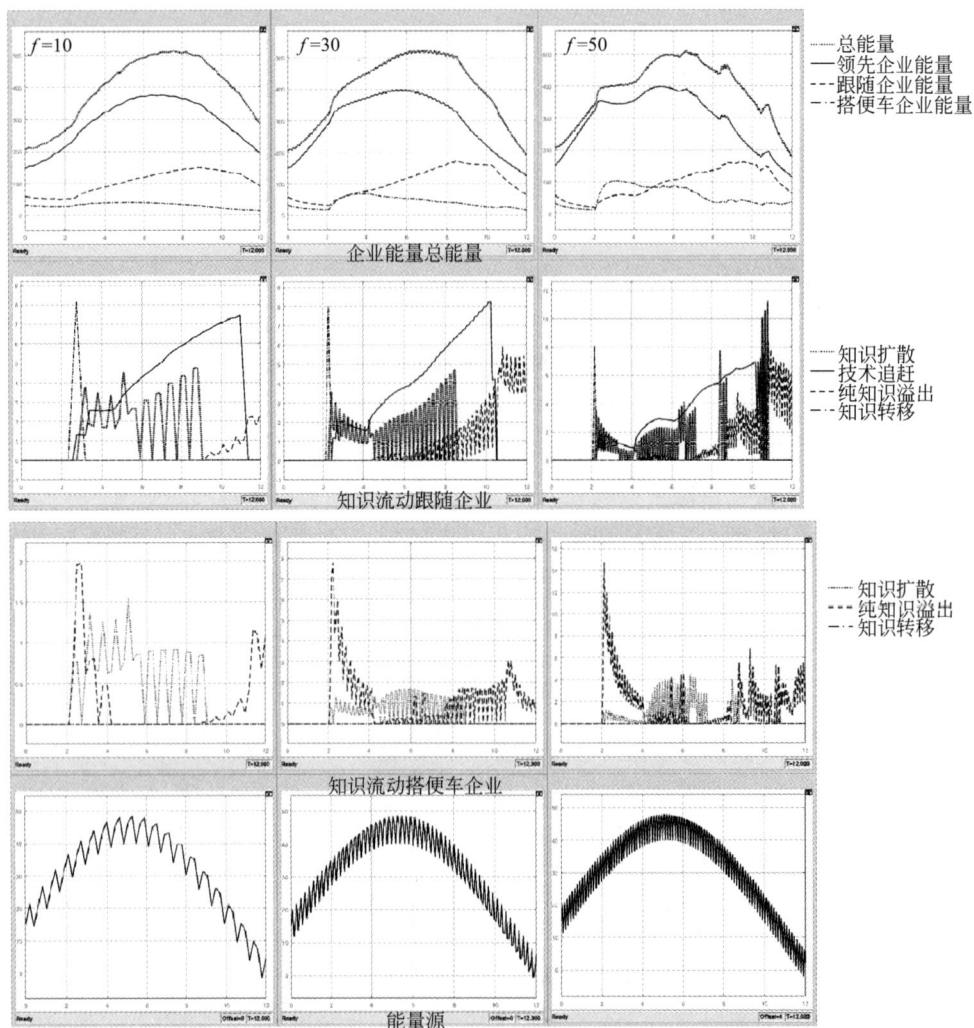

图 3-4　环境波动下的产业集群知识流动

知识扩散受环境变化的影响更大，环境变化较为激烈时，产业集群中企业间的知识流动主要表现为纯知识溢出和知识扩散。

在总体趋势不变的情况下产业集群环境波动不会影响集群领先企业的主导地位，也不会对领先企业所能达到的最高企业能量产生剧烈影响，环境变化越频繁越有利于领先企业提前达到更高的企业能量。跟随企业虽然可以在技术上对领先企业进行追赶，但企业规模较小，不具备抵抗集群环境剧烈变化的能力。搭便车企业虽然不具备知识追赶能力，并且与集群中心的领先企业地理距离较远，但由于可以获得来自领先企业、跟随企业两方面的纯知识溢出，当环境激烈变化时其企业能量可能在某一阶段超越跟随企业，但从长期视角观察，企业自身的知识存量、吸收能量仍然是企业的核心竞争力。

3.3.2　知识流动系数与产业集群知识溢出

通过改变各知识流动系数考察产业集群中不同类型知识流动对集群演化路径的影响，图 3-5～图 3-8 分别反映知识扩散、知识转移、技术追赶、纯知识溢出主导下产业集群的演进路径。

在图 3-5 中，伴随企业知识扩散系数的提高，集群内领先企业、跟随企业的能量峰值均有显著的提高，特别是当知识扩散系数 $a_{ID}>0.2$ 后，产业集群的整体能量分布由典型的单 S 形曲线转变成含有数次产业升级的多 S 形曲线。

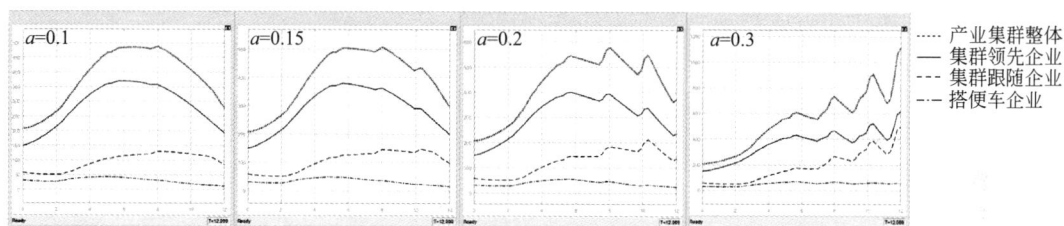

图 3-5　知识扩散系数与产业集群知识流动

在图 3-6 中，伴随企业知识转移系数的提高，集群内领先企业、跟随企业的能量峰值均有显著的提高，当知识转移系数 $a_{IT}>1$ 后，可以观察到在产业集群发展初期领先企业与跟随企业之间发生显著的知识转移，当知识转移系数 $a_{IT}>3$ 后，知识转移明显地改变了跟随企业在集群中的地位，产业集群由单企业主导转变成双企业主导，领先企业与跟随企业之间形成紧密的竞合关系。

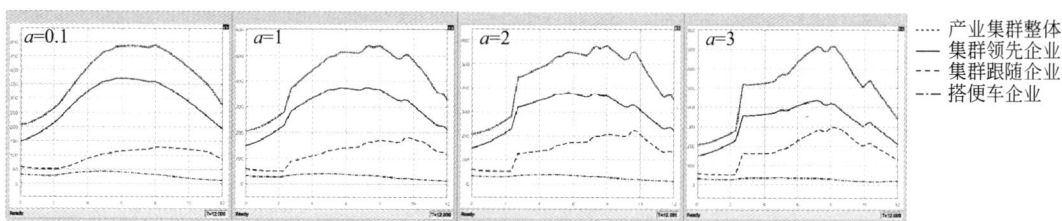

图 3-6　知识转移系数与产业集群知识流动

在图 3-7 中，伴随企业技术追赶系数的提高，产业集群整体能量峰值有一定的提高，这主要来自于跟随企业技术追赶的贡献。当技术追赶系数 $a_{IC} > 0.3$ 后，在产业集群演化的后期跟随企业可能出现技术超越，前 3 种知识流动过程主要体现了领先企业与跟随企业之间的高频互动关系，搭便车企业对于整个产业集群的能量提升贡献很小。

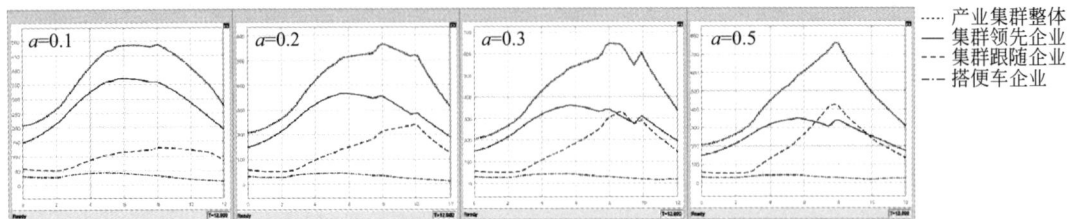

图 3-7　技术追赶系数与产业集群知识流动

在图 3-8 中，随着企业纯知识溢出系数的提高，产业集群整体能量和集群领先企业能量的峰值变化不大，但跟随企业和搭便车企业之间呈现出复杂的互动关系。当纯知识溢出系数 $a_{IS} = 1$ 时，二者的能量曲线出现交点，$a_{IS} = 2$ 时搭便车企业在产业集群整个生命周期的前期可能在企业能量上超越跟随企业，但随后又被跟随企业反超，$a_{IS} = 3$ 时，二者的能量曲线呈现交替领先的态势。

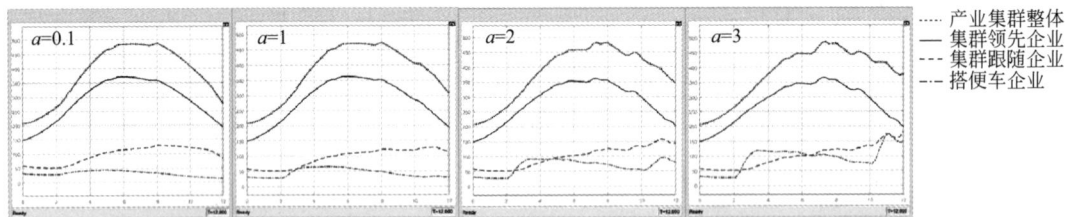

图 3-8　纯知识溢出系数与产业集群知识流动

3.4　仿真结果探讨

3.4.1　产业集群知识流动与集群企业创新绩效

由于产业集群中知识流动的存在，当集群处于多变的外部环境时，集群企业可以充分利用环境起落中释放的能量，知识在集群企业之间的激荡从总体上提升了产业集群的能量，从而带动产业集群整体创新绩效的提升。产业集群中不同类型的知识流动对集群企业创新绩效的提升方式存在差异：

（1）知识转移是集群企业创新绩效提升的助推剂。根据本书提出的产业集群知识流动整合框架，产业集群中的知识转移主要发生在集群生命周期的前半段，仿真结果表明，如果集群领先企业对知识转移采取积极的态度，则可以在产业集群发展初期迅速提升集群跟随企业以及领先企业自身的创新绩效，由于知识转移所释放的技术能量较大，可以在集群整体创新绩效曲线中观察到明显的阶跃性，知识转移主体对知识转移行为的态度越积极，这种阶跃性越明显。领先企业和跟随企业都可以从知识转移当中获益，提高产业集群中知识转移的强度有利于全面提高产业集群的创新绩效，帮助产业集群在发展初期完成技术升级。

（2）知识溢出是产业集群落后企业创新绩效提升的重要来源。作为产业集群知识溢出的两种主要类型，技术追赶和纯知识溢出并不能够提升集群领先企业的创新绩效，却可以激发集群落后企业的创新潜能，对产业集群的整体结构起到了优化改良的作用。首先，技术追赶主要体现为集群领先企业与集群跟随企业之间的互动，跟随企业知识追赶意愿、知识存量、吸收能力都会影响领先企业与跟随企业之间的相对创新绩效。技术追赶行为可以将跟随企业从平缓的创新绩效提升曲线中解放出来，强烈的知识追赶意愿可以帮助跟随企业迅速提升自身知识存量，吸收能力的提高最终转化为企业在创新绩效上对领先企业的超越，适当鼓励集群中跟随企业的技术追赶还可能在集群发展中期对集群领先企业实现反哺。其次，纯知识溢出主要体现为集群跟随企业和集群搭便车企业之间的竞争和角色转换，从企业能量演化曲线中可以发现，搭便车企业最初获得的纯知识溢出更多地来自于集群跟随企业，集群跟随企业在这一过程中扮演了知识减速剂和知识传递者的角色，搭便车企业自身进行技术追赶的意愿并不强烈，但对于其他企业释放出的纯知识溢出相对敏感，在一定的引导下，集群企业对纯知识溢出的利用事实上对搭便车企业起到了驯化的作用，集群中原有的搭便车企业在吸收能力提升的同时，技术追赶、自主创新的意识也会得到相当程度地激发，集群落后企业之间良性竞合关系的形成虽然没有从整体上提升集群的创新绩效，但却增加了集群落后企业捕获集群外部创新技术的可能性，有利于产业集群的长期发展。

（3）知识扩散是集群企业创新绩效持续提升的能量源。知识扩散是产业集群的整体环境变化较为激烈时集群内部的知识流动的主要形式之一，良好的集群内知识流动能够帮助集群在动荡的环境中保持更高的发展速度，但在集群生命周期的后半段，频繁的知识流动也会加速整体衰落。知识扩散是仿真中唯一能够帮助产业集群在发展后期持续提升创新绩效，在原有发展路径上形成全新 S 曲线的知识流动形式，集群领先企业进行知识扩散的意愿在集群发展初期并不会对集群企业和产业集群的整体创新绩效产生影响，却会在集群发展的中后期产生良好的效果。集群领先企业通过知识扩散有效提升了集群跟随企业的创新绩效，由于领先企业自身也可以从知识扩散行为当中获得由企业间协同生产、协同创新带来的成本优势，集群整体进入产业创新升级的良性循环。

3.4.2　产业集群发展各阶段知识溢出对集群企业创新绩效的影响

（1）知识溢出在产业集群发展初期会抑制集群整体创新绩效的提升。知识溢出在产业集群发展初期对集群整体创新绩效的负面影响很大，会推迟产业集群进入成熟期的时间。究其原因，一方面落后企业从中获利大而贡献较少，却可以依靠纯知识溢出获得较大的收益，这会降低对集群规模经济、技术创新、产品推广作出主要贡献的集群领先企业的边际收益，集群领先企业很难获得与技术研发投入相匹配的创新绩效提升，这也会进一步打击其自主创新的积极性；另一方面，产业集群发展初期对于纯知识溢出的利用也降低了落后企业自主创新的意愿，从仿真结果中可以看到，集群跟随企业在发展初期尝试加大研发投入、提升自主创新能力，从而对集群领先企业进行技术追赶，这样的行为虽然有利于企业长期的发展，但在一定时间内增加了企业的生产成本，而集群搭便车企业单纯依靠来自集群中纯知识溢出的生产研发策略在降低生产成本的同时也使其在与集群跟随企业的竞争当中取得优势，这直接导致仿真中集群发展初期搭便车企业对跟随企业的技术超越，虽然从集群发展的整体上看，拥有自主创新能力的跟随企业最终能够达到更高的创新绩效，但产业集群创新中的这种"不公平"有可能会对集群的整体创新氛围造成不可逆的伤害。

（2）知识溢出在产业集群发展中期会强化跟随企业之间的竞争。从竞争与合作的角度来看，产业集群中的纯知识溢出促进了集群跟随企业与集群搭便车企业之间的竞争，集群搭便车企业利用集群中的纯知识溢出可以迅速提升自身的创新绩效，虽然这种创新绩效的提升来自于外部性，但对知识溢出长期的识别利用会在很大程度上改变企业的创新策略，企业知识存量的提升使得搭便车企业在进行新产品开发时有机会尝试使用自主创新策略取代模仿创新策略。集群搭便车企业对集群跟随企业形式上的技术追赶和技术超越虽然有可能削弱集群跟随企业的创新积极性，但这种竞争关系也可能激发集群跟随企业的创新潜能，集群跟随企业为获取竞争中的优势进一步加大研发投入，主动寻求与集群领先企业之间的创新合作，稳步增加自身的知识存量，提升创新绩效。集群搭便车企业向集群跟随企业的转化以及集群跟随企业自主创新意识的增强将从总体上改善产业集群的创新结构。

（3）知识溢出在产业集群发展后期可以稳定集群企业整体创新绩效。虽然知识溢出在产业集群发展的前中期会抑制集群整体创新绩效的提升，却通过提升集群落后企业知识存量、吸收能力、创新意识、创新能力的方式对集群的整体创新结构进行优化和调整，集群企业整体创新能力的增强在集群发展的中后期对集群的持续稳定发展发挥着重要的作用。在产业集群发展的中后期，由于集群核心技术日渐陈旧、外部市场的不断萎缩，主导集群发展的集群领先企业将最先受到影响，集群领先企业在生产、创新规模的不断缩小的过程中为保证企业的生产效益，会将企业核心技术中的一部分作为纯知识溢出释放出来，此时集群落后企业在产业集群发展前中期积累的知识存量将有利于其对知识溢出的吸收和利用，这不仅可以有效延缓产业集群整体创新绩效的降低，还可能在集群内外知识扩散、知识转移的配合下帮助产业集群突破原有发展瓶颈，进一步提升集群企业的创新绩效。

3.5　小结

产业集群的产生和发展伴随着外部变化的环境以及内部复杂的知识流动，各类知识流动以不同的机制相互作用最终以产业集群内企业能量涨落的形式呈现出来。领先企业通过知识扩散、知识转移巩固自身在集群中的主导地位，跟随企业以技术追赶的形式保证自身的发展并最终可能实现技术超越，搭便车企业则受到集群中丰富的知识溢出资源吸引，加入产业集群生态当中。本书建立了产业集群中四类知识流动的整合模型，并利用模拟仿真的手段分析了外部环境因素对产业集群整体发展的影响，同时对集群内部各类企业之间的相互作用机制进行了细致的研究，观察不同类型知识流动主导下产业集群表现出的差异化发展路径，为产业集群中知识流动主导类型的识别和进一步研究提供了思路。

第4章 基于计量方法与生产函数的 产业集群知识溢出量子关系验证

传统的研究中认为产业集群知识溢出是弥漫在空气中的非独占知识,本书也认为产业集群中的知识溢出是普遍存在的,但以往产业集群知识溢出对企业创新绩效影响机制的研究中仍存在以下问题:①从结果判断知识溢出是否发生,缺少对具体作用机制的探讨。以两区域相互作用的系统为例,现有研究最常用的判断区域间是否存在知识溢出的方法是结果导向的,认为如果区域 A 的创新绩效与区域 B 的研发投入、知识存量等变量正相关,就可以判断区域 A 受到来自区域 B 知识溢出促进作用,反之则可以判断区域 A 受到来自区域 B 知识溢出抑制作用,如果二者不存在显著的相关性,则认为在两个区域之间不存在知识溢出效应。本书认为,尽管在区域间、集群企业间弥漫着非独占知识,但真正能够有效提升区域、企业创新绩效的知识溢出并不是时刻存在的,应该存在某种触发机制;②认为吸收能力是影响知识溢出效应发挥的主要因素。传统理论认为区域 B 的研发投入、知识存量应该对周边区域 A 的创新绩效产生促进作用,因而,如果区域 A 在创新绩效方面没有相应的提升,就说明区域 A 对知识溢出利用的效率即吸收能力较低,这也是从事情发展的结果来判断现象是否发生,在逻辑上存在一定问题。作为一种资源,知识的溢出是存在方向性的,会优先选择具有区位优势、更容易实现技术成果转化的地区进行扩散,因此,创新绩效提升较低的区域可能完全没有接收到来自外界的知识溢出,与区域本身的吸收能力无关,除此之外,政策和创新环境等因素也会影响知识溢出效应在区域中的发挥。根据本书第 2 章中构建的产业集群知识溢出、吸收能力和企业创新绩效的量子模型,知识溢出效应是伴随技术领先区域或集群主导企业技术能级的衰落产生的,如果能够找到代表技术能级的相关指标,就可以在知识溢出产生效果之前对其进行识别。本章将首先探讨以全要素生产率(Total Factor Productivity,TFP)作为企业技术能级相关指标的可行性,然后利用本书构建的产业集群知识溢出、吸收能力、创新绩效量子模型对现有生产函数和统计方法进行量子扩展,并通过实证研究验证方法的有效性。

4.1 全要素生产率与企业技术能级

4.1.1 全要素生产率的量子化内涵

从定义上看,全要素生产率是在各要素投入水平既定的条件下,所达到的额外生产效率,学者在研究中常使用全要素生产率代表技术的进步,2015 年我国《政府工作报告》中提出,要"全面提高全要素生产率",这也从一个侧面反映了其作为衡量国家、区域乃至企业技术发展指标的重要性。目前大多数学者的研究中直接将全要素生产率作为指标使用，或将重点放在对全要素生产率测度方法的选择与优化上，较少对全要素生产率的内涵进行深入挖掘，笔者在第 2 章构建的产业集群技术进步量子模型的基础上对全要素生产率的内涵进行扩展：

（1）全要素生产率反映了去除规模效应后经济体的能量状态。宏观经济学中经济体随着规模的增加，受多种因素影响会呈现出规模报酬递增、规模报酬不变和规模报酬递减三种不同的演化路径[147]，全要素生产率（Total Factor Productivity，简称 TFP）早期主要用于宏观经济的研究，郭庆旺将 TFP 定义为各要素投入之外的技术进步和能力实现等导致的产出增加，是提出要素投入贡献后所得到的残差[148]。生延超利用 Malmquist 指数对 TFP 进行分解的实证分析表明，其提升主要来自技术进步和技术效率的贡献，无法直接依靠规模扩张获得[149-151]。假设经济体能够感知自身对于各种资源利用效率的变化，资源会在市场机制的调节下从规模报酬递减的经济体向规模报酬不变或规模报酬递增的经济体移转移，最终使得区域内的规模报酬趋同。此时，在给定的资源投入下可以估算出与之相应的产出水平，据此计算出的生产率代表了经济体处于基态能级时的生产能力，大量的事实表明，在相近的资源投入水平下，不同的经济体的生产能力之间存在巨大的差异，学者多将其归因于企业自身禀赋的差异和企业所处经营环境的不同。按照本书提出的量子模型，相近资源投入下经济体生产能力的差异体现了技术进步的不确定性，反映了经济体正处于不同的激发态能级，即便资源投入相同的经济体处于各种能级的概率是一致的，但具体处于何种能级受到来自经济体内外因素的综合影响。

（2）全要素生产率提升的可能性受经济体内生因素的影响。资金、劳动力、技术等资源的投入都决定了全要素生产率提升的可能性，但作用机制存在差别。资金和劳动力的投入会在经济体中形成向心的凝聚力，根据投入量的大小会形成不同强度的中心势场，并最终决定了经济体可能的能级分布组合，技术对中心势场的形成贡献较小，却在很大程度上决定了经济体可以聚合的资金、劳动力数量，从而影响经济体能够保持稳定的最大规模。要素的投入只能决定经济体所处基态和各激发态能级所含的能量及其概率，因此并不能够通过要素投入的多少判断经济体目前所处的能级状态，例如，经济体处于基态能级的概率是最大的，而加大要素投入强度可以提高经济体基态能级的能量，但经济体可能并不处于基态能级，而是处于某种能量更高的激发态中，经济体具体处于何种激发态不受上述内生因素的影响。尽管如此，众多研究仍然表明企业规模和技术进步之间存在类似倒 U 形的关系[152-154]。

（3）全要素生产率的提升是经济体受外生因素激发的结果。现有研究表明，政策、技术研发投入、环境等因素都会影响企业的 TFP[155-158]，李平的研究指出了 TFP 中技术进步和技术效率的影响因素，人力资本积累、研发投入、体制机制、管理组织模式、员工素质决定了企业感知和获取外部激发因素的能力，信息通信技术的使用、企业地理位置和产业配套情况点明了企业接受外部激发的途径[159]。在给定的资源投入水平下，经济体处于基态能级时能量最低，状态最为稳定，因此经济体处于该状态下的概率也最高，当考察资源投入水平相当的若干经济体组成的集合时，可以认为集合中的大多数经济体处于基态能级，即较低的全要素生产率水平上。当经济体受到外来技术知识、政策、周边环境等外生因素的冲击时，可能跃迁至能量较高的激发态能级，激发态能级很不稳定，很容易在外部刺激下重新跌回基态能级，并伴随着能量的释放，由于不同经济体资本存量和技术存量上的差异性，经济体全要素生产率的演化路径也能在一定程度上反映行业的特点，以本书第2章中互联网行业为例，1995～2001年行业内大量资本的注入实际上使行业内的企业呈现类似量子物理中粒子数反转的现象，大量企业集中在远超当时市场需求的第二激发态能级，当资本市场环境发生变化时，大量企业失稳由第二激发态能级跌落至第一激发态能级，释放了大量高水平的行业相关技术，也因此孕育了一大批如今十分成功的互联网公司。

4.1.2 全要素生产率演化过程中的知识溢出、吸收能力和创新绩效

全要素生产率可以反映被研究经济体所处的能级和能量状态，因此，可以利用全要素生产率的变化对区域、集群、企业间的知识溢出进行识别。同时，以技术进步的量子模型为桥梁，可以搭建全要素生产率与吸收能力、创新绩效之间的关系模型。

（1）经济体全要素生产率的提升和降低伴随着知识溢出现象的发生。当经济体处于高全要素生产率水平并被其周边全要素生产率水平较低的其他经济体感知到时，会引发区域内的技术追赶行为，技术由势能较高的经济体向势能较低的经济体移动，直至整个系统处于相对稳定的平衡状态。由于经济体能够部分感知自身的全要素生产率水平，并通过缄默策略保证自身较高的全要素生产率水平不受到潜在竞争企业的冲击，因此这种技术追赶行为需要跨越一系列技术壁垒，经济体间的能量转移比较缓慢。相对而言，当经济体受到新技术冲击由较高的全要素生产率水平向下跌落时，由于其无法继续维持高强度的技术壁垒，跌落过程中所释放出的能量是巨大的，经济体间的能量转化十分迅速，这种情况下产生的知识溢出不仅具有高能、高效、易识别的特点，还可以实现跨行业的协同创新行为。例如，以视频网站为代表的新媒体在我国的发展主要经历了三个阶段：①新媒体的技术追赶阶段。新媒体通过对广播、电视等传统媒体相关技术和商业模式的模仿、学习，实现自身技术的全面提升以及原始用户的积累；②电视等传统媒体的受激跌落阶段。伴随新媒体的发展，传统媒体无法维持原有的高全要素生产率水平，在用户大量由传统媒体向新媒体流动的同时，传统媒体的人才也纷纷投入新媒体行业。中央电视台资深制片人罗振宇于2012年创办罗辑思维公司，并与2015年10月完成B轮融资，估值13.2亿人民币。中央电视台著名主持人、制片人马东于2015年创办米未传媒。中央电视台知名主持人、节目导演亚宁于2016年出任爱奇艺影业总裁，伴随着人才的流动，来自传统媒体的大量隐性知识向新媒体溢出；③新媒体对传统媒体的反哺阶段。被来自传统媒体隐性知识溢出激发的新媒体具有更高的创新效率，表现为更高的全要素生产率，但传统媒体可以利用长期经营积累的知识存量对新媒体发展中产生的新技术、商业模式进行识别和吸收，近年来以电视、广播为代表的传统媒体积极引入新的商业模式，利用移动互联网的便捷性加强与用户的互动沟通，创造出新的商业机会和利润增长点，最终实现用户、资金、人才、技术的回流。区域内经济体全要素生产率的起落有利于知识在经济体之间的溢出，经济体间知识的

激荡可以极大地改善区域内的整体创新氛围，应该引起研究者更多的关注。

（2）通过经济体全要素生产率的分布可以勾勒出该经济体吸收能力的轮廓。经济体全要素生产率的提升和降低可以作为识别知识溢出的信号，而经济体全要素生产率提升的幅度则反映了经济体的吸收能力。经济体全要素生产率的演化路径并非始终保持稳定，可以观察到明显的不稳定状态，相邻两个稳定状态之间的距离越大，说明经济体的吸收能力越强，有将相应的知识溢出吸收内化的能力和意图，分别对应实现吸收能力和潜在吸收能力。相邻两个稳定状态之间还可能存在若干中间不稳定状态，不稳定状态之间的距离只能反映短时间内经济体对知识的吞吐，不能作为代表吸收能力的指标。

（3）经济体全要素生产率可以反映其创新绩效的局部特点。在假定规模效益不变的前提下，全要素生产率代表了经济体除去资源投入之外由技术进步所带来的效率提升，经济体技术投入的最终目的是为了增加创新产出、提升创新产出的效率，全要素生产率实际上重点反映了创新绩效中效率的部分。一方面，这样的测算方式无法考虑经济体规模差异对技术进步的影响，例如对某区域内企业的进行全要素生产率测算时，规模较小的企业往往拥有较高的全要素生产率，而规模较大的主导企业的全要素生产率却常处于中等水平，如果单纯根据这一测算结果便得出应该大力发展该区域中小企业、加大政策扶持力度的结论，则可能对实际情况作出错误的判断；另一方面，将全要素生产率作为从某一个侧面反映创新绩效的指标，结合规模、政策、地理位置、经济环境变化等因素进行综合分析，即可以充分发挥全要素生产率的优势，也可以更全面、准确地为企业提供决策建议。

4.2　全要素生产率的测度与分解

关于如何衡量国家和地区的技术进步，学者们进行了大量的研究和讨论，目前多采用全要素生产率（Total Factor Productivity，TFP）及其变化代表技术的进步、效率提高及规模效应。TFP 的测度主要分为参数方法和非参数方法两类，其中参数方法需要预先考虑生产函数的具体形式，选用错误的函数模型将使测度结果产生较大的偏差；非参数方法虽然不需要预先设定生产函数形式并易于扩展，但对数据要求较高，异常数据点将影响结果的稳定性[160]。国内外学者使用的参数方法主要有基于最小二乘法（Ordinary Least Square，OLS）的索洛模型和基于随机生产前沿的随机生产前沿分析模型（Stochastic Frontier Analysis，SFA）；非参数方法主要有包含多种扩展模型的数据包络分析法（Data Envelope Analysis，DEA），而对于 TFP 的分解常采用 SFA 和 DEA-Malmquist 法。笔者于 2016 年 8 月 20 日通过中国知网（CNKI）以"全要素生产率（TFP）"、"随机前沿分析（SFA）"以及"数据包络分析（DEA）"为关键词，对 2000～2016 年期间公开发表的期刊论文进行检索，分别得到 2169 条、833 条以及 7705 条结果，其中发于南京大学核心期刊（CSSCI）上的论文分别为 1135 篇、376 篇和 2038 篇。利用 CiteSpace III 软件对发表于 CSSCI 的三类论文分别进行关键词共现分析，得到图 4-1 所示的结果。通过关键词共现分析证明 TFP、SFA 和 DEA 三者之间有非常紧密的联系，SFA 和 DEA 是国内学者研究 TFP 最主要的工具。

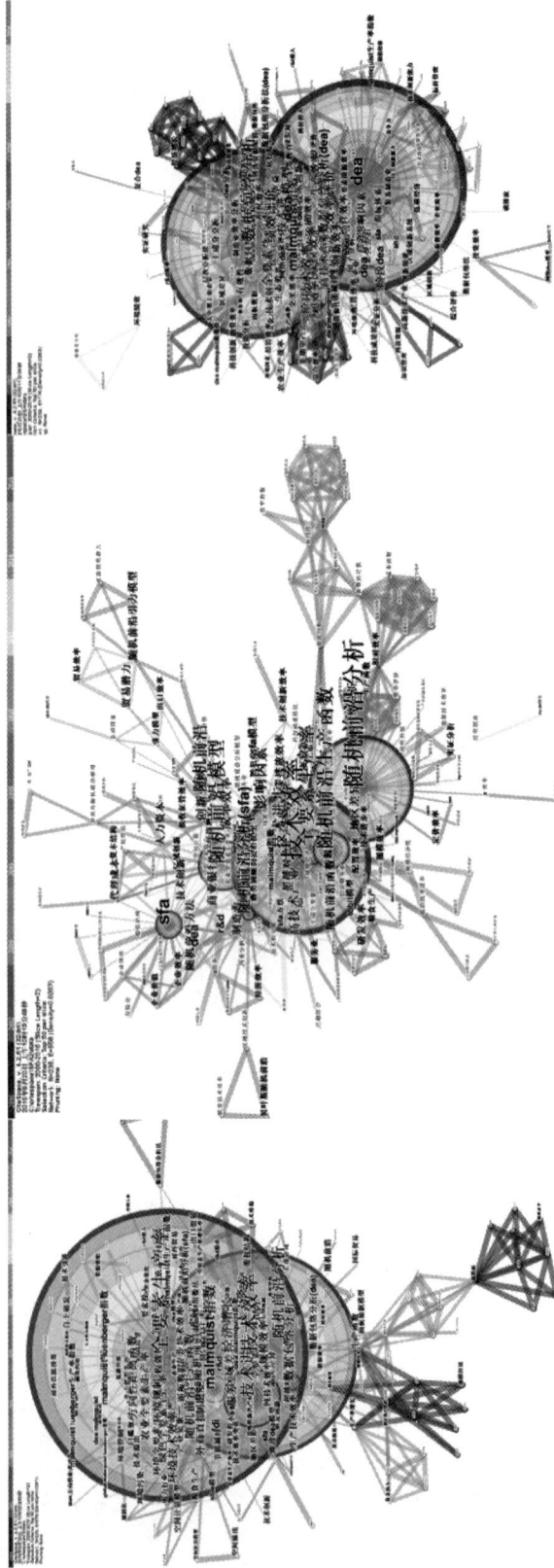

图 4-1 TFP、SFA、DEA 中文相关研究论文关键词共现图图谱

4.2.1　柯布道格拉斯生产函数

柯布和道格拉斯（1928）将技术因素引入传统生产函数中，提出的柯布道格拉斯生产函数（Cobb-Douglas Production Function，简称 C-D 生产函数），是经济学中应用非常广泛的一种生产函数，常被用于分析要素投入对产量的贡献率、规模收益和其他相关问题。C-D 生产函数具有很好的可扩展性，在其基础上演化出了众多的生产函数扩展模型，是少有的能够降低均方估计误差的生产函数，具备 CES 生产函数、超越对数型生产函数不具备的优势[161]，因此也成为索洛残差法、随机前沿分析中通常选用的生产函数。C-D 生产函数的基本形式为：

$$Y_t = A(t)K_t^\alpha L_t^\beta \mu \tag{4-1}$$

其中 Y 为产出，$A(t)$ 为技术水平，L 为劳动力投入，K 为资本投入，α、β 分别为资本投入和劳动力投入的弹性系数，μ 为随机干扰的影响，满足 $\mu \leqslant 1$。$\alpha+\beta>1$、$\alpha+\beta<1$、$\alpha+\beta=1$ 分别代表规模报酬递增、规模报酬递减和规模报酬不变。参数估计法常使用其对数形式：

$$\ln Y_t = \ln A(t) + \alpha \ln K_t + \beta \ln L_t + \varepsilon_t \tag{4-2}$$

学者对 C-D 生产函数的扩展主要是在等式右侧合理添加投入项，扩展模型的基本形式为：

$$Y = A(t) \prod_{i=1}^{n} V_i^{a_i} \mu \tag{4-3}$$

其中 V_i 为第 i 项投入，a_i 为第 i 项投入的弹性系数。若按照希克斯技术中性的假设条件，则各项弹性系数之和为 1。对扩展模型两端取对数，依然可以将其转化为线性问题处理，说明 C-D 生产函数扩展模型保留了原模型的优点。

4.2.2　索洛残差法

索洛[162]（1956）在 C-D 生产函数的基础上提出技术中性假设并得出增长速度方程，将技术进步对经济增长的贡献分离出来，建立了索洛模型。索洛残差法使用规模报酬不变假设，由式（4-2）可得回归方程：

$$\ln(Y_t/L_t) = \ln A(t) + \alpha \ln K_t/L_t + \varepsilon_t \tag{4-4}$$

通过式（4-4）估算出弹性系数 α 和 β，可以得到 TFP 增长率。在利用索洛残差进行 TFP 测算的研究中，学者都采用了模型本身的技术中性以及规模报酬不变假设，此时的 TFP 等于技术进步率。

我国学者早期对 TFP 的估算多采用索罗残差法，首先估算出总量生产函数，用扣除投入变量增长率得到的残差项代表 TFP 的增长。郭庆旺（2005）利用索洛残差法、隐形变量法和潜在产出法估算和分析了我国 1979～2004 年的 TFP，并与法国、德国、美国等国家同时期的 TFP 进行比较说明，认为该阶段我国 TFP 对经济增长率的贡献远低于要素投入增长的贡献，有很大的成长空间[148]。易纲（2003）等指出索洛模型过于简单，存在明显缺陷[163]，其对美国和中国 TFP 的估算与实际情况存在偏差，并且很难将测算出的 TFP 进一步分解，因此国内外近年来多采用随机前沿分析和数据包络分析两种方法进行

TFP 的测度及分解。

4. 2. 3　随机前沿分析法

Meeusen（1977）在 C-D 生产函数中加入随机项，最早建立了截面数据的随机前沿分析方法[164]。SFA 法主要用来度量 n 个决策单元 T 期的技术效率（TE），其中每个决策单元都包括 m 种投入和一种产出，SFA 最常用的模型基本组成如式（4-5）所示。

$$\begin{cases} \ln y_{it} = \ln f(x_{it}\beta) + v_{it} - u_{it} \\ u_{it} = \delta(t)\mu_i, \ \delta(t) = \exp\{\eta(T-t)\} \\ TE_{it} = E(\exp\{-\mu_{it}\} \mid \varepsilon_{it}) \\ \gamma = \dfrac{\sigma_u^2}{\sigma_u^2 + \sigma_v^2} \end{cases} \tag{4-5}$$

其中 σ_u^2，σ_v^2，η，γ 和向量 β 是待估计参数。在此模型中，y_{it} 为第 i 个决策单元第 t 期的实际产出；x_{it} 为第 i 个决策单元第 t 期的投入向量；$f(x_{it}\beta)$ 为选定的生产函数；v_{it} 表示不受决策单位控制的随机扰动因素，例如天气变化对产出的影响，由于随机因素可以使产出增加或减少，故常假设其服从正态分布。u_{it} 表示无效率项，表示技术无效率对产出的影响，由 μ_i 和 $\delta(t)$ 两部分组成，$u_{it} \geqslant 0$，因此一般假设 μ_i 服从半正态分布、截断正态分布或指数分布，并假设其与 v_{it} 独立，$\delta(t)$ 表示技术效率随时间变化的特点，$\delta(t)$ 的正负决定了技术效率是升高或降低的发展趋势。对于由 u_{it} 和 v_{it} 组成的误差项 ε_{it}，由于其期望小于零，不能直接使用最小二乘法估计参数，而是通过极大似然估计法，利用 ε_{it} 的密度函数对各个参数进行估计。若同样选用 C-D 生产函数，SFA 中假设决策单位 i 在时期 t 的生产函数为：

$$Y_{it} = \prod_{i=1}^{n} V_{it}^{\alpha_i} e^{\varepsilon_{it}} \tag{4-6}$$

对式（4-6）两边取对数可得：

$$\ln Y_{it} = \sum_{i=1}^{n} \alpha_i \ln V_{it} + \varepsilon_{it} = \sum_{i=1}^{n} \alpha_i \ln V_{it} - u_{it} + v_{it} \tag{4-7}$$

Battese（1995）将效率定义为相同投入下实际产出与完全有效产出的比值[165]：

$$\begin{aligned} TE_{it} &= \frac{E(Y_{it} \mid U_{it}, \ V_{it}, \ t=1, \ 2, \ \cdots, \ T)}{E(Y_{it} \mid U_{it}=0, \ V_{it}, \ t=1, \ 2, \ \cdots, \ T)} \\ &= \frac{\exp(\sum_{i=1}^{n} \alpha_i \ln V_{it} - u_{it})}{\exp(\sum_{i=1}^{n} \alpha_i \ln V_{it})} \\ &= \exp(-u_{it}) \end{aligned} \tag{4-8}$$

国内外研究多将 TFP 的增长分解为技术进步率、技术效率提升以及规模效率三部分，王远方（2016）详细介绍了 SFA 法中对 TFP 增长率的分解过程，目前可以直接使用 Frontier 4.1 软件或 R 软件中的 SFA 软件包对 TFP 增长率进行分解[166]。

4.2.4 数据包络分析法

数据包络分析最早由 Charnes 和 Cooper[167]（1978）提出，在国内的研究中也得到了广泛的应用。Malmquist 指数最早由瑞典经济学家 Sten Malmquist[168]（1953）提出，Caves（1982）等将其思想运用于生产分析中，并通过距离函数之比构造了 Malmquist 生产率指数[169]。Fare（1994）等（简称 FGNZ）基于 DEA 的方法将 Malmquist 生产率指数应用到实证中，并进一步将其分解为技术效率变动、技术进步和规模效率变动[170]。Ray 和 Desli（1997）（简称 RD）针对 FGNZ 模型中存在的逻辑错误进行了修正，后续研究也肯定了 RD 模型的正确性[171]。衡量全要素生产率增长的 Malmquist 指数为：

$$M_{i,t+1}(x_i^t,\ y_i^t,\ x_i^{t+1},\ y_i^{t+1})=\left[\frac{D_i^t(x_i^{t+1},\ y_i^{t+1})}{D_i^t(x_i^t,\ y_i^t)}\cdot\frac{D_i^{t+1}(x_i^{t+1},\ y_i^{t+1})}{D_i^{t+1}(x_i^t,\ y_i^t)}\right]^{1/2} \quad (4\text{-}9)$$

其中：x_i^t，x_i^{t+1} 为第 i 个地区在时期 t 和 $t+1$ 的投入向量；y_i^t，y_i^{t+1} 为第 i 个地区在时期 t 和 $t+1$ 的产出向量；$D_i^t(x_i^t,\ y_i^t)$，$D_i^t(x_i^{t+1},\ y_i^{t+1})$ 为以 t 时期的技术 T^t 为参照、时期 t 和时期 $t+1$ 生产点的距离函数。Malmquist 指数可以通过变形进行指数分离：

$$M_{i,t+1}(x_i^t,\ y_i^t,\ x_i^{t+1},\ y_i^{t+1})=\frac{D_i^{t+1}(x_i^{t+1},\ y_i^{t+1})}{D_i^t(x_i^t,\ y_i^t)}\times\left[\frac{D_i^t(x_i^t,\ y_i^t)}{D_i^{t+1}(x_i^t,\ y_i^t)}\cdot\frac{D_i^t(x_i^{t+1},\ y_i^{t+1})}{D_i^{t+1}(x_i^{t+1},\ y_i^{t+1})}\right]^{1/2}$$

$$(4\text{-}10)$$

其中 EF_i^{t+1} 为第 i 个地区从 t 到 $t+1$ 时期生产效率的变化；TC_i^{t+1} 为第 i 个地区从 t 到 $t+1$ 时期技术效率的变化。对式（4-9）和式（4-10）采用变动规模报酬假设，可以进一步将 Malmquist 指数分解为：

$$M_{i,t+1}(x_i^t,\ y_i^t,\ x_i^{t+1}y_i^{t+1})=\frac{D_v^{t+1}(x_i^{t+1},\ y_i^{t+1})}{D_v^t(x_i^t,\ y_i^t)}\times\left[\frac{D_v^t(x_i^t,\ y_i^t)}{D_v^{t+1}(x_i^t,\ y_i^t)}\cdot\frac{D_v^t(x_i^{t+1},\ y_i^{t+1})}{D_v^{t+1}(x_i^{t+1},\ y_i^{t+1})}\right]^{1/2}\times$$

$$\left[\left[\frac{D_c^t(x_i^{t+1},\ y_i^{t+1})}{D_c^t(x_i^t,\ y_i^t)}\middle/\frac{D_v^t(x_i^{t+1},\ y_i^{t+1})}{D_v^t(x_i^t,\ y_i^t)}\right]\cdot\left[\frac{D_c^{t+1}(x_i^{t+1},\ y_i^{t+1})}{D_c^{t+1}(x_i^t,\ y_i^t)}\middle/\frac{D_v^{t+1}(x_i^{t+1},\ y_i^{t+1})}{D_v^{t+1}(x_i^t,\ y_i^t)}\right]\right]^{1/2}$$

$$(4\text{-}11)$$

式（4-11）为本书使用的 RD 模型，其中脚注为 v 表示变动规模报酬情况，脚注为 c 表示固定规模情况。$TE\Delta$ 代表技术效率变动；$T\Delta$ 代表技术进步；$S\Delta$ 代表规模报酬变动。

SFA 法和 DEA 法各有特点，应用的情境也有区别，通过对比研究得到表 4-1。可以发现，SFA 法和 DEA 法在众多方面具有优缺互补的特点，研究领域和研究内容也高度重合，因此也产生了结合两者优点的三阶段 DEA 模型，在我国被广泛地应用于对经济投入产出效率的研究中。王锐淇（2010）同时使用 SFA 与 DEA-Malmquist 指数法对我国 30 个省的技术效率值进行了测算和分解，认为我国各区域技术资源投入的利用率较低，高新技术并没有对区域效率的提高产生显著的推动效果[172]。马海良（2011）利用超效率 DEA-Malmquist 指数法对我国三大经济区域的 TFP 进行了测算，并分析了各分解量对能源效率的影响[173]。韩晶（2010）分别以新产品销售收入和申请专利数作为产出变量，利用 SFA 法测度了我国高技术产业的创新效率并分析了影响创新效率的因素[174]。匡远凤（2012）利用 SFA 法对我国各省份农业劳动生产率变化进行了分解，证明技术进步和技术效率对我国农业增长具有很大的贡献[175]。值得注意的是，近 5 年国内的大部分相关研究都是应用 SFA 和 DEA 方法的实证研究，欠缺对方法本身的讨论和深入研究。

SFA、DEA 特点及相关研究 表 4-1

	SFA	DEA
基本假设	复杂	简单
生产函数	需要	不需要
扩展性	不易扩展	已有数十种扩展
实际产出	考虑随机因素的三部分	不考虑随机因素的两部分
多产出情况	不能直接处理	可以直接处理
计算方法	极大似然估计	线性规划
大样本计算	适合	相对不适合
稳定性	稳定	不稳定,易受异常数据点影响
影响效率因素	一步完成	两步完成
近 5 年国内主要理论研究	陶长琪等(2011),陈述 SFA 的使用条件、分布假定等基本问题的研究进展,分析 SFA 中效率时变性、外生影响的演化,对 TFP 进行分解,总结了国内应用 SFA 实证的不足。 魏传华等(2011),利用地理加权回归法处理空间非平稳性问题,提出地理加权 SFA 模型。 张进峰(2014),对空间滞后 SFA 模型进行探讨,对传统 SFA 模型进行修正普通最小二乘法扩展,简化计算过程。 梁彤缨等(2014),检验了 SFA 在评价企业绩效方面的有效性,特别当企业效率值处于较高或较低水平时,所测结果与传统绩效评价指标结果更加一致	赵萌等(2011),将多个并联决策单元组成的复杂系统 DEA 评价方法加入时间维度,并实证动态 DEA 模型对效率测算精度的改善。 查勇(2011)和毕功兵(2014)等分别建立了考虑不同约束条件的 DEA 模型。杨青峰(2014)则基于三阶段 DEA 模型剥离了环境因素。 罗登跃(2012)、王赫一(2012)、陈巍巍(2014)等分别对多阶段 DEA 模型进行了研究。 王舒鸿(2011)、宋马林(2011)、马生昀(2014)、范建平(2015)分别从不同角度对 DEA 进行了扩展。 汪茂泰(2015)等介绍了结合 DEA 与 SFA 的非参数数据包络分析模型(StoNED)
近 5 年国内主要实证研究所涉及领域及研究内容	涉及领域:高技术产业、商业银行、对外贸易企业、农业、文化产业等。 研究内容:区域经济、研发效率、创新效率、成本效率、出口效率、碳排放效率、能源效率、规模效率、贸易潜力等	涉及领域:高技术产业、商业银行、低碳经济、农业、大中型工业企业、旅游行业、中小企业等。 研究内容:规模效率、创新效率、生产效率、经营效率、运营效率、能源效率、融资效率、供给效率、综合效率等

4.3 技术进步视角下柯布道格拉斯生产函数的量子扩展模型构建

国内外大量的研究都验证了 C-D 生产函数的有效性，但随着经济的发展和研究的深入，综合技术水平对产出的影响不断增加，因此需要我们重新审视 C-D 生产函数在全要素生产率，特别是中观、微观层面全要素生产率测算研究中的适用性。C-D 生产函数有一个基本假设，即劳动投入、资本投入和产出均为连续变量，因为只有这样，对三者进行自然对数变换后才不会造成原始数据信息的大量损失。在不考虑技术水平 $A(t)$ 的情况下，这个假设是基本成立的，因为资金投入和劳动力投入的取值在研究范围内是连续的，可以取任意值，但按照本书构建的量子模型，中观、微观层面的技术进步将沿着能级化的技术路径演化。若 C-D 生产函数中包含的技术部分是离散的，这就意味着以往使用数据自然对数的形式进行的研究可能忽略了某些重要的信息，从而造成研究结论与实际情况存在一定程度的差异。另外，对于 C-D 生产函数的扩展研究多引入区域政策、经营环境等约束，并假设其对产出的作用机理与资本、劳动投入相同，大多数研究并没有对这一假设进行验证。按照本书构建的产业集群协同创新模型和裂变式创新模型，产业集群的地理边界、组织边界、资源边界、技术边界是以约束势垒而非中心势场的形式对集群企业的技术能级产生影响的，这使得以往研究中对模型的简化过程可能建立在错误假设的基础上，从而造成扩展生产函数模型的失效。本书将量子力学中的薛定谔方程引入到 C-D 生产函数中，尝试解决其在 SFA 应用中失效的问题，深入探讨 C-D 生产函数的适用情境。

4.3.1　薛定谔方程嵌入的可行性

在量子力学中，微观粒子的能量分布是非连续的，在一定的外界条件下，粒子只能处在确定的几种能量状态，这些状态被称作能级。奥地利物理学家，1993 年诺贝尔物理奖获得者薛定谔在 1926 年提出了将薛定谔方程作为量子力学的一个基本方程来描述微观粒子的运动。当微观粒子所处的势场确定后，其状态可以由薛定谔方程求解，方程一维下的一般展开式为：

$$i \mathrm{h} \frac{\partial \psi(x, t)}{\partial t} = -\frac{\mathrm{h}^2}{2m} \frac{\partial^2 \psi(x, t)}{\partial x^2} + V(x, t)\psi(x, t) \tag{4-12}$$

其中 i 为虚数单位，h 为普朗克常数，m 为粒子质量，$\psi(x, t)$ 为粒子波函数，$V(x, t)$ 为总势场，x 为粒子位置，t 为时间。由展开式可知，粒子的能量 E 和动量 P 与以下作用在波函数上的算符相当：

$$E \rightarrow i \mathrm{h} \frac{\partial}{\partial t}, P \rightarrow -i \mathrm{h} \nabla \tag{4-13}$$

因此，若已知粒子总能量 E 和动量 P 的关系式，把经算符化后的关系式分别作用在波函数 $\psi(x, t)$ 上，即可得到所需的薛定谔方程并对波函数求解，根据计算结果可以推算出粒子在势场中的量子化能级分布，以及在各能级上出现的概率。将 SFA 中的一个决策单元看作微观粒子，将投入变量看作粒子所处的势场，将决策单元的技术水平看作粒子所处的能量状态即能级，称作技术能级，可以建立包含 SFA 决策单元波函数的薛定谔方程，通过对方程的求解可以得到量子化的技术水平分布，也就是说在一定的投入变量组合下，技术能力进步将表现出阶跃性，这与技术的演化发展路径高度吻合。对应到 C-D 生产函数中则表现为技术水平 $A(t)$ 为离散分布，在不同投入组合影响下，呈现出不同技术能级分布，决策单元只能在技术能级附近保持稳定状态，处于相邻两个技术能级之间时状态不稳定，将迅速跌落至较低的能级。

将薛定谔方程引入 C-D 生产函数的好处是，当投入变量不变时，决策单元技术水平 $A(t)$ 的变化不是连续的，而是保持一个数值并在技术水平提高时发生阶跃式的变化，代表技术水平的跃迁，相较于技术水平连续变化的假设，阶跃式变化更容易被观测和识别。

当决策单元技术水平没有发生阶跃式变化时，可以假设其技术水平在某一能级附近震荡，处于这种状态下的决策单元，其 $A(t)$ 不随时间变化，可以简化为常数 A，C-D 生产函数化为经典形式，SFA 的使用变得更加简洁。当投入变量变化时，技术水平的能级分布将随之变化，这也符合客观规律。薛定谔方程中三种最基本的势场分别为中心势场、势阱和势垒，中心势场对微观粒子有吸引作用，势阱和势垒则可以将微观粒子限制在一定的范围之内。与之相对应，区域内的各项投入对区域内的决策单元具有吸引力，投入越大吸引力越大；区域内的各种政策、环境等约束对决策单元有限制作用，约束越大，决策单元受控制的程度越深，因此将 C-D 生产函数中的投入要素作为中心势场，外界约束作为势阱、势垒，构建其量子扩展模型：

$$Y = h \frac{\partial \psi}{\partial t} \prod_{i=1}^{n} V_i^{\theta_i} \prod_{j=1}^{n} U_j^{\rho_j} \tag{4-14}$$

模型在 C-D 生产函数基本模型的基础上引入了 $h \partial \psi / \partial t$ 代表技术水平，其中 ψ 是决策单元的波函数，h 为技术普朗克常量，将 L^α 和 K^β 纳入投入项（中心势场）$\prod_{i=1}^{n} V_i^{\theta_i}$ 中，同时添加约束项（势阱、势垒）$\prod_{j=1}^{n} U_j^{\rho_j}$，模型中技术水平的离散分布涵盖了原函数中的随机干扰 μ。中心势场、势阱和势垒分布见图 4-2。对式（4-14）两侧取对数得到：

$$\ln Y = \ln h \frac{\partial \psi}{\partial t} + \sum_{i=1}^{n} \theta_i \ln V_i + \sum_{j=1}^{m} \rho_j \ln U_j \tag{4-15}$$

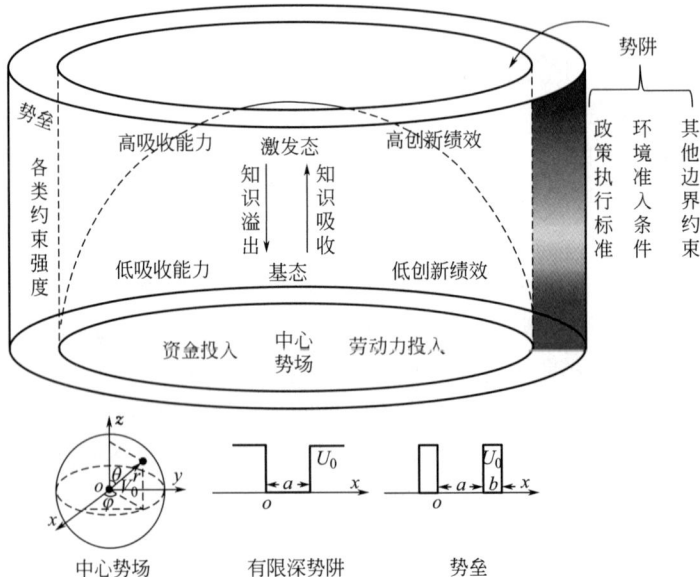

图 4-2　量子力学中中心势场、有限深势阱、势垒示意图

令 V_0 为全部投入产生的中心势场的叠加；U_0 为全部环境约束造成的势阱、势垒的叠加，其中：

$$\ln V_0 = \sum_{i=1}^{n} \theta_i \ln V_i \tag{4-16}$$

$$\ln U_0 = \sum_{j=1}^{m} \rho_j \ln U_j \tag{4-17}$$

随后将为分别根据资源投入和环境约束建立薛定谔方程，研究其对技术能级分布的影响。

4.3.2　资源投入与中心势场

在区域经济研究中，产业集聚动力的主要来源分为三部分：专业化经济、劳动力市场经济以及知识溢出。其中前两种动力来自于资本和劳动力的投入，具体还受资源禀赋、运输成本、规模经济等因素的影响。

将资源投入作为中心势场单独考虑，建立定态薛定谔方程：

$$\nabla^2 \psi(\overset{r}{r}) + \frac{2m}{h^2}(E - \frac{V_0}{r})\psi(\overset{r}{r}) = 0 \tag{4-18}$$

m 为代表决策单元规模的常数，$\overset{r}{r}$ 代表决策单元距总投入中心的距离，$\frac{V_0}{r}$ 说明决策单元距离总投入中心越远，受中心势场影响越小。利用球坐标，设：

$$\psi = R(r)\Theta(\theta)\Phi(\varphi) \tag{4-19}$$

将式（4-19）代入式（4-18）求解得：

$$\Phi(\varphi) = Ae^{im_l\varphi} \quad m_l = 0, \pm1, \pm2\cdots\cdots \tag{4-20}$$

$$\Theta(\theta) = (1 - \cos^2\theta)^{|m_l|/2} \frac{d^{|m_l|}}{d\cos\theta^{|m_l|}} P_l(\cos\theta) \quad n = 1, 2, 3\cdots\cdots \tag{4-21}$$

$$R_{nl}(r) = N_{nl}e^{-\frac{r}{na_0}} \left(\frac{2r}{na_0}\right)^l L_{n+l}^{2l+1}\left(\frac{2r}{na_0}\right) \quad l = 0, 1, 2\cdots\cdots \tag{4-22}$$

其中 N_{nl} 为归一化常数，$a_0 = \frac{h^2}{4m\pi\varepsilon_0 V_0}$ 为常数，L_{n+l}^{2l+1} 为缔合勒盖尔多项式，n 为主量子数，l 为角量子数，m_l 为磁量子数，决策单元的波函数为：

$$\psi_{nlm}(r, \theta, \varphi) = R_{nl}(r)Y_{lm}(\theta, \varphi) \tag{4-23}$$

技术能级 E 的分布主要由主量子数 n 决定，只能取一些分立负值：

$$E_n = -\frac{mV_0^2}{2h^2 n^2} \quad n = 1, 2, 3\cdots\cdots \tag{4-24}$$

由于对数的定义域为（0，$+\infty$），对式（4-24）做如下处理：

$$E_n = \frac{mV_0^2}{2h^2} \cdot \left(2 - \frac{1}{n^2}\right) \quad n = 1, 2, 3\cdots\cdots \tag{4-25}$$

$n = 1$ 时的能级是基态能级，$n > 1$ 的能级是激发态能级：

$$E_1 = \frac{mV_0^2}{2h^2}, \ E_n = E_1 \cdot \left(2 - \frac{1}{n^2}\right) \tag{4-26}$$

式（4-26）说明，将资源投入视为中心势场时，决策单元的技术能级分布与资源投入强度相关，投入强度越大，能级分布越分散且基态能量越高。

4.3.3　环境约束与有限深势阱

传统研究认为环境约束对技术进步的作用机理与资源投入相似，统一用回归方法进行分析，本书将环境约束视作有限深势阱（势垒）单独考虑，决策单元在一定区域内势能为零，而在此区域外势能为 U_0：

$$U(x) = \begin{cases} 0 & (0 < x < a) \\ U_0 & (x \leqslant 0 \text{ 及 } x \geqslant a) \end{cases} \tag{4-27}$$

建立一维薛定谔方程：

$$\frac{d^2\psi(x)}{dx^2} + \frac{2m}{\mathrm{h}^2}(E - U_0)\psi(x) = 0 \tag{4-28}$$

可以解出势阱中决策单元的波函数为：

$$\Psi(x) = Ae^{\frac{i\sqrt{2m(E+U_0)}}{\mathrm{h}}x} + Be^{-\frac{i\sqrt{2m(E+U_0)}}{\mathrm{h}}x} \tag{4-29}$$

技术水平在势阱内能级 E 的分布形式为：

$$E_n = \frac{\mathrm{h}^2 n^2}{8ma^2} \tag{4-30}$$

$$E_1 = \frac{\mathrm{h}^2}{8ma^2}, \quad E_n = n^2 E_1 \tag{4-31}$$

式（4-29）说明，将环境约束看作有限深势阱时，势阱内决策单元的技术能级分布只与势阱区域的范围 a 相关，范围越小，能级的分布越分散。

若将势阱边界当作有限厚度的势垒来处理，令势垒厚度为 b。在经典力学理论中，当微观粒子势能低于势垒 U_0 时，粒子不会出现在势垒外部；当微观粒子势能高于势垒 U_0 时，则不会被势垒反弹，全部逃离到势垒外部。在量子力学中，只要势垒的厚度 b 足够小，即使微观粒子势能低于势垒 U_0 仍然有一定几率出现在势垒外部，这种效应被称作隧道效应。同样的，即使微观粒子势能高于势垒 U_0 仍然有一定几率被反弹，从而出现在势垒内部。国家、区域、产业联盟或企业都会通过建立一定的组织边界，增加内部技术逃脱的难度，即便如此，能量低于组织边界的技术仍有可能溢出，例如专利联盟对联盟内专利技术控制的失效就可以理解为一种隧道效应。根据薛定谔方程可以将决策单元波函数透过势垒的概率密度与射向壁垒的概率密度的比值定义为技术贯穿系数，在图 4-2 给定的条件下，令贯穿系数为 T，则有：

$$T = e^{-\frac{2b}{\mathrm{h}}\sqrt{2m(U_0-E)}} \tag{4-32}$$

式（4-31）表明，势垒高度 U_0 越低，势垒宽度 b 越小，则技术越过边界的概率越大。将式（4-31）代入式（4-29），去除越过边界的技术，势垒内的能级 E 的分布形式变成：

$$E_n = \frac{\mathrm{h}^2 n^2}{8ma^2} \times (1 - e^{-\frac{2b}{\mathrm{h}}\sqrt{2m(U_0-E)}}) \tag{4-33}$$

考虑资源投入形成的中心势场与环境约束形成的势阱、势垒，将式（4-26）、式（4-33）代入式（4-15），得到 C-D 生产函数量子扩展模型的具体形式：

$$\ln Y = \ln\frac{mV_0^2}{2\mathrm{h}^2} + \ln\left(2 - \frac{1}{n_c^2}\right) + \ln\frac{\mathrm{h}^2 n_b^2}{8ma^2} + \ln\left(1 - e^{-\frac{2b}{\mathrm{h}}\sqrt{2m(U_0-E)}}\right)$$

$$+ \sum_{i=1}^{n} \theta_i \ln V_i + \sum_{j=1}^{m} \rho_j \ln U_j \tag{4-34}$$

式中 n_c 为决策单元资源投入形成的中心势场能级（energy level of central potential field），n_b 为决策单元的环境约束形成的势垒能级（energy level of barrier），当决策单元状态稳定时，n_c 和 n_b 为常数。

4.3.4　量子扩展柯布道格拉斯生产函数的进一步分解

在量子扩展的 C-D 生产函数模型中，资源投入形成的中心势场与外部环境约束形成的势垒、势阱分别以不同的作用机制影响了系统的技术能级分布。与资源投入相比，政策、法规等外部环境约束并不直接决定系统所处的能量状态，作用机制更为复杂且难以量化，本书认为应该将外部环境约束视为对系统能量的一种刺激和扰动，虽然可以在一定程度上决定系统技术能级可能的分布形式和具体分布状态，但仅作为能级项的一部分出现，并不体现在 C-D 生产函数右侧的投入要素中。据此，将经过量子扩展的 C-D 生产函数（4-34）写作如式（4-35）形式。

$$Y_t = \left(\frac{mV_0^2}{2h^2} \left(2 - \frac{1}{n_c^2} \right) + \frac{h^2 n_b^2}{8ma^2} \left(1 - e^{-\frac{2b}{h}\sqrt{2m(U_0 - E)}} \right) \right) \prod_{i=1}^{n} V_i^{a_i} \tag{4-35}$$

能量 E 分为中心势场能量项和势垒能量项两部分，均按照能级分布。n_c、n_b 为决策单元所处的中心势场能级和势垒能级，两类能级均只能取大于 0 的正整数，且二者相互独立。以往对技术进步影响因素的研究认为加大要素投入力度是提高区域技术水平的重要途径，政策、法规、经营环境等外部约束主要起到调节作用[176]。因此，本节重点讨论中心势场对技术能级分布的影响，将式（4-35）简化为如式（4-36）形式。

$$Y = \frac{mV_0^2}{2h^2} \cdot \left(2 - \frac{1}{n_c^2} \right) \prod_{i=1}^{n} V_i^{a_i} \tag{4-36}$$

使用资本存量 K、技术知识存量 T 和劳动力存量 L 作为投入要素：

$$Y = \frac{mV_0^2}{2h^2} \cdot \left(2 - \frac{1}{n_c^2} \right) K^{a_1} L^{\beta_1} T^{\gamma_1} \tag{4-37}$$

依据第 2 章中提出的量子模型，假设中心势场 V_0 主要受资本存量和劳动力存量的影响：

$$V_0 = A_1 K^{a_2} L^{\beta_2} \tag{4-38}$$

将 m 定义为经济体质量，受资本存量和技术知识存量的影响：

$$m = A_2 K^{a_3} T^{\gamma_2} \tag{4-39}$$

将式（4-39）、式（4-38）代入式（4-37），本书所使用的量子扩展生产函数为：

$$Y = \frac{1}{\hat{h}^2} \cdot \left(2 - \frac{1}{n_c^2} \right) K^\alpha L^\beta T^\gamma \tag{4-40}$$

其中：

$$\alpha = \alpha_1 + 2\alpha_2 + \alpha_3, \quad \beta = \beta_1 + 2\beta_2, \quad \gamma = \gamma_1 + \gamma_2 \tag{4-41}$$

将 $\hat{h}$ 定义为修正的普朗克常量，对式（4-40）两边取对数，得到：

$$\ln Y = \ln \frac{1}{\hat{h}^2} \cdot \left(2 - \frac{1}{n_c^2}\right) + \alpha \ln K + \beta \ln L + \gamma \ln T \tag{4-42}$$

与索洛残差法类似，可以通过线性回归得到各投入量的弹性系数，将计算所得的弹性系数代入原式计算出各决策单元的技术水平 $A(t)$，修正的普朗克常量 $\hat{h}$ 不影响决策单元间的相对技术水平，$A(t)$ 集中分布的区间即为能级。

量子扩展的生产函数形式简洁，参数的经济含义明确，可以很好地体现技术进步的不连续性。通过式（4-38）~（4-40）将技术水平 $A(t)$ 当中与投入要素相关的部分提取出来，转化为参数方法生产函数的一般形式后，$A(t)$ 独立于各投入要素代表了决策单元所处的能级。结合索洛残差法，决策单元的能级 n_c 越高，其生产效率越高，符合量子模型的基本假设。

量子扩展生产函数的另外一个重要作用是指出了将投入要素弹性系数进一步分解的可能性，传统的弹性系数 α、β、γ 实际由多部分组成：资本弹性系数 α 可分解为对产出的弹性系数 α_1、对中心势场的弹性系数 α_2 以及对经济体质量的弹性系数 α_3；劳动弹性系数 β 可分解为对产出的弹性系数 β_1 以及对中心势场的弹性系数 β_2；技术弹性系数 γ 可分解为对产出的弹性系数 γ_1 以及对经济体质量的弹性系数 γ_2。这一发现对进一步探究投入要素对产出以及生产效率的作用机制具有一定意义。

量子化的生产函数还具有良好的可扩展性，可以通过改变能级项的表达形式与传统模型进行匹配和对比研究。例如将式（4-40）中的能级项做以下转换：

$$\ln \frac{1}{\hat{h}^2} \cdot \left(2 - \frac{1}{n_c^2}\right) \rightarrow A \cdot \left(2 - \frac{1}{n_c^2}\right) + B \cdot n_b^2 \tag{4-43}$$

增加受外部环境影响的约束势垒能级项 $B \cdot n_b^2$，则式（4-40）转换为式（4-5）中 SFA 法生产函数的形式，其中 A 为分析前沿，A/n_c^2 为无效率项，$B \cdot n_b^2$ 为不受决策单元控制的随机因素，同时满足系统所处中心势场能级 n_c 越高，则系统的无效率程度越低。

同时，基于 DEA-Malmquist 指数方法，在式（4-11）中引入能级的概念，对技术效率 $TE\Delta$ 进一步分解，则有

$$TE\Delta_{RD} = \frac{D_v^{t+1}(x_t^{t+1}, \ y_t^{t+1})}{D_v^t(x_i^t, \ y_i^t)} = \frac{E_n^{t+1}}{E^{t+1}} \bigg/ \frac{E_n^t}{E^t} \tag{4-44}$$

其中 n 代表系统所处能级，E_n^{t+1} 和 E_n^t 分别是 $t+1$ 期和 t 期决策单元的技术能量，E^{t+1} 和 E^t 分别是 $t+1$ 期和 t 期所有决策单元中最高的技术能量，代入式（4-36），则有：

$$TE\Delta_{RD} = \frac{M_{t+1}}{M_t} \cdot \left(\frac{V_{t+1}}{V_t}\right)^2 \cdot \frac{\left(2 - \frac{1}{n_{t+1}^2}\right)}{\left(2 - \frac{1}{n_t^2}\right)} \tag{4-45}$$

其中 M_t 和 M_{t+1} 分别是 t 期和 $t+1$ 期决策单元规模与所有单元中最大规模的比值，V_t 和 V_{t+1} 分别是 t 期和 $t+1$ 期决策单元中心势场与所有单元中最大中心势场的比值：

$$M_t = \frac{m_t}{m_{\max t}}, \ V_t = \frac{V_{0t}}{V_{0\max t}} \tag{4-46}$$

式（4-46）说明利用 DEA-Malmquist 法分解出的技术效率项包含规模变化、核力变化、能级变化三部分，当相邻两年决策单元前两项变化不大时，可以明显地观察到能级的变化，并对其进行测定和分析。

4.4　产业集群知识溢出量子假设验证

4.4.1　研究假设

下面就扩展的生产函数进行讨论。中心势场和有限深势阱下能级分布情况如图 4-3 所示，中心势场下能级间隔随着 n_c 增大而减小，当 n_c 很大时间隔非常小，近似于连续变化；有限深势阱下能级间隔随着 n_b 增大而增大，当 n_b 很小时间隔非常小，近似于连续变化。中心势场下，处于较低能级的决策单元与中心势场的距离更近，对中心势场的能量依赖更大；处于较高能级的决策单元与中心势场的距离更远，对中心势场的能量依赖更小。有限深势阱下，处于较低能级的决策单元受到势阱的限制更大，出现在势阱外的概率更小；处于较高能级的决策单元受到势阱的限制更小，出现在势阱外的概率更大。据此提出假设：

假设 1a（H_{1a}）：在产出不变的情况下决策单元投入的减少，代表该决策单元技术进步的发生。

假设 1b（H_{1b}）：决策单元投入对其他决策单元的影响增加，代表该决策单元技术进步的发生。

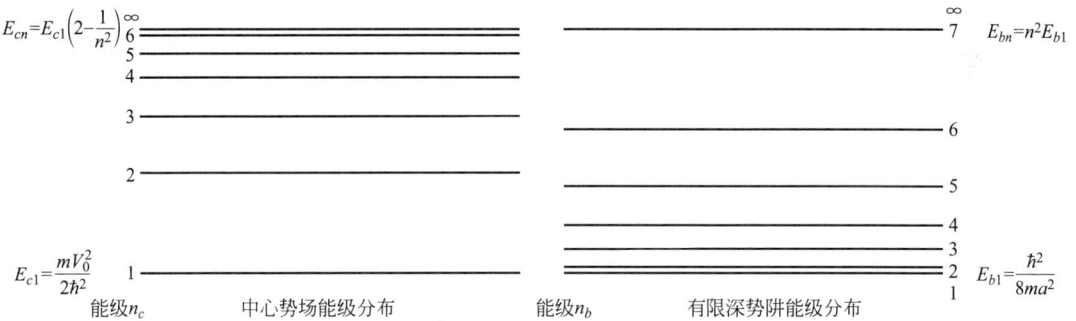

图 4-3　中心势场与有限深势阱能级分布

当中心势场 V_0 强度很低时，由其引起的技术能级分布相对集中，能级间隔缩小，近似于连续变化，当 V_0 强度非常低，即决策单元投入变量非常小时，可以近似地认为技术能级不变，处于基态；当中心势场 V_0 强度非常高时，能级间隔扩大，技术能级从基态跃迁到激发态十分困难，可以近似地认为技术能级不变，处于基态；当 V_0 强度适中时，决策单元技术能级分布将呈现较强的量子性。据此提出假设：

假设 2a（H_{2a}）：决策单元投入变量很小时，选用基本的 C-D 生产函数进行 SFA 分析可以得到比较好的效果。

假设 2b（H_{2b}）：决策单元投入变量很大时，选用基本的 C-D 生产函数进行 SFA 分析可以得到比较好的效果。

假设 2c（H_{2c}）：决策单元投入适中时，其技术能级分布呈现量子性，选用基本的 C-D 生产函数进行 SFA 分析会产生严重的错误。

由势阱引起的能级分布在基态能级附近相对集中，能级间隔缩小，近似于连续分布；当有限深势阱宽度 a 很大时，可以近似地认为技术能级不变，处于基态；当有限深势阱宽度 a 小于一定数值后，决策单元技术能级分布将呈现较强的量子性；当考虑势垒高度 U_0 和势垒宽度 b 时，若 U_0、b 较小时，可以近似的认为技术能级不变，处于基态，否则决策单元的技术能级分布将呈现较强的量子性。据此提出假设：

假设 3a（H_{3a}）：决策单元环境约束变量引起的技术能级分布在基态附近看作连续分布，选用基本的 C-D 生产函数进行 SFA 分析可以得到比较好的效果。

假设 3b（H_{3b}）：决策单元环境约束变量影响范围较大时，其引起的技术能级分布看作连续分布，选用基本的 C-D 生产函数进行 SFA 分析可以得到比较好的效果。

假设 3c（H_{3c}）：决策单元环境约束变量影响范围很小时，其引起的技术能级分布呈现量子性，选用基本的 C-D 生产函数进行 SFA 分析会产生严重的错误。

假设 3d（H_{3d}）：决策单元环境约束变量较小时，引起的技术能级分布在基态附近看作连续分布，选用基本的 C-D 生产函数进行 SFA 分析可以得到比较好的效果。

假设 3e（H_{3e}）：决策单元环境约束变量超过一定数值后，引起的技术能级分布呈现量子性，选用基本的 C-D 生产函数进行 SFA 分析会产生严重的错误。

全部假设中，假设 1a 与 SFA 和 DEA 方法的基本假设相符合；假设 1b 说明计算 TFP 时不仅应考虑投入要素对决策单元自身产出的影响，还应考虑外部性，即投入要素对其他决策单元产出的影响。例如国内学者对全国城市 TFP 计算时发现，北京市虽然各方面投入均位列前茅，但 TFP 却相对较低，这一方面可能反映北京市对投入要素的利用效率较低，另一方面，不能否认北京市当地的技术进步对全国的辐射作用，这已经被大多数国内学者的研究证明。假设 3a～3e 主要反映了区域政策、环境因素对技术水平的影响，适合采用回归分析、人工神经网络分析等方法进行验证。本书将采用 DEA-Malmquist 指数法重点对假设 2a～2c 进行验证。

4.4.2 基于数据包络分析和随机前沿分析的实证研究

本书利用 MaxDEA6.13 软件进行 DEA-Malmquist 指数的计算，验证 C-D 生产函数量子扩展模型中的假设是否成立。样本方面，选取全国 276 个地级以上城市作为决策单元（Decision Making Unit，简称 DMU），涵盖了绝大部分可研究范围，仅对数据缺失比较严重的城市进行筛选。选取的时间区间为 2001～2014 年，跨越了第十、十一个五年计划以及第十二个五年计划的大部分时间，样本具有一般性。

变量方面参考刘秉镰[177]（2009）等的研究，选择固定资产投资额作为资本投入指标，单位从业人员与私营和个体从业人员之和作为劳动力投入指标，地区生产总值与地方政府财政收入之和作为产出指标，数据来源为各年度《中国城市统计年鉴》。

采用 RD 模型，利用 MaxDEA6.13 软件对我国 276 个地级市进行 DEA-Malmquist 指数的计算。由于计算结果较为复杂，仅 Malmquist 指数计算结果就超过 3500 项，故采用图形的方式对结果进行总结分析。276 个地级市 2001～2014 年 DEA-Malmquist 指数如图 4-4、图 4-5 所示，为对其量子性进行观察，横坐标为各个城市，纵坐标为 Malmquist 指数大小，用不同颜色的点代表不同年份之间的 Malmquist 指数。Malmquist 指数越分散则证明其量子性越强，不适合采用 SFA 分析；越集中则证明其量子性越弱，适合采用 SFA 分析。

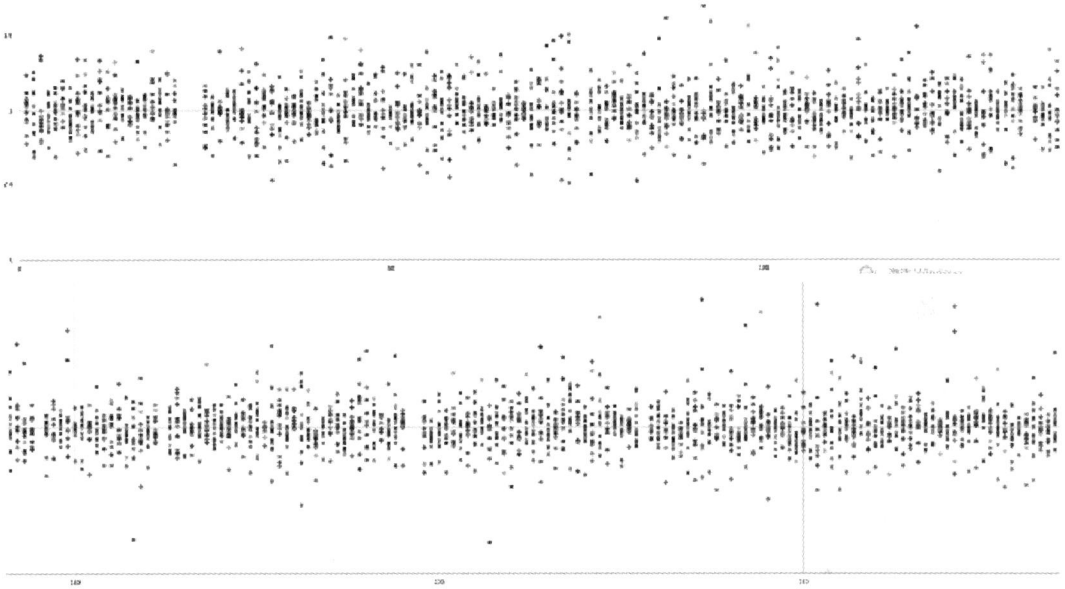

图 4-4　276 个地级市 DEA-Malmquist 指数分布
（按城市名称排序）

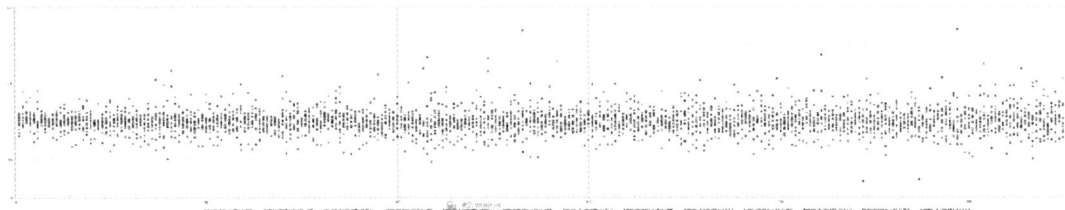

图 4-5　276 个地级市 DEA-Malmquist 指数分布
（按资本投入与劳动力投入的乘积由高到低排序）

图 4-4 中按照城市名称首字母进行排序，Malmquist 指数分布没有特别的规律，图 4-5 按照城市资本投入与劳动投入乘积值按由高到低排序，可以观察到图形右端的 Malmquist 指数分布相对分散，假设 2a 没有得到验证；图形左端的 Malmquist 指数分布相对集中，假设 2b 得到验证；图形中段 Malmquist 指数分布相对分散，假设 2c 得到验证。通过计算各地级市自身 DEA-Malmquist 指数的方差，可以更清楚地观察到以上现象，具体结果见图 4-6。

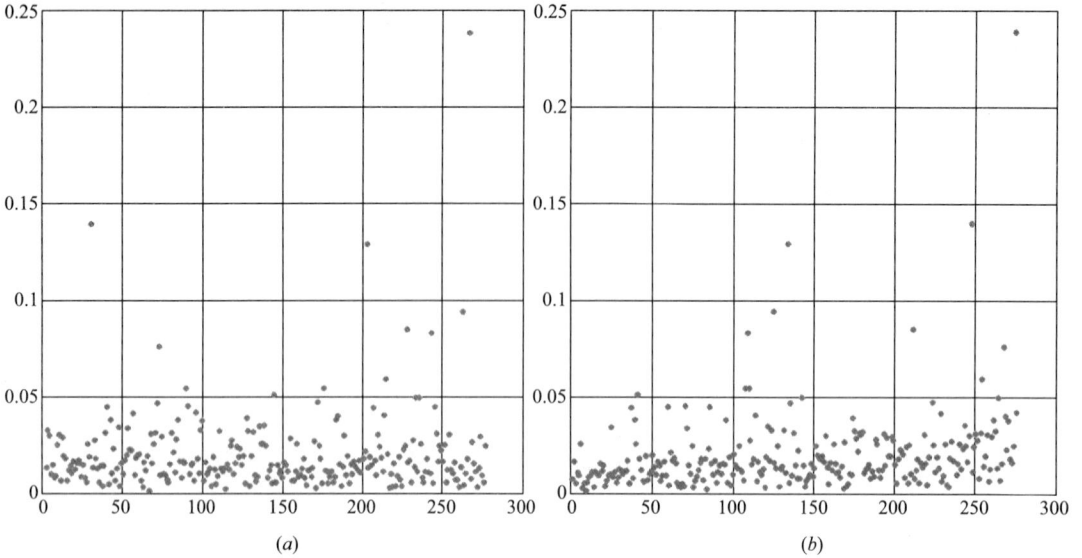

图 4-6　276 个地级市 DEA-Malmquist 指数方差分布

（a）按城市名称排序；（b）按投入由高到低排序

假设 2a 未能得到验证的最主要原因可能来自于经济外部性。当决策单元投入量很小时，其技术水平能达到的最大能量很小，因此各能级之间能量相差也很小。此类决策单元所对应的地级市本身一般属于三、四线城市，若其本身具有资源或区位优势，很有可能获得来自一、二线城市的资金投入，这种资金投入将对此类决策单元的技术能量造成强烈的扰动，从而影响观测结果。

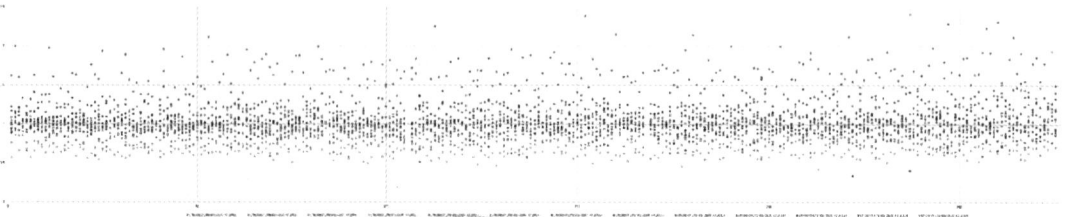

图 4-7　276 个地级市技术效率变动分布

（按资本投入与劳动力投入的乘积由高到低排序）

按照 RD 模型将 DEA-Malmquist 指数分解为 $TE\Delta$、$T\Delta$、$S\Delta$ 三部分，由涉及技术的 $TE\Delta$ 技术效率变动、$T\Delta$ 技术进步分布得到图 4-7、图 4-8。由图 4-7 可以观察到，决策单元技术效率的变动从左端至右端量子性逐渐增加，与图 4-6 得到的相同的结论。由图 4-8 可以观察到，决策单元的技术进步具有阶跃性，明显分布于几个特定的数值 1.6、1.2、0.6 附近，进一步验证了本书提出的量子假设。

使用 Frontier4.1 和 MaxDEA6.13 分别对 2014 年的数据进行分析，并对结果进行比较，得到图 4-9。图中横坐标为 276 个地级市，可以发现，随着投入的减少，两者计算结果逐渐接近。按照假设 2a～2c，将 276 个地级市按资本投入与劳动力投入的乘积由高至低排序，并分为四段：很高、中等、较低、很低，分别包括 16 个、150 个、102 个、18 个地级市。

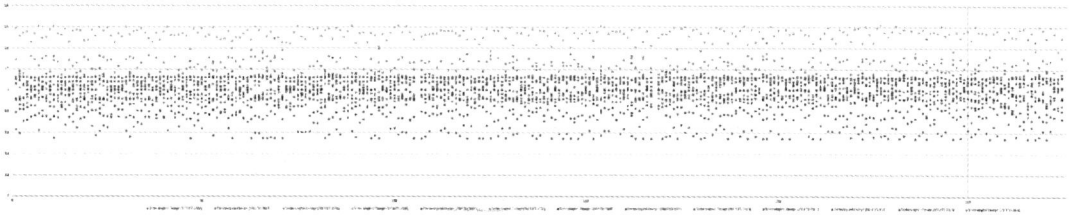

图 4-8　276 个地级市技术进步分布图
（按资本投入与劳动力投入的乘积由高到低排序）

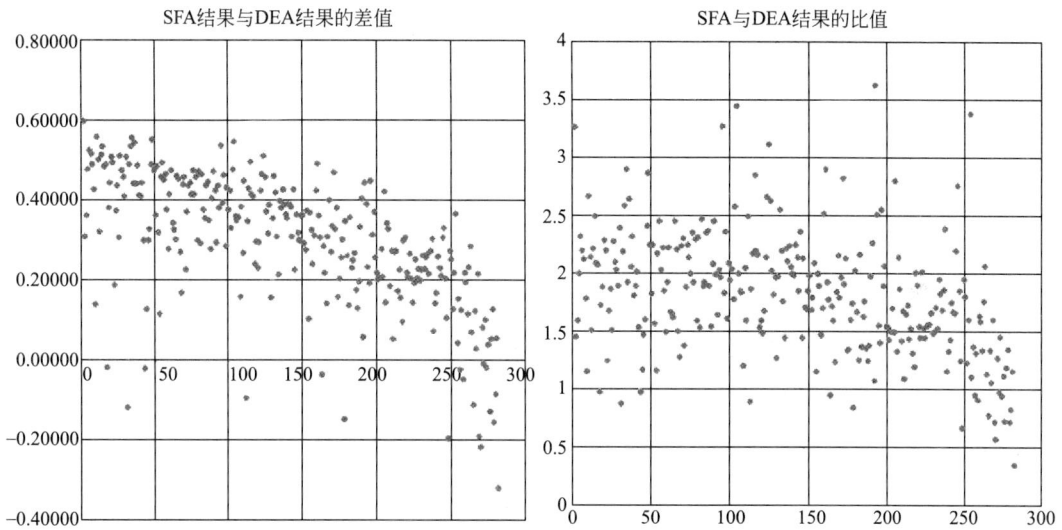

图 4-9　276 个地级市 SFA 与 DEA 方法结果比较
（按资本投入与劳动力投入的乘积由高到低排序）

　　分别对各段作 SFA 和 DEA 分析并进行比较，得到如图 4-10 所示结果，图中 SFA 与 DEA 的计算结果在左端接近，进入中段明显远离，而在右端又收敛在一起，这在一定程度上验证了假设 2a～2c，证明当投入变量较大或较小时；使用 C-D 生产函数进行 SFA 分析的结果更加可靠，投入变量适中时，量子性明显，该方法可能失效。

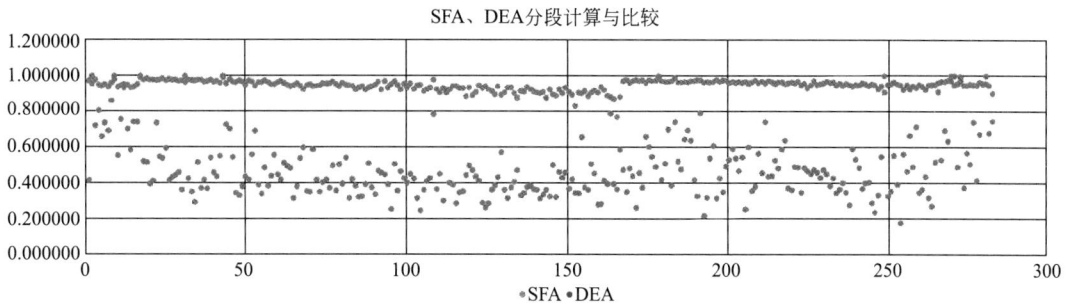

图 4-10　276 个地级市 SFA 与 DEA 分段计算结果比较
（按资本投入与劳动力投入的乘积由高到低排序）

通过以上研究可以发现，C-D 生产函数中的技术部分具有量子特性，在确定的投入组合下，决策单元的技术水平不连续分布，只能处于有限、离散的能级上，反映了国家、区域、企业、团队技术升级中的阶跃性。因此，当决策单元的投入很大或很小时，由于其技术水平分布非常分散或非常集中，C-D 生产函数中的技术部分可以按照经典模型表示为常数，在 SFA 分析中使用经典的 C-D 生产函数可以得到较好的效果，但当决策单元的投入变量适中时，其技术水平分布量子性明显，且由于不同能级之间的能级差适中，相对容易发生技术的跃迁，C-D 生产函数中的技术部分不能用常数表示，且分布非连续不宜对其取对数，应该选择更准确的 C-D 生产函数扩展模型来进行 SFA 的分析和计算。本书虽然构建了量子化的 C-D 生产函数，但如何将其嵌入 SFA 分析当中，嵌入后是否会增加 SFA 分析的难度，并没有进行全面系统的研究，使用 SFA 法进行全要素生产率的量子分解仍存在困难，需要寻找更简单、更易操作的方法进行技术能级的测度。

4.5　小结

在基于技术进步的产业集群量子化模型当中，企业技术能级的跃迁和衰落可以反映集群内知识溢出的强度，标示集群内知识溢出的发生。本章首先建立了全要素生产率与企业技术能级之间的关联，利用薛定谔方程推导出量子扩展 C-D 生产函数中能级项的具体形式。来自城市层面数据的实证研究结果表明，技术进步具有不连续性，使用全要素生产率作为企业技术能级的替代指标可以反映企业与外界之间知识的流动。

第5章 产业集群定位与集群企业技术能级测度

产业集群为知识溢出提供了必要的条件，是知识溢出发生的主要场所，传统的知识溢出研究受限于微观数据的可获得性，多以省际溢出为着眼点，这类研究虽然使用了地理空间数据，但只能将各省的几何中心或省会城市作为各子区域的质心进行研究，对知识溢出的测算结果必然受到影响。本章根据各年《中国区域创新能力报告》对我国区域创新能力、企业创新能力的时空演化进行可视化分析，同时依据空间自相关指数的测算结果选择出有代表性的区域。随后，综合使用现有地理定位手段以及空间核密度分析方法，对代表性区域内的产业集群进行识别和筛选。最后，对选取区域中的样本企业进行企业技术能级的测度，为后续的实证研究提供相关数据支持。

5.1 基于中国区域创新绩效时空演化的研究区域选择

《中国区域创新能力报告》由科学技术部政策法规司自主支持，报告由中国科技发展战略研究小组承担，利用来自《中国统计年鉴》《中国科技统计年鉴》《中国高新技术产业统计年鉴》《中国工业经济统计年鉴》《中国科技论文统计与分析报告》等公开出版的统计年鉴和政府报告，构建了包括区域知识创造能力、区域知识获取能力、区域企业技术创新能力、区域技术创新环境与区域创新绩效能力五方面的综合指标体系，较为全面地反映了省级层面的区域创新情况。本书利用2002～2015年《中国区域创新能力报告》中我国各区域创新绩效指标进行可视化分析，并与空间地理分析结果进行对比，选定有代表性的区域作为本书的研究对象。

5.1.1 中国区域创新绩效时空演化

使用 Arcgis 对我国十一五、十二五、十三五期间区域创新绩效的时空演化情况进行了分析。就整体而言，可以明显地观察到高创新绩效区域正在由东部沿海向中西部区域扩散。具体而言，东北三省创新绩效水平在全国的排名逐年降低，并且高创新绩效区域由2001年的三省份齐头并进逐渐向辽宁省一省集中。北京市、天津市在14年间始终保持很高的创新绩效，但并没有对周边的省份起到明显辐射作用。山东省、上海市、江苏省、浙江省、广东省不仅能够保持很高的创新绩效，而且对周边省份创新绩效的提升起到了明显积极作用；安徽省的创新绩效逐年稳步提升，这很大程度上受到来自长江三角洲地区高创新绩效的影响；自2007年起，高创新绩效区域在南方由广东省向湖南省蔓延，在中部地区由山东省向河南省蔓延。另外湖北省、四川省和重庆市的创新绩效也在逐步提高，能够稳定保持较高的创新绩效。参考王庆喜（2013）的研究[178]，表 5-1 显示了 2001～2015 年我国 31 个省份产业创新活动的空间自相关系数。

各省份创新活动水平的 Moran's I 统计量 　　　　　表5-1

区域创新绩效			企业创新能力		
年份	Moran's I	p-value	年份	Moran's I	p-value
2001	0.0935	0.0876	2001	0.0452	0.3156
2002	0.0573	0.2318	2002	0.1645	0.0106
2003	0.2583	0.0000	2003	0.2295	0.0006
2004	0.0352	0.3841	2004	0.1627	0.0108
2005	0.0662	0.1991	2005	0.1030	0.0801
2006	0.0905	0.1073	2006	0.1320	0.0335
2007	0.0211	0.4922	2007	0.1113	0.0630
2008	−0.0713	0.5810	2008	0.0937	0.1024
2009	−0.0390	0.9065	2009	0.1621	0.0113
2010	−0.0028	0.7145	2010	0.1141	0.0561
2011	−0.1024	0.3287	2011	0.0879	0.1181
2012	−0.0597	0.6930	2012	0.1935	0.0031
2013	−0.0759	0.5411	2013	0.1021	0.0786
2014	−0.0351	0.9482	2014	0.1270	0.0354
2015	−0.0768	0.5346	2015	0.1286	0.0342

区域创新绩效的 Moran's I 系数从 2001 年的 0.0935 降低到 2015 年的 −0.0768，且大多数年份中并没有表现出统计的显著性；企业创新能力的 Moran's I 系数由 2001 年的 0.0452 提升至 2015 年的 0.1286，且大多数年份在 0.05 水平上统计显著。这说明相对于区域整体的创新绩效，31 个省份中企业创新活动在地理空间上有着显著的空间正相关，且其趋势越来越强，这进一步验证了以企业层面作为着眼点研究空间知识溢出的正确性。

以 2013 年为例，对《中国工业企业数据库》中所统计企业的空间分布进行观察，当年中国规模以上企业统计数据超过 33 万条，为降低计算的难度，选取企业总资本占全国规模以上企业总资本 80% 的企业作为样本，共计 39220 个企业。分析结果表明，工业企业是区域经济发展、科技创新的中坚力量，特别是规模以上工业企业的空间分布与区域创新绩效的空间分布总体上保持一致，企业集聚的地区也拥有更高的创新绩效，这再一次说明了研究产业集群与创新绩效作用机制的必要性。

5.1.2 中国企业集聚特征与研究区域选择

利用 Arcgis 中的 Anselin Local Moran′I 算法模块以企业总资本为变量对企业进行聚类和异常值分析，发现了十分值得关注的现象。Anselin（1995）提出的区域莫兰指数在全局莫兰指数的基础上进行扩展[179]，除了能够识别企业在空间中的集聚情况，还增加了对聚类和异常值类型（cluster and outlier type）的分析，该方法认为企业在空间的集聚除了普遍认可的高值集聚（High-High Cluster，H-H 集聚）和低值集聚（Low-Low Cluster，L-L 集聚）之外还包括低值被高值包围（Low-High Cluster，L-H 集聚）和高值被低值包围（High-Low Cluster，H-L 集聚）共计四种形式。当区域产业处于 H-L 集聚的情况下，主导企业在中心区域集中，同时聚集了大量的资源，周边的落后企业虽然聚集的资源量较低，但通过获取来自集聚中心主导企业的外部溢出，特别是知识溢出效应，创新能力可以得到较大的提升，能够保持较高的创新绩效，因此将重点关注呈现 H-L 集聚的产业集群中企业的创新情况。当区域产业处于 H-H 集聚的情况下，主导企业的集聚虽然可以在很大程度上提升了区域的创新能力和创新绩效，但由于主导企业之间为了保持自身竞争力，不会频繁地进行知识的转移和共享，这有可能成为区域内企业整体发展的阻力，因此也将重点关注呈现 H-H 集聚的产业集群中企业的创新情况。

使用 Anselin Local Moran' I 算法模块的分析结果显示，我国工业企业在长江三角洲区域和珠江三角洲区域呈现出显著的 H-L 集聚，区域内部落后企业围绕主导企业选址经营，在充分接受来自主导企业外部溢出的同时，形成了一个创新能力的传导带，将来自集聚中心的创新能量源源不断地输送到地理空间更广阔的周边区域，这也与我国省际创新绩效的分布和辐射情况相吻合。工业企业的分布在北京市、天津市、河北省区域内表现为 H-H 集聚，规模相近的主导企业为了保持自身核心竞争力，会主动抑制向企业外部的知识溢出，这不仅会影响企业与其他主导企业之间的知识流动，也必然导致企业与周边地区内与其不存在竞争关系的落后企业间知识流动频率的降低，主导企业的创新活动表现出明显的封闭性，企业研发投入产生的成果难以向外部扩散，无法产生更大的社会效应，从整体观察，集聚中心与周边的经济活动和创新发展之间不存在明显的相关性。山东省内工业企业的分布情况比较特殊，呈现中部 H-H 集聚、西部 H-L 集聚的态势，从山东省的创新绩效时空演化来看，中部主导企业的集聚使其在创新绩效方面可以长期保持领先地位，而西部主导企业与落后企业的集聚也为其向河南省进行技术扩散提供了通道，而河南省依靠内部的主导企业捕获来自其他省份，主要是山东省的溢出效应，形成新的集聚中心，带动省内的其他落后企业共同发展，形成了相对健康的创新绩效提升路径。

通过对以上海市、浙江省、江苏省为代表的长江三角洲地区单独进行聚类和异常值分析，从更细致的角度对区域内产业集群的结构进行观察，笔者发现虽然从整体上看该区域呈现出 H-L 型集聚的态势，区域内的产业集群根据行业不同分别呈现出 H-L 集聚、H-H 集聚和 H-H、H-L 混合型集聚的状态。因此，本书选择长三角区域作为研究对象，对 H-L 和 H-H 集聚型产业集群中的知识溢出效应进行研究，在验证提出的技术进步量子模型的同时深入探求产业集群中知识溢出效应、吸收能力与企业创新绩效之间的作用机制。

5.2 长三角区域空间数据处理

目前《中国工业企业数据库》已经更新至 2013 年，但由于本书研究内容中涉及创新绩效指标的使用，所需的企业研发投入数据仅在 2005～2007 年企业数据中有所统计[①]，因此本书选择 2005～2007 年的中国规模以上工业企业数据作为起点，首先重点对产业集群创新量子模型进行验证，检验产业集群知识溢出、吸收能力与创新绩效之间的关系；其

---

① 2010 年虽然也统计了相关数据，但由于概念企业的信息以及其他重要数据大量缺失，本书的研究中予以剔除。

次，以 2005～2007 年企业技术能级的变化作为知识溢出的触发条件，在考虑知识溢出效应对创新绩效的影响时滞的情况下考察该时段由产业集群主导企业产生的知识溢出对周边企业 2008～2013 年后续创新绩效演化的影响。

通过对 2005～2013 年《中国工业企业数据库》中内容的梳理，笔者发现其中关于企业变量的原始数据存在部分错误，虽然从总体而言这部分错误数据所占比例较小，但由于本书使用的 DEA-Malmquist 方法对异常数据较为敏感，因此首先需要对其中的奇异样本进行筛除，尽量减少异常数据对检验结果的消级影响。根据谢千里（2008）和汤二子（2012）等[180-181]对样本的筛选方法，进行如下的数据处理工作：①删除变量具有明显统计错误的样本，例如工业产出、总资产等变量出现负值的样本；②数据库中将企业的经营状态分为 5 类，包括正常营业、停业、筹建、撤销和其他，本书仅选择正常营业的样本进行研究；③去除企业员工不超过 10 人的样本；④数据库本身统计的是全部国有以及规模以上非国有的企业，据此去除工业总产值小于 500 万元、固定资产不超过 10 万元以及资产总额不超过 500 万的企业样本。

5.2.1 长三角区域企业数据描述性分析

以上海市为中心，江苏省、浙江省和安徽省部分地区共同组成的长江三角洲地区聚集了大量的工业企业，本书以其中企业分布相对更为集中的上海市、江苏省和浙江省为研究对象，对《中国工业企业数据库》中涉及的企业数量与数据库中的企业总数量进行对比，结果见表 5-2。表中长三角区域规模以上企业数量占全国规模以上企业数量比例长期保持在 30% 左右，在 2008～2010 年达到了整体样本的 35%，可以作为研究产业集群内部微观机制的优质样本。

《中国工业企业数据库》长江三角洲地区企业数量与全国企业总数　　　　　表 5-2

年份	全国企业数	长三角企业数	百分比（%）
2005	271835	87339	32.1294
2006	301961	96399	31.9243
2007	336768	108574	32.2400
2008	411407	140044	34.0403
2009	351797	105864	30.0924
2010	348536	123788	35.5166
2011	302593	82335	27.2098
2012	311314	87843	28.2169
2013	344875	81526	23.6393

长三角地区规模以上工业企业主要分布在国民经济行业大类中的 17（纺织业）、35（专用设备制造业）、39（计算机、通信和其他电子设备制造业）、34（通用设备制造业）、26（化学原料和化学制品制造业）、18（纺织服装、服饰业）、30（非金属矿物制品业）、37（铁路、船舶、航空航天和其他运输设备制造业）、36（汽车制造业）、31（黑色金属冶炼和压延加工业）、40（仪器仪表制造业）等行业。

《中国工业企业数据库》长江三角洲地区企业分行业分布　　　　表 5-3

年份	2005	2006	2007	2008	2009	2010	2011	2012	2013
占比（%）	72.5	72.8	73.5	74.7	76.0	74.1	73.7	73.4	57.1
17	11982	13647	15135	18507	12124	12603	9775	10330	9179
35	9286	10227	11977	16713	10695	9923	8577	9066	4222
39	6393	7095	8199	11263	7877	7668	7184	7655	3658
34	5551	6139	7068	9926	6205	5690	4756	5154	7344
26	5457	5937	6609	8255	5453	5517	5367	5753	5214
18	5356	5914	6645	8099	4801	5774	3444	3625	4744
30	4511	5039	5698	7322	4646	4408	3468	3753	3933
37	4152	4596	5217	6890	4659	4929	4339	4665	1387
36	3758	4197	4807	7091	4431	4443	4101	4505	2848
31	3505	3671	4031	5231	3540	3566	3524	3916	2406
40	3050	3382	4002	4881	3481	4777	3686	3937	1433
19	2361	2572	2784	3058	1932	2307	1584	1713	2153
22	2056	2201	2363	2857	1932	1965	1467	1589	1407
13	1954	2144	2303	2843	1853	1621	1923	2125	2206
42	1768	1991	2317	2583	1616	1656	1327	1468	281
32	1702	1855	2003	2385	1434	1768	1503	1546	1194
24	1655	1745	1974	2201	1323	1506	1013	1115	2296
33	1611	1814	2039	2504	275	1697	1646	1758	5174
20	1497	1690	1947	2740	1389	1169	1392	1651	1738
41	1431	1627	1827	2357	1518	1728	1564	1672	465
23	1332	1422	1580	2021	1387	1340	1010	1078	1086
29	1066	1134	1241	1658	1088	1078	820	879	4036
27	1040	1083	1173	1389	1063	1290	1112	1212	1087
14	897	933	978	1176	810	940	757	809	676
28	840	908	1047	1475	1015	985	1119	1245	1365
21	825	971	1087	1472	955	1027	832	944	909
44	533	561	553	637	504	674	516	538	531
15	531	571	592	688	484	581	408	424	395
46	296	303	294	404	304	345	216	235	225
25	217	241	249	318	201	216	178	194	171
43	187	223	255	398	230	210	266	289	67
45	59	69	77	123	106	102	123	149	146
16	12	12	11	13	11	24	10	10	8
38	0	0	0	0	0	0	0	0	7269

　　从表 5-3 中可以观察到，本书列出的 11 个行业规模以上企业统计样本数占整体统计样本的 72% 以上，图 5-1 绘制了 2005～2013 年《中国工业企业数据库》长三角分行业企业样本数量上的变化，其中 2008 年由于进行了全国产业普查，统计样本数相较于其他年增加了 50% 左右，本书将重点对以上 11 个行业产业集群的创新情况进行研究。

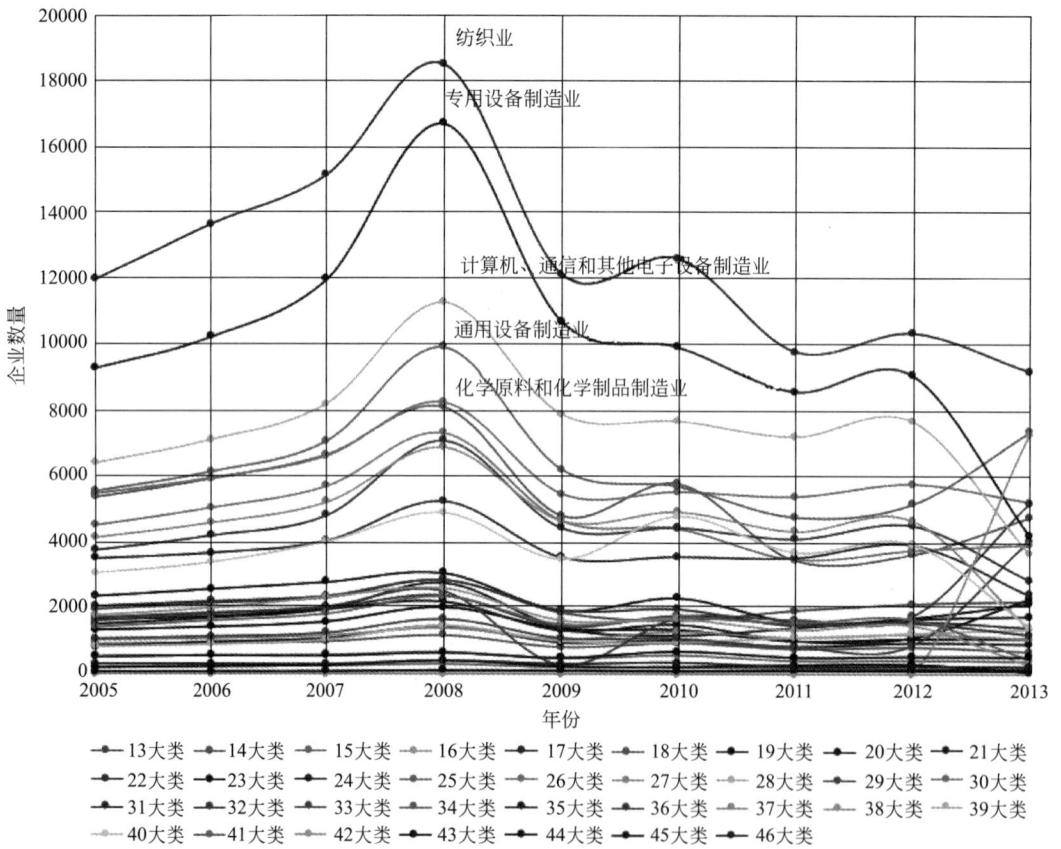

图 5-1 《中国工业企业数据库》长三角地区企业分行业分布

5.2.2 长三角区域企业面板数据构建

根据本书第 2 章提出的产业集群知识溢出量子模型，产业集群中的知识溢出可以分为纯知识溢出和技术追赶两种类型。其中，产业集群纯知识溢出效应是伴随集群主导企业的能级衰减发生的，而技术追赶更多地发生在集群中的跟随企业与主导企业之间，同时要求跟随企业具有一定的知识存量与吸收能力，与主导企业之间的技术差距要小于一定的阈值。产业集群中的知识溢出对集群企业创新绩效的提升需要经过知识溢出接受方对知识溢出的识别、捕获、内化等过程，因此具有一定的时滞性，学者常将这个知识吸收内化的过程设定为 5 年。由于不同的行业之间，不同的时间节点之间企业获取并将知识内化所需要的时间并不确定，设置固定的时滞会限制模型的解释能力和在不同情境下的适用性。产业集群中的知识溢出对企业创新绩效的提升是一个连续的过程，虽然由产业集群主导企业溢出的知识也可能被行业内新加入的企业甚至是其他行业的企业捕获、吸收，但由于产业集群技术边界的存在，行业内新企业与行业外企业很难构建与行业主导企业之间的技术交流渠道，更多的知识是在具有相同技术背景的企业之间流动的，这说明可以利用企业层面的面板数据对产业集群知识溢出效应进行研究。

首先对 2005～2013 年的工业企业数据记录进行匹配，在《中国工业企业数据库》中缺少可以识别每一个样本企业的唯一特征，学者多通过企业代码、企业名称、法人代表姓名、地址、邮编、电话号码、行业代码等变量综合考察。尝试使用 Brandt[182]（2012）公开的 STATA 代码对使用的部分数据进行匹配，但在匹配过程中发现了一些问题。例如，进行多指标模糊匹配的主要目的是避免精确匹配将更换名称的企业视为不同企业，从而错误地识别出过多企业的问题。但是在实际操作中发现，由于数据库中很多企业的地址项填写过于简单，大量只统计到城市、村县、街道等，又例如同一区域的企业可能拥有相同邮编，使得匹配工作效率较低，生成大量中间冗余文件。国内学者使用 Brandt 的代码多生成一个数据量很大的非平衡面板数据，其后还需要对数据进行进一步的筛选、调整。本书的研究内容需要进行 DEA-Malmquist 分析，对面板数据的要求较高，同时，后续研究涉及空间统计分析，会对企业进行进一步的地理定位（Geocoding），因此本书仅使用企业代码、企业名称对 2005～2013 年的企业数据进行匹配，其后通过有效数据筛选、Geocoding 的过程对数据进行纠错和完善。

表 5-4 是构建用于研究的长三角规模以上工业企业面板数据的概况。从表中可以看出，由于选用的匹配方法比较严格，加入面板数据的企业共有 23892 个，仅占各年该区域企业统计总量的 25％ 左右，但通过对样本固定资本、工业产值、员工总数等几个重要指标进行统计分析发现，所选样本在资产和产值两方面均占整体样本对应指标总额的 50％ 以上，员工数量也达到了整体样本的 40％ 以上，在相当的程度上代表了该区域企业的整体发展情况，可作为样本使用。

长三角规模以上工业企业面板数据概况　　　　　　　　　　　　表 5-4

年份	项目	原始数据	面板数据	百分比
2005	企业数量	87339	23892	27.36％
	固定资本	2389659098	1377075743	57.63％
	工业产值	7156652807	3671948498	51.31％
	员工总数	16335017	7267797	44.49％
2006	企业数量	96399	23892	24.78％
	固定资本	2780341504	1508531655	54.26％
	工业产值	8909012026	4479317895	50.28％
	员工总数	17654751	7698945	43.61％
2007	企业数量	108574	23892	22.01％
	固定资本	3180063860	1659353193	52.18％
	工业产值	11176086257	5549323610	49.65％
	员工总数	19553340	8275084	42.32％
2008	企业数量	140044	23892	17.06％
	固定资本	3820877992	1840004448	48.16％
	工业产值	12983417619	6146127089	47.34％
	员工总数	21580017	8553624	39.64％
2009	企业数量	105864	23892	22.57％
	固定资本	3338918794	1957982501	58.64％
	工业产值	10917945837	6233085616	57.09％
	员工总数	16161570	8150371	50.43％

年份	项目	原始数据	面板数据	百分比
2011	企业数量	82335	23892	29.02%
	固定资本	4895464475	2226435254	45.48%
	工业产值	19114369972	8636904054	45.19%
	员工总数	24651844	10630739	43.12%
2012	企业数量	87843	23892	27.20%
	固定资本	4989973858	2198016107	44.05%
	工业产值	20499550579	9062840567	44.21%
	员工总数	26153500	10720256	40.99%
2013	企业数量	81526	23892	29.31%
	固定资本	5476618250	2310146392	42.18%
	工业产值	22418984186	9529913016	42.51%
	员工总数	36602385	13308876	36.36%

注：2010 年的数据当中存在大量企业编号、企业名称缺失的数据项，并且多数本书需要使用到的指标，如员工数量、固定资本、总资本等，存在数据缺失，影响实证研究。因此，在构建面板数据时 2010 年的数据由 2009 年和 2011 年两年数据的平均值求得。

5.3 长三角分行业产业集群定位

5.3.1 产业集群传统识别与分析方法的局限性

目前我国产业集群相关研究主要从大区域层面、省市层面和产业区层面对产业集群进行定位和识别，李琳（2012）参考《中国汽车工业年鉴》上的说明，识别出我国六大典型汽车产业集群，实证研究的结果证明了地理临近对集群演化的显著影响，以及地理异质性会造成相同产业不同集群之间演化路径的差别[183]。毛广雄（2015）使用《中国统计年鉴》《江苏省统计年鉴》和江苏 13 个地市统计年鉴的数据，以产业集聚指数作为产业集群的替代指标对江苏省产业集群化的空间路径进行了研究，识别了 2006～2011 年间江苏省的高新技术转移现象及影响因素[184]。郭曦（2005）使用《中国经济特区开发区年鉴》中的数据对我国当时 47 家国家级经济技术开发区进行了实证研究，梳理出了影响开发区整体竞争力的主要因素[185]。张玲（2013）运用复杂系统适应理论直接对广州会展旅游产业集群的形成和发展过程进行了系统的研究[186]。

通过企业空间集聚识别产业集群的主要目的是为了进一步探究产业集群对区域经济、技术发展和企业技术效率、创新绩效提升的影响，目前的研究大多是通过构建含有集聚指数与其他各因素的生产函数模型，通过 OLS 分析得到回归系数，并在此基础上判断产业集聚是否显著影响区域及周边的经济、技术、技术效率以及影响的方向。连蕾（2015）利用区位熵指数对我国 31 个省市高技术产业的集聚水平进行测算，实证结果显示集聚程度显著正向影响地区的创新效率[187]。王世平（2016）通过对集聚效应和排序效应的对比研究发现，集聚是促进我国城市技术效率提升的主要原因[188]。王丽丽（2012）以空间基尼系数为门限值考察了产业集聚水平与全要素成产率之间的关系，认为集聚水平对全要素生产率的影响具有不连续性，并从整体上呈现倒 U 形关系[189]。尽管使用的集聚指数有所不同，大量的研究均证明我国省、市层面的产业集聚促进了区域经济的发展，并且在演化到过度集聚之前可以在很大程度上提高区域的技术效率和创新水平。

在产业集群内涵不断丰富完善的过程中，企业在地理上的集聚始终是识别产业集群最主要的着眼点。现有研究主要从是否存在集聚与集聚的局部模式两个方面对产业集群进行识别和测量，刘春霞等（2006）和孙慧等（2009）先后对产业集聚水平的测度方法进行了介绍和总结[190-191]，袁海红（2014）等在此基础上指出 Herfindahl 指数、Herschman-Herfindahl 系数、熵指数、Isard 指数、Theil 指数、空间基尼系数、E-G 指数、M-S 指数存在可塑性面积单元问题（MAUP），并且只能用来衡量整体行业的地理集中，不能探测局部集聚模式。基于距离的 K 函数、L 函数及其衍生函数虽然有效避免了 MAUP 效应[192]，但只能测度绝对集中，没有控制总体集聚程度，均不能完全满足 Comb and Overman（2004）提出的产业集聚测度指标应满足的条件[193]。与孟晓晨（2011）利用 M-S 指数[194] 和刘春霞利用 M 函数对北京企业数据进行集聚测算的结果相比，利用 DO 指数方法得到的测算结果既避免了将随机形成的企业集中误判为产业集聚，又可以探测到详细的局部模式，具有一定的先进性。

笔者利用 Arcgis 对《中国工业企业数据库》中上海市 2013 年分行业企业数据进行可视化分析，同时使用行业集中度、Herfindahl 指数、区域基尼系数等基于区域的产业集聚水平测度方法，以及 K 函数、L 函数、D 函数、M 函数等基于距离的产业集聚水平测度方法对该区域产业集群的分布情况进行了系统的分析[195-201]，分析结果表明：①行业集中度的计算仅能代表资源在企业之间分布的集中程度，即垄断程度，但行业内资源没有集中在少数大规模企业中并不代表区域内不存在产业集聚，因此不适合作为产业集群的测度和识别指标；②H 指数在测度单中心的产业集聚现象时可以得到比较精确的结果，但不能识别局部区域的多中心集聚；③区域基尼系数在某些情况下实际上反映的是产业内主导企业在空间上的分散程度，而不是产业在空间上的集中程度，这可能是由于产业组织或区域差异造成的跨产业比较的误差；④K 函数开创性地弥补了传统方法计算产业地理集中度的不足，但由于地质条件的差异性，区域内企业均匀分布的假设本身并不成立，将企业看作点的做法忽略了企业规模对集中度的影响，通过 K 函数测算得出的结论实际上本身通过对地图上点分布情况的观察就可以实现，因此实际意义不大；⑤M 函数以区间内的全部企业作为控制组对 K 函数进行了扩展，不仅考虑了企业规模，还通过某行业邻居的就业人数与范围内所有行业就业人数的比较消除了边界效应，可以用于更为复杂区域的测算，是一种优秀的测度方法。目前对产业集聚、集群识别方法的研究尚不完善，一方面大多数方法重点着眼于产业在空间集中的"程度"，虽然通过加入地理异质性、区域产业整体分布等因素使得方法的精确性、可比较性和解释能力大幅度提升，但在区域经济研究当中仍仅适用于以产业集中程度为自变量考察产业集中程度对区域经济指标的直接影响，不能作为微观视角研究产业集群、集群企业动态演化的工具。

5.3.2　基于空间核密度估计的产业集群识别方法

核密度估计（Kernel Density Estimation，KDE）作为一种非参数估计方法，由于其对函数的形式、解释变量和被解释变量的分布没有过多限制，成为确定或建立回归函数参数表达式的有效工具，目前 KDE 的应用范围已经扩展到诸如经济学、社会学、心理学乃至食品科学等一百余个研究领域当中，国内学者也将 KDE 应用于我国区域经济动态演变、出口贸易以及教育等其他领域的研究中，取得了很好的效果。KDE 中假定服从同分布，可以通过样本对其密度函数 $f(x)$ 进行估计。样本的经验分布函数为：

$$F(x) = \frac{1}{n} \{ X_1, X_2, \cdots X_n \} \tag{5-1}$$

密度函数估计式为：

$$
\begin{aligned}
f(x) &= \frac{[F_n(x+h_n) - F_n(x-h_n)]}{2h} \\
&= \int_{x-h_n}^{x+h_n} \frac{1}{h} K\left(\frac{t-x}{h_n}\right) dF_n(t) \\
&= \frac{1}{nh_n} \sum_{i=1}^{n} K\left(\frac{x-x_i}{h_n}\right)
\end{aligned}
\tag{5-2}
$$

其中 $K(*)$ 为核函数。核密度估计后被使用于地理信息系统（Geographic information system，GIS）的数据可视化分析当中，很好地解决了可塑性面积单元（MAUP）和分析尺度问题[202]，在使用 KDE 进行可视化分析的过程中可以得到一个平滑连续的核密度表面，这有利于对核密度分布的边界进行识别。KDE 的众多优势拓展了其在空间分析中的应用，因此本书将空间核密度估计（Spatial Kernel Density Estimation，SKDE）作为产业集聚效应研究方法中的关键步骤。

Arcgis10.2 空间分析工具中的核密度估计是一阶局部多项式插值法的一个变形，使用一种类似于在用于估算回归系数的岭回归中使用的方法来防止在计算过程中出现不稳定性。SKDE 方法可以使用以下径向对称核函数：指数、高斯、四次式、Epanechnikov、5 阶多项式和常数，核的带宽由观测值周围的矩形确定。由于核函数的选取对和核估计结果的影响远小于带宽的选取，分别使用六种核函数对相同的数据进行可视化分析，最终选择效果最好的 5 阶多项式作为核函数，其具体形式如下：

$$1 - \left(\frac{r}{h}\right)^3 \left(10 - \left(\frac{r}{h}\right)\left(15 - 6\left(\frac{r}{h}\right)\right)\right), for \frac{r}{h} < 1 \tag{5-3}$$

使用 Arcgis 中的 Geostatistical Analyst 工具进行空间核密度估计的整个过程见图 5-2。首先展示了 2001~2008 年上海市规模以上化工企业当年工业总产值核密度分布的演化过程，2001~2004 年期间，由北部沿海—中部—南部沿海三个集聚中心连接形成了工业产值集中带，虽然在东部沿海地区也存在一个核密度中心，但是结合散点图可以发现该中心是由单个企业作用产生的，故不将其视作产业集聚的结果。2005~2008 年期间，当年工业总产值核密度由"三点一线"逐渐演化为以北部沿海和南部沿海两个大规模企业群为主导的"双中心"结构，而中部地区的高产量则可能是由于大量中小规模企业在该地区的集中造成的。

选取企业当年工业总产值作为输出变量，企业当年总资产和企业当年员工总数作为输入变量，使用数据包络分析法（DEA）计算企业的技术效率，通过比较同一时间截面各指标空间核密度分布规律来研究其相互作用机制。以 2001 年为例分别以技术效率、总产值、人均工资、员工总数、总资产为指标生成核密度分布图，加入人均工资作为研究指标是由

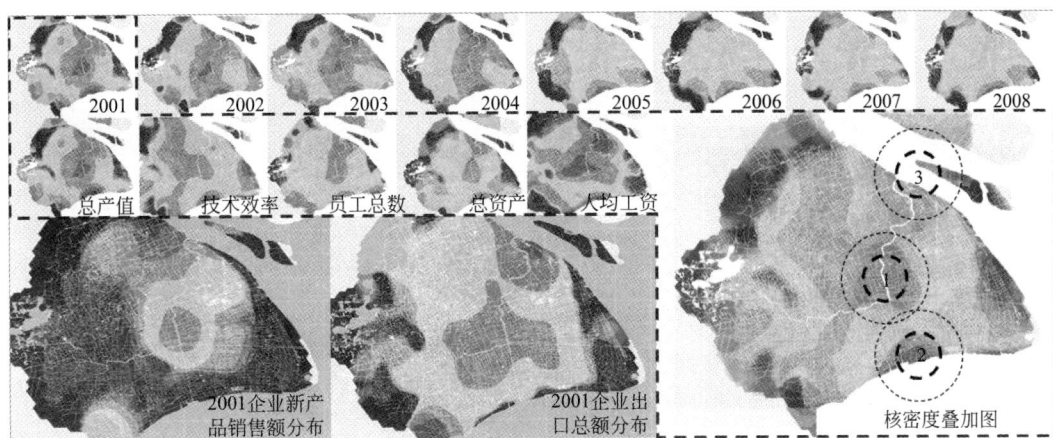

图 5-2　核密度估计值时空演化与多指标比对

于其能在一定程度上代表企业技术人员所占比重，见图 5-2。可以明显地观察到，总产值、总资产、员工总数按照相似的规律分布，其核密度中心均在一条贯穿南北的中心带上并存在南北两个核密度集中点，特别是产值和总资产的分布趋势几乎相同，这说明上海市化工产业在该时间段仍然是依靠生产规模来促进产量。人均工资在南部和北部两个端点处仍与其他指标的集聚保持一致，但在中间部分则发生向西部的偏移，造成中部偏西小范围内高人均工资的原因可能有两个：其一是该区域由于靠近产业集聚的中心地带，获得了由集聚带来的经济、技术等多方面的外部性，使其可以凭借更少的员工完成生产活动，从而提高了该区域企业的人均工资，该区域较高的技术效率在一定程度上佐证了这种推论；其二是该区域的企业为了提高自身竞争力，通过提高员工待遇的方式吸引外界人才加入。图 5-2 中技术效率的空间核密度分布集中在偏西侧的一条中心地带，其南部的端点与产值、员工总数、总资产的空间核密度分布端点相同，但中间部分明显向西侧偏离，这在一定程度上说明产业集群存在外部性，资源投入的核密度中心带对周边企业特别是其西侧的企业产生辐射作用，使得周边企业可以用更低的投入换取更多的回报，即技术效率得到提高。传统的回归方法可以判断集聚中心或产业集群对周边经济发展的影响，但若要通过该方法判断产业集群具体对周边各方向区域的影响则较为复杂，同样需要经过"定位—划分区域—回归分析—比较"的过程，基于软件的空间核密度估计方法可以快速判断产业集聚对周边各方向的大致影响，极大简化了这一过程。

5.3.3　长三角产业集群定位与集群集聚模式的识别

通过 XGeocoding 软件对所研究企业进行地理编码，首先利用 Arcgis 按照所含企业数量由多到少的顺序对选定的 11 个行业进行 Ripleys K 函数分析，对各行业的空间集聚情况进行初步观察，分析结果见图 5-3。图中，本书研究选择的行业在 200km 的范围内均在全局置信带以上，所以在整个考察范围内都表现出集聚趋势。

表 5-5 列出了计算的各行业 K 函数峰值，由于 K 函数是以行业自身企业空间随机分布的情况作为参考，因此行业之间的 K 函数峰值不具有可比性，只能体现本行业内企业集聚

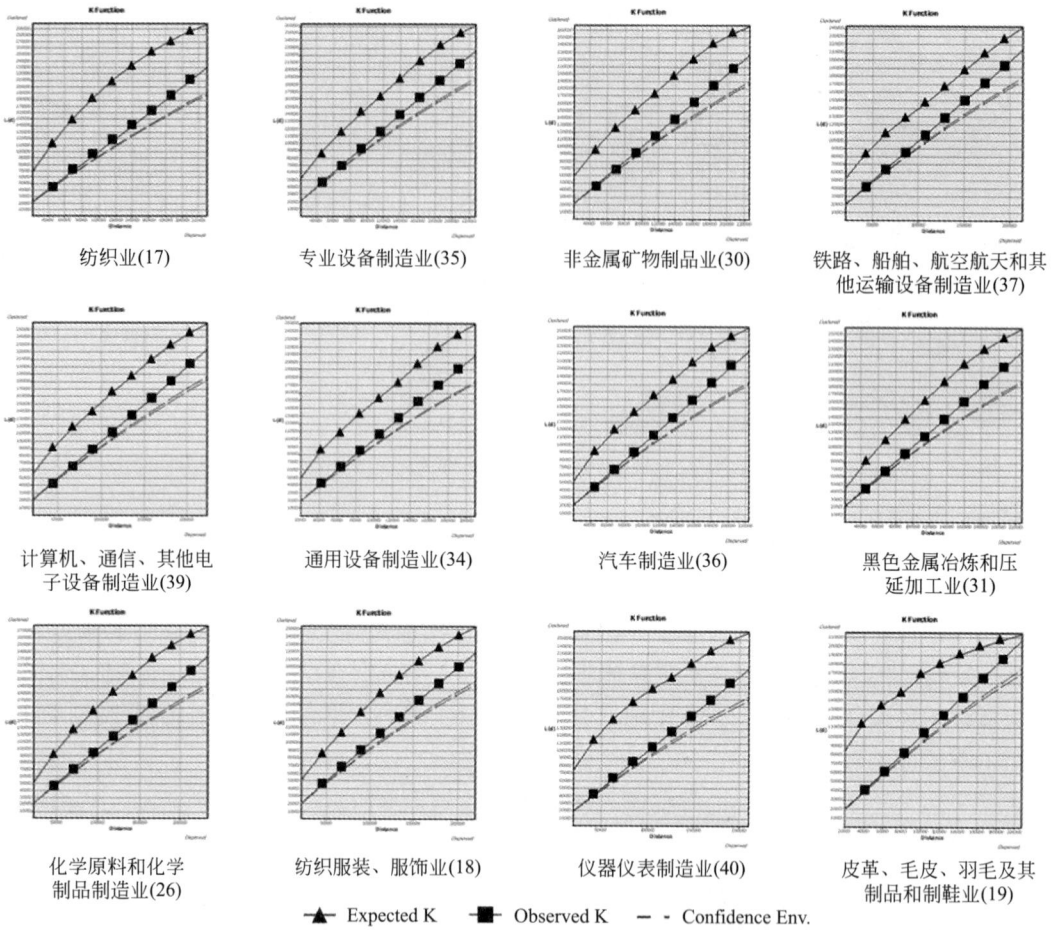

纺织业(17)　　专业设备制造业(35)　　非金属矿物制品业(30)　　铁路、船舶、航空航天和其他运输设备制造业(37)

计算机、通信、其他电子设备制造业(39)　　通用设备制造业(34)　　汽车制造业(36)　　黑色金属冶炼和压延加工业(31)

化学原料和化学制品制造业(26)　　纺织服装、服饰业(18)　　仪器仪表制造业(40)　　皮革、毛皮、羽毛及其制品和制鞋业(19)

▲ Expected K　　■ Observed K　　- - Confidence Env.

图 5-3　研究行业企业空间集聚 K 函数分布

的分布特征。结合 K 函数峰值和峰值出现的空间范围可以发现，除运输设备制造业、汽车制造业和仪器仪表制造业之外，大多数行业空间集聚的峰值出现在 140～160km 的范围内，这说明这三类行业由于其制造的商品具有较强的专业性，对技术资源的需求更大，企业间的协同生产、协同创新活动对企业日常经营十分重要，更加集中的分布态势使企业个体更容易获得来自产业集群的外部性。与其相对应，专用设备制造业和计算机、通信和其他电子设备制造业，空间集聚的峰值分布在一个大的范围区间中，说明这两个行业中的企业虽然也需要来自集群其他企业的技术和其他资源，但受企业自身所处空间位置的影响较小，这一方面可能是由于行业内企业实力分布较平均，加入产业集群并不能够为企业提供更多的外部资源，另一方面则可能是因为行业本身所属领域使用互联网等远程通信方式较多，企业间外部资源的获取，特别是外部知识的获取受空间距离的限制不大。对面板数据涉及的全部企业进行 Ripleys K 函数分析，发现研究区域在 220km 范围内均在全局置信带以上，K 函数峰值出现在 140～180km 的范围内，这进一步说明运输设备制造业、汽车制造业和仪器仪表制造业 60～90km 的 K 函数峰值区间具有一定的特殊性，应当作为后续研究的重点关注行业。

研究行业企业空间集聚峰值距离　　　　　　　　　　表 5-5

代码	行业名称	集聚峰值 K	集聚峰值空间距离(km)
17	纺织业	94256	140
35	专用设备制造业	50882	135～180
39	计算机、通信和其他电子设备制造业	52560	110～160
34	通用设备制造业	49886	165
26	化学原料和化学制品制造业	66017	160
18	纺织服装、服饰业	54101	130
30	非金属矿物制品业	61359	160
37	铁路、船舶、航空航天和其他运输设备制造业	45171	60
36	汽车制造业	51851	90
31	黑色金属冶炼和压延加工业	50793	160
40	仪器仪表制造业	82182	80
19	皮革、毛皮、羽毛及其制品和制鞋业	76602	40～110

利用 Arcgis10.2 中的地理分析（Geostatistical Analysis）工具箱中的含障碍的核差值法和空间统计（Spatial statistic）工具箱中的聚类和异常值分析法对研究区域的产业集群及其集聚方式进行识别。首先，以专用设备制造业（国民经济行业代码 35）为例，对识别过程做简单说明，计算结果见图 5-4。

以研究企业样本各年的总资产为参数进行核密度分析的结果表明，专用设备制造企业主要集中在长三角区域的中部（包括上海市的中部和西部地区、江苏省的南部地区、浙江省的北部地区）以及浙江省的东南沿海地区，各区域总资产的强度在不同时点的分布不断变化，但资产在空间中的总体分布变化不大。随后，同样以研究企业样本各年的总资产为参数进行 Anselin Local Moran I 分析，该方法在 2005 年共识别出 9 个具有不同集聚中心的集群，其中 2 号和 7 号产业集群属于 H-H 集聚型产业集群，其他 7 个产业集群属于 H-L 集聚型产业集群。

对 2005 年的测算结果与 2013 年的测算结果进行对比分析可以发现，由于使用的是面板数据，无法观察到区域内新企业的加入和老企业的退出，产业集群的空间特征在 9 年间变化并不明显，但通过对 2005～2013 年选定区域企业样本的观察，仍然可以观察到产业集群随时间的演化过程。发生变化的区域包括 2、3、4、5、8，各区域的变化形式主要有：①集聚中心转移。2005 年区域 8 在北部存在以宁波特克轴承有限公司为集聚中心的 H-L 集聚型产业集群，但在 2006～2009 年间区域内企业总资产的分布较为平均，仅存在空间上的集聚，而在 2011～2013 年期间在区域的南部出现了以宁波东力传动设备有限公司为集聚中心的 H-L 集聚型产业集群，也可以理解为产业集群集聚中心的转移；②集聚中心企业短期波动。以南京汽轮电机（集团）有限责任公司、南京高精齿轮集团有限公司为 H-L 型集聚中心的 2 号产业集群，以常柴股份有限公司、张家港市富瑞锅炉容器制造有限公司、江苏国茂泰减速机集团有限公司为 H-L 型集聚中心的 3 号产业集群，西子奥的斯电梯有限公司为 H-L 型集聚中心的 4 号产业集群，以浙江三花控股集团有限公司为 H-L 型集聚中心的 5 号产业集群在 9 年间都出现过集聚中心丧失显著性无法识别的情况，造成这种情况的原因：一方面可能是由于集聚中心周边企业发展的结果，另一方面也可能代表着集聚中心企业的衰落，具体情况还需要更加深入的分析。

笔者使用同样方法识别 11 个行业中的产业集群，综合考虑集群规模与空间集聚程度，共识别出 38 个产业集群，集群具体分布见图 5-5。其中纺织业产业集群 6 个，纺织服装服

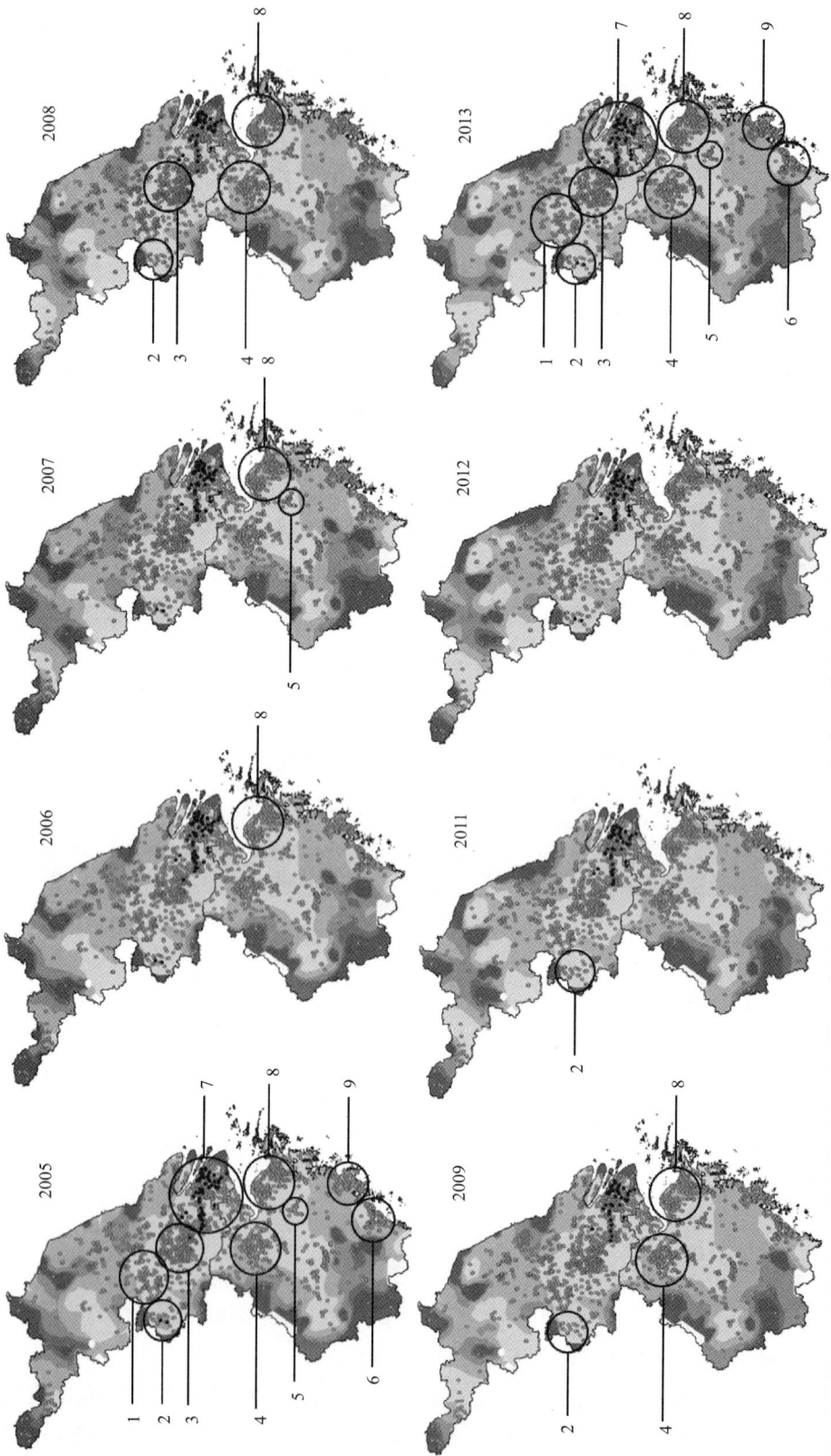

图 5-4　专用设备制造业（35）2005～2013 年产业集群演化与识别

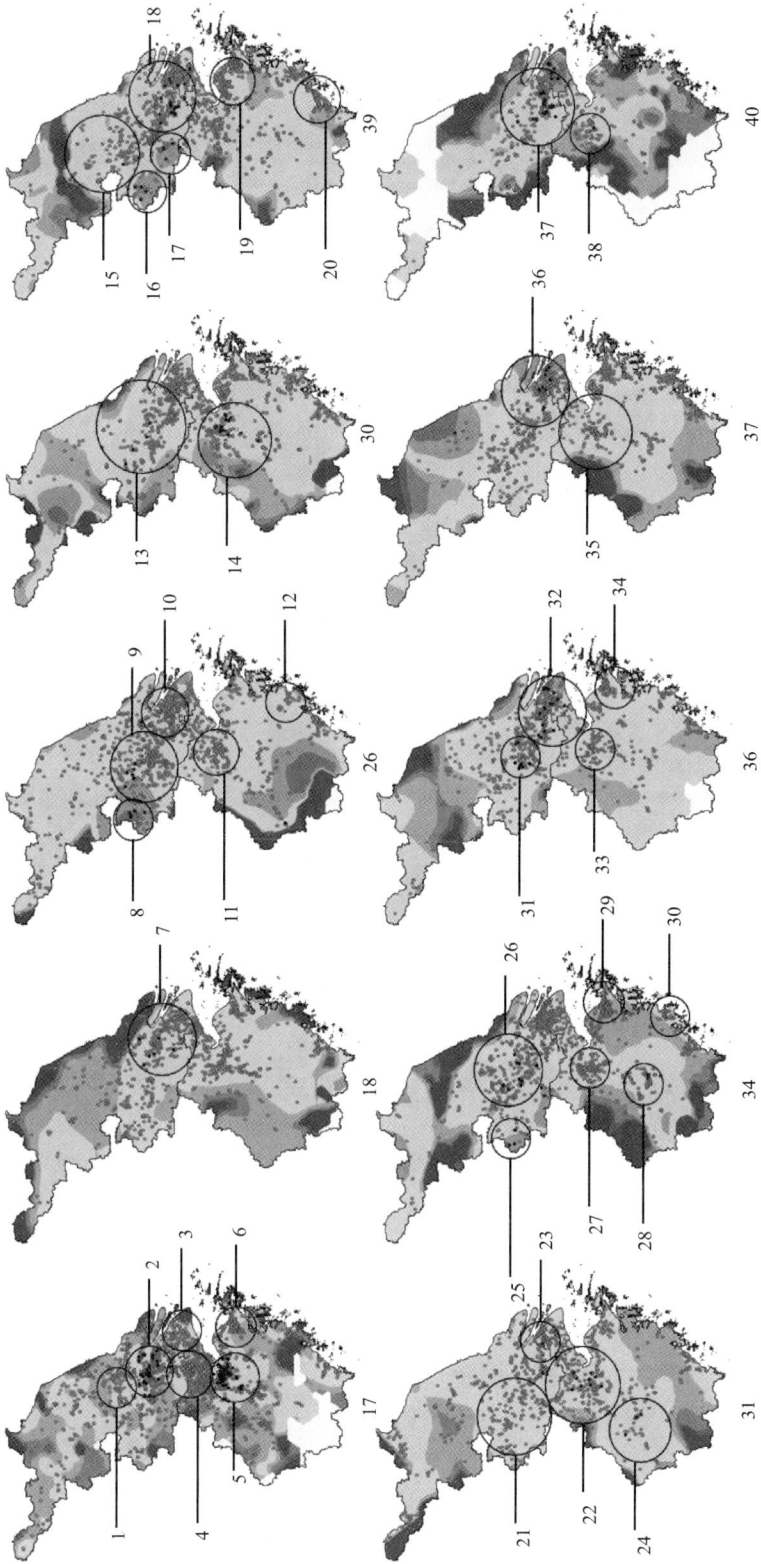

图 5-5 长三角选取样本分行业产业集群识别

饰业 1 个，化学原料和化学制品制造业 5 个，非金属矿物制品业 2 个，计算机、通信和其他电子设备制造业 6 个，黑色金属冶炼和压延加工业 4 个，通用设备制造业 6 个，汽车制造业 4 个，铁路、船舶、航空航天和其他运输设备制造业 2 个，仪器仪表制造业 2 个。随后，对识别出的产业集群进行编码和统计汇总，见表 5-6。

分行业产业集群编码 表 5-6

集群编号	集群代码	企业数量	代表企业	集聚中心	集聚形式
1	17a	206	海安县华强纺织有限公司 鑫缘茧丝绸集团股份有限公司 南通强生轻工集团有限公司 江苏泰达纺织有限公司	多中心	H-L
2	17b	621	江苏阳光集团有限公司 江苏澳洋实业(集团)有限公司 黑牡丹(集团)股份有限公司 江苏骏马集团有限责任公司	多中心	H-H
3	17c	88	上海海欣集团股份有限公司	单中心	H-L
4	17d	797	吴江市盛虹印染有限公司 台华特种纺织(嘉兴)有限公司 吴江市化纤织造厂 湖州振兴阿祥集团有限公司	多中心	H-L
5	17e	620	浙江永利实业集团有限公司 浙江古纤道新材料有限公司 绍兴县稽山集团有限公司 浙江越红控股集团有限公司	多中心	H-H
6	17f	182	宁波博洋纺织有限公司 宁波布利杰针织集团有限公司	单中心	H-L
7	18a	175	海澜集团公司 江苏波司登股份有限公司 红豆集团有限公司	多中心	H-H
8	26a	63	扬子石化—巴斯夫有限责任公司 红太阳集团有限公司	单中心	H-H
9	26b	366	江苏三木集团公司 中外合资镇江奇美化工有限公司 江苏华昌集团有限公司	多中心	H-H、H-L 混合
10	26c	284	如新(中国)日用保健品有限公司 上海氯碱化工股份有限公司 上海华谊丙烯酸有限公司	多中心	H-L
11	26d	160	玫琳凯(中国)化妆品有限公司 杭州龙达差别化聚脂有限公司	单中心	H-L
12	26e	33	浙江联化科技股份有限公司	单中心	H-L
13	30a	160	申达集团有限公司 扬州亚普汽车塑料件有限公司 江苏蝙蝠塑料集团有限公司 江南百兴集团有限公司	多中心	H-H
14	30b	129	浙江大东南集团有限公司 浙江欧亚薄膜材料有限公司	多中心	H-H

续表

集群编号	集群代码	企业数量	代表企业	集聚中心	集聚形式
15	39a	191	大全集团有限公司 春兰(集团)公司	多中心	H-H、H-L 混合
16	39b	21	南京南瑞集团公司	单核心	H-H
17	39c	38	无锡江南电缆有限公司 江苏上上电缆集团有限公司 无锡市沪安电线电缆有限公司	多中心	H-H
18	39d	572	江苏双良集团有限公司 亨通集团有限公司 江苏中利科技集团有限公司 无锡江南电缆有限公司	多中心	H-H
19	39e	350	卧龙控股集团有限公司 宁波奥克斯空调有限公司 世纪阳光控股集团有限公司 宁波太阳能电源有限公司	多中心	H-L
20	39f	215	德力西集团有限公司 人民电器集团有限公司 兴乐集团有限公司 天正集团有限公司	单中心	H-L
21	31a	141	嘉新京阳水泥有限公司 江苏鹤林水泥有限公司 江苏建华管桩有限公司 常州市长海波纤制品有限公司	多中心	H-L
22	31b	232	巨石集团有限公司 杭州诺贝尔集团有限公司 杭州诺贝尔陶瓷有限公司	多中心	H-H
23	31c	151	上海建工材料工程有限公司 必成玻璃纤维(昆山)有限公司 康宁(上海)有限公司 上海市建筑构件制品有限公司	多中心	H-H、H-L 混合
24	31d	43	浙江红狮水泥股份有限公司 浙江尖峰集团股份有限公司 建德市红狮水泥有限公司 建德海螺水泥有限责任公司	多中心	H-H
25	34a	22	南京大吉铁塔制造有限公司 南京造币厂	多中心	H-H
26	34b	371	常州天合铝板幕墙制造有限公司 江苏兴达钢帘线股份有限公司 江苏新华昌集团有限公司 南通虹波重工有限公司	多中心	H-H
27	34c	138	浙江协和薄钢科技有限公司 浙江华东轻钢建材有限公司 杭州西子孚信科技有限公司 杭州盛达铁塔有限公司	单中心	H-L
28	34d	133	群升集团有限公司 步阳集团有限公司 步阳集团有限公司 南龙集团有限公司	单中心	H-H

集群编号	集群代码	企业数量	代表企业	集聚中心	集聚形式
29	34e	187	宁波新华昌运输设备有限公司 宁波明欣化工机械有限责任公司 宁波中集物流装备有限公司 宁波永发集团有限公司	多中心	H-L
30	34f	49	温州市泰昌铁塔制造有限公司 温州博德真空镀铝有限公司 浙江洁瓴实业有限公司	单中心	H-L
31	36a	144	现代(江苏)工程机械有限公司 常林股份有限公司 小松常林工程机械有限公司 常州宝菱冶金设备制造有限公司	多中心	H-H
32	36b	229	上海重型机器厂有限公司 昆山市三一重机有限公司 久保田农业机械有限公司 苏州碧迪医疗器械有限公司	多中心	H-H
33	36c	103	菲达集团有限公司 天洁集团有限公司 浙江杭钻机械制造股份有限公司 泰尔茂医疗用品有限公司	单中心	H-L
34	36d	81	宁波市海达塑料机械有限公司 宁波精达机电科技有限公司 宁波连通设备制造有限公司	单中心	H-L
35	37a	120	浙江亚太机电股份有限公司 索密克汽车配件有限公司 杭州矢崎配件有限公司 浙江远翅塑料有限公司	单中心	H-L
36	37b	252	上海大众汽车有限公司 上海通用汽车有限公司 联合汽车电子有限公司	多中心	H-H
37	40a	510	达功(上海)电脑有限公司 上海贝尔阿尔卡特股份有限公司 中芯国际集成电路制造有限公司 无锡尚德太阳能电力有限公司	多中心	H-H
38	40b	86	杭州海康威视数字技术有限公司 杭州华为三康技术有限公司 浙江大华技术股份有限公司 浙江衢州创亿光电设备有限公司	单中心	H-H
39	35a	253	江苏扬力集团有限公司 江苏林海动力机械集团公司 江苏泰隆机械集团公司 江苏亚威机床有限公司	多中心	H-L
40	35b	42	南京汽轮电机有限责任公司 南京高精齿轮集团有限公司 南京奥特佳冷机有限公司 马勒发动机零件有限公司	单中心	H-H

集群编号	集群代码	企业数量	代表企业	集聚中心	集聚形式
41	35c	360	江苏通润机电集团有限公司 无锡华光锅炉股份有限公司 张家港富瑞锅炉容器制造有限公司	多中心	H-H、H-L 混合
42	35d	267	西子奥的斯电梯有限公司 浙江富春江水电设备有限公司 杭州前进齿轮箱集团有限公司	单中心	H-L
43	35e	170	人本集团有限公司 黎明液压有限公司 大众阀门集团有限公司 伯特利阀门集团有限公司	单中心	H-L
44	35f	459	上海振华港口机械股份有限公司 通力电梯有限公司 迅达(中国)电梯有限公司 龙工(上海)机械制造有限公司	多中心	H-H
45	35g	393	宁波东力传动设备有限公司 海申机电总厂 宁波更大集团有限公司 金丰(中国)机械工业有限公司	多中心	H-L
46	35h	180	浙江中马机械有限公司 温岭市明华齿轮有限公司 浙江西菱台钻制造有限公司 浙江丰立机电有限公司	单中心	H-L

注：通过聚类与异常值分析得出的结果有时并不能完整地给出区域内集聚中心的数量，因此在软件测算之后通过人工方式对产业集群内集聚中心的数量进行了二次核对，并最终整理得到表 5-6。其中，集群代码前两位数字代表产业集群所属行业，字母用以区别同行业中不同的产业集群。

5.4 企业技术能级的测定

5.4.1 变量度量与数据说明

对长三角地区中 21170 个规模以上企业进行系统抽样，选取其中的 212 家企业 2001～2013 年的数据为样本逐年估计 TFP 及企业技术能级。蔡虹（2005）借鉴永续盘存法，根据研究开发投资额和科技经费支出额估计了我国截至 2001 年的技术知识存量，加入技术引进后分别相当于 558 亿美元和 931 亿美元[203]，占当年全国 GDP 比重的 4.6% 和 7.7%，其后，利用相同的方法进一步估算了我国八大区域 1985～2004 年的自主技术知识存量[204]。邓明（2009）以专利作为知识代表性指标对我国各省狭义技术知识存量进行了估计[205]。由于数据的不可获得性，这些研究都停留在国家和省的层面，对企业层面技术知识存量的直接估计有相当的难度。我国企业中无形资产占比较低，以无形资产比例相对较高的上市公司为例，截至 2011 年我国上市公司无形资产总量为 10649 亿元，仅占总资产的 4.73%，而欧美地区国家在 2008 年和 2009 年处于金融危机的情况下，其上市公司仍然能保持 20% 以上的无形资产份额。蔡虹（2005）的研究表明，在考虑大中型工业企业技术引进经费支出额的情况下，我国省级层面技术投入与产出之间呈现出更为显著的正相关关系，说明我国的技术知识存量有相当一部分来自于发达国家的溢出，自主研发能力与发达国家相比仍有较大差距。《中国规模以上工业企业数据库》中提供了部分企业无形资产的统计数据，对统计较为全面的 2001～2005 年数据进行观察（其中 2003 年的数据库中缺失无形资产统计量），观察结果见表 5-7。通过观察可以发现，含无形资产记录的企业数量仅占总企业数量的 30% 左右，大量企业无形资产记录为 0，含记录企业中无形资产占企业总资产的比例仅为 4%，若将全部企业纳入考察范围则我国规模以上企业无形资产占企业总资产的比例低于 3%。因此，以无形资产为代表的企业技术知识存量对经济体质量的影响并不显著。

2001～2005 年中国规模以上工业企业无形资产占企业总资产比例　　　　表 5-7

年份	含记录企业数	总企业数	含记录企业无形资产占比	全部企业无形资产占比
2001	45326	169031	3.85%	2.49%
2002	51070	181557	4.06%	2.71%
2004	90895	276474	4.19%	2.83%
2005	88176	271835	4.03%	2.76%

参照王艺明（2016）的研究，将影响企业产出的投入要素分为资本和劳动，表 5-8 对所设变量的定义进行了说明。其中，企业工业总产值、企业固定资本存量均使用当地固定资产形成价格指数以 2001 年为基期进行平减，《中国规模以上工业企业数据库》分别提供了企业年末从业人员数和企业年平均从业人员数，本书认为企业年平均从业人员数反映了企业一个时期内对劳动力的使用情况，因此更适合作为衡量企业劳动投入的指标。

主要变量定义　　　　表 5-8

变量名称	变量代码	变量定义
企业产出	$Lnpro$	企业工业总产值，来自《中国规模以上工业企业数据库》，取对数
资本投入	$Lncap$	企业固定资本存量，来自《中国规模以上工业企业数据库》，取对数
劳动投入	$Lnlab$	企业年平均从业人员数，来自《中国规模以上工业企业数据库》，取对数

表 5-9 为各变量原始数据的描述性统计。在宏观经济的研究中，对数据建立回归模型之前，需要对其平稳性进行检验，以避免出现伪回归，通过协整检验的数据所建立的回归模型才具备经济上的意义。利用 Eviews 9 对变量 $Lnpro$、$Lncap$、$Lnlab$ 的平稳性及协整性进行检验。

变量描述性统计　　　　表 5-9

变量	均值	标准差	JB统计量	中位数	P值
$Lnpro$	11.2245	1.2078	65.4517	11.0562	0.0000
$Lncap$	9.4707	1.4883	15.1129	9.3865	0.0005
$Lnlab$	5.3473	0.9839	389.3397	5.3613	0.0000

首先对各变量进行面板数据的单位根检验，检验结果如表 5-10 所示。原始序列中企业产出 $Lnpro$ 和劳动投入 $Lnlab$ 没有通过面板单位根检验，即原始序列是非平稳的。但所有变量的一阶差分序列都在 1% 显著性水平上通过了单位根的 4 种假设检验，即所有变量

的一阶差分都是平稳的，可以做面板数据协整检验。为此，进一步对模型变量之间的关系进行协整检验，检验结果如表 5-11 所示。

各变量面板数据单位根检验结果　　　　表 5-10

变量	LLC	IPS	ADF	PP	结论
$Lnpro$	−10.1201 ***	11.7866	407.579	642.273 ***	非平稳
$\triangle Lnpro$	−30.1251 ***	−21.7635 ***	1385.25 ***	1486.89 ***	平稳
$Lncap$	−24.6700 ***	−5.40738 ***	1203.03 ***	1236.05 ***	平稳
$\triangle Lncap$	−31.6287 ***	−15.9338 ***	1080.53 ***	1255.25 ***	平稳
$Lnlab$	1.7481	11.9064	402.986	431.296	非平稳
$\triangle Lnlab$	−51.4196 ***	−39.4045 ***	2224.48 ***	2730.73 ***	平稳

注：*、**、*** 分别表示在 10%、5% 和 1% 的显著水平。

模型 Pedroni 协整检验结果　　　　表 5-11

检验形式	Statistic	Prob.
Panel PP	−31.9452	0.0000
Panel ADF	−11.0490	0.0000
Group PP	−48.9075	0.0000
Group ADF	−11.8049	0.0000

Pedroni 协整检验结果显示，模型 Panel PP、Panel ADF、Group PP 和 Group ADF 对应的 P 值都低于 0.01，均通过"存在协整关系"的假设检验，说明各影响因素与企业产出存在着均衡关系，且模型不存在伪回归的现象，可以进行面板回归分析。表 5-12 中模型的 KAO 检验显著性概率 P 值为 0.0000，小于 0.01，在 1% 显著性水平上通过了检验，进一步证明模型的变量之间存在协整关系，可以做面板数据的协整回归分析。

模型 KAO 检验结果　　　　表 5-12

Kao Residual Cointegration Test		
	t-Statistic	Prob.
ADF	−18.4409	0.0000
Residual variance	0.004991	
HAC variance	0.006466	

5.4.2　基于改进索洛残差法的企业技术能级测算

面板数据的个体固定效应回归结果如表 5-13 所示。估计结果中所有变量的系数都是显著的，模型拟合效果较好。其中，$Lncap$、$Lnlab$ 与 $Lnpro$ 之间的回归系数均显著为正，说明企业资本投入、劳动投入的增加对企业产出具有显著的正向影响。

个体固定效应回归结果　　　　表 5-13

Dependent Variable:$Lnpro$ Sample:2001-2014	Method:Pooled Least Squares Total pool(unbalanced)observations:2750			
Variable	Coefficient	Std. Error	t-Statistic	Prob.
$Lncap$	0.4265	0.0067	69.8364	0.0000
$Lnlab$	0.3873	0.0049	94.1611	0.0000
C	5.0456	0.0088	166.8326	0.0000

Dependent Variable:Lnpro	Method:Pooled Least Squares	
Sample:2001-2014	Total pool(unbalanced)observations:2750	
R-squared	0.9842	Mean dependent var	11.2245
Adjusted R-squared	0.9830	S. D. dependent var	1.2078
S. E. of regression	0.1319	Akaike info criterion	−1.1437
Sum squared resid	56.5607	Schwarz criterion	−0.6925
Log likelihood	2264.2660	Hannan-Quinn criter.	−0.9827
F-statistic	793.0923	Durbin-Watson stat	0.3371
Prob(F-statistic)	0.0000		

注：Hausman 检验卡方统计量为 447.595939，对应的显著性概率 P 值为 0.0000，小于 0.1，接受"建立个体固定效应模型"的假设，选用固定效应模型进行估计。

研究选取的规模以上工业企业总体而言还是以资本投入为主导，同时受到劳动力投入的制约，模型的判决系数为 0.984231，调整后的判决系数为 0.982990，模型 F 检验值为 793.0923，F 检验对应的显著性概率 P 值为 0，在 1% 显著性水平上通过了 F 假设检验，说明模型拟合效果较好。从模型回归结果来看，$Lncap$ 与 $Lnpro$ 呈现出显著的正相关关系，回归系数为 0.4265，在 1% 显著性水平上通过了 T 假设检验，即企业固定资本存量每上升 1 个百分点，企业工业产值就上升 0.4265 个百分点，企业固定资本存量的增加对企业工业产值具有显著的正向影响作用；$Lnlab$ 与 $Lnpro$ 呈现出显著的正相关关系，回归系数为 0.3873，在 1% 显著性水平上通过了 T 假设检验，即劳动力投入每上升 1 个百分点，企业工业产值就上升 0.3873 个百分点，劳动力人数的增加对企业工业产值同样具有显著的正向影响作用。

可以看到，资本投入仍然是影响我国规模以上工业企业工业总产值的主导因素，企业工业总产值同时受到劳动力规模的制约。主要目的是对我国企业的技术能力进行测度和分级，所以排除技术溢出等外部因素对产出的影响，利用公式：

$$P_{i,t} = N_{i,t}K_{i,t}^{\alpha}L_{i,t}^{\beta} \tag{5-4}$$

可以计算出 i 企业第 t 年的技术能级项 $N_{i,t}$，其中：

$$N_{i,t} = \frac{1}{\hat{h}^2} \cdot \left(2 - \frac{1}{n_{i,t}^2}\right) \tag{5-5}$$

通过计算得到 2001~2013 年 13 年间 212 个规模以上工业企业能级项，$N_{i,t}$ 随着能级 $n_{i,t}$ 的提升而增大。对能级项的总体分布按区间进行统计，如图 5-6 所示。

图 5-6 中横轴为能级项，纵轴为 $\Delta N_{i,t} = 1$ 区间内企业的数量，可以看到在 $N_{i,t} = 400$ 附近存在一个明显的波峰。假定大多数企业处于基态技术能级，基态时的技术能量为 1，对计算得到的技术能级项标准化：

$$\frac{1}{\hat{h}^2} \approx 400, \left(2 - \frac{1}{n_{i,t}^2}\right) = \frac{N_{i,t}}{400} \tag{5-6}$$

由于 $(2 - 1/n_{i,t}^2)$ 与能级 $n_{i,t}$ 的变化趋势相同，表 5-14 中列出了 13 个有代表性企业标准化技术能级的计算结果。通过折线图观察技术能级变化的两种典型路径，其中图 5-7（a）为技术能级的提升路径，图 5-7（b）为技术能级的衰落路径。2001~2013 年期间，企业 DMU07611 的技术能级稳定提升，从总体趋势来看，其正在由原有技术能级向更高

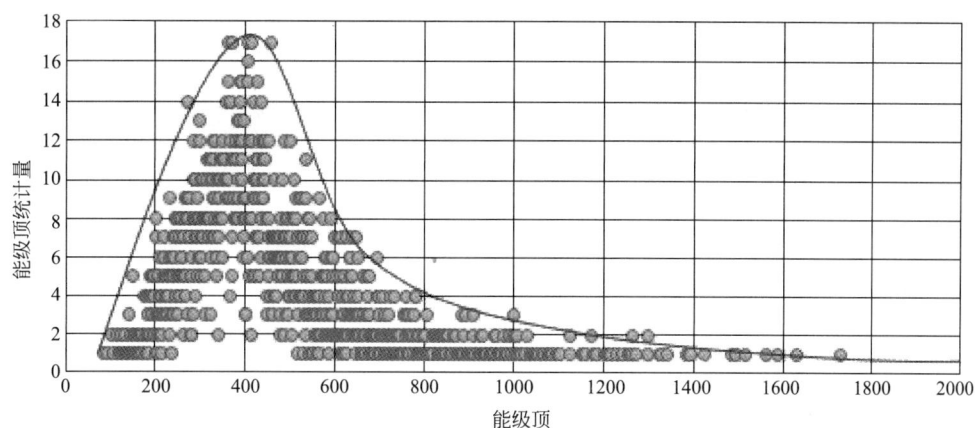

图 5-6　选取企业能级项区间分布

能级跃迁的过程当中，处于临近能级之间的不稳定状态。企业 DMU76122 在 2001～2004 年没有明显的技术能级提升，在基态能级附近做小范围的调整，2004～2011 年是其整体能级跃迁的过程，2011～2014 年则进入新的平稳期，完成技术能级的跃迁，进入相对稳定的激发态。类似地，企业 DMU47396 在 2001～2004 年技术能级有所衰落，由 2005 年起则进入新的发展阶段，并于 2010 年完成第一阶段的技术能级跃迁，2011 年至今，其技术能级继续稳固提升，始终处于活跃的激发态。企业 DMU16018 在 2004 年之前与企业 DMU47396 处于相近的技术能级，并在该能级附近做调整，2004 年起技术能力得到大幅度的提升，并保持高速发展至今，技术能级在 4 个企业中保持领先。

代表性企业标准化技术能级　　　　　　　　　　　　　　表 5-14

企业编号	2001	2002	2003	2004	2005	2006	2007
DMU07611	1.7483	1.9165	2.0378	2.2666	2.5404	2.6828	2.9190
DMU76122	1.2511	1.2764	1.2816	1.2870	1.8642	2.0100	2.0834
DMU47396	2.6225	2.4039	2.3864	2.3888	2.6061	2.7134	2.8068
DMU16018	2.7005	2.4817	2.5710	2.4755	2.9520	3.0122	3.1477
DMU76896	1.5492	1.5519	1.6019	1.5772	1.6155	1.5934	1.6448
DMU63434	2.1805	2.0688	2.0106	1.9226	1.9073	1.8816	1.9370
DMU45361	1.5865	1.6373	1.6145	1.5978	1.5624	1.8550	1.8877
DMU46289	1.9598	1.7678	1.6000	1.5729	1.5690	1.5712	1.6195
DMU13291	1.9166	1.7731	1.7543	1.7762	1.6986	1.7540	1.7990
DMU01144	2.5123	2.2433	2.1991	2.0416	1.6693	1.6475	1.6607
DMU76154	3.4731	2.8753	2.7511	2.6564	2.3056	2.2268	2.2000
DMU28676	2.6086	2.3862	2.2671	2.4637	2.0973	1.9346	1.9366
DMU65537	2.6917	1.6701	1.4357	1.2763	1.2029	1.1733	1.1185
企业编号	2008	2009	2010	2011	2012	2013	
DMU07611	3.0151	3.1676	3.3125	3.5521	3.7253	3.7694	
DMU76122	2.2145	2.3231	2.3972	2.5079	2.5118	2.5007	
DMU47396	2.8873	3.096	3.2338	3.2317	3.2388	3.4516	
DMU16018	3.2393	3.3030	3.4616	3.7023	3.9571	4.0607	
DMU76896	1.6141	1.6788	1.7336	1.7731	1.9083	1.8749	
DMU63434	1.9729	1.9696	1.9307	1.9465	2.0289	2.0283	

企业编号	2008	2009	2010	2011	2012	2013	
DMU45361	1.8079	1.7370	1.8445	1.8897	1.8158	1.8978	
DMU46289	1.6848	1.7435	1.7293	1.7643	1.8894	2.0773	
DMU13291	1.8386	1.9916	1.8993	1.7699	1.7289	1.7755	
DMU01144	1.6404	1.6589	1.6494	1.6200	1.6115	1.6198	
DMU76154	2.1576	2.1557	2.0978	2.0372	2.0499	2.0137	
DMU28676	1.9479	1.8466	1.8763	1.7057	1.4999	1.4353	
DMU65537	1.0064	1.1408	1.1322	1.0873	1.1202	1.0090	

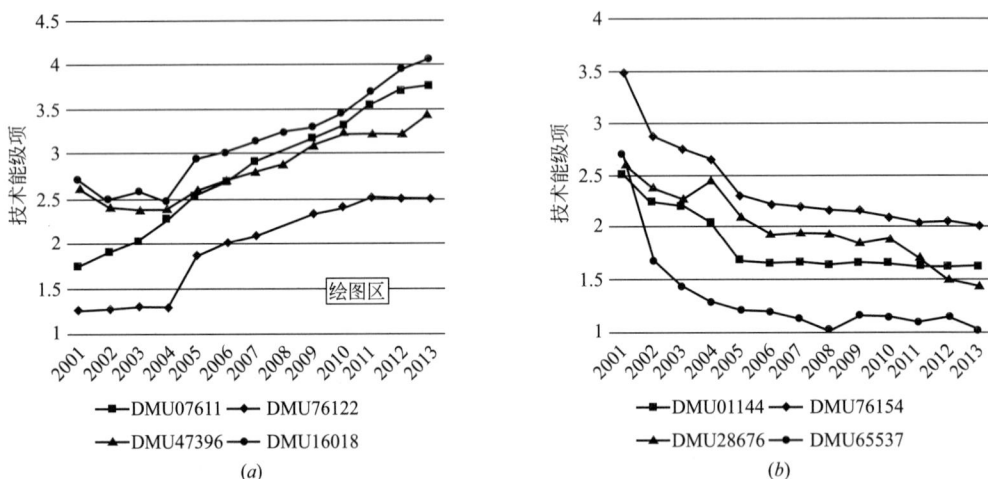

图 5-7　技术能级提升与衰落路径

(a) 技术能级提升路径；(b) 技术能级衰减路径

与技术能级提升路径相对应，企业 DMU01144、企业 DMU76154、企业 DMU28676 和企业 DMU65537 在 2001～2014 年间存在明显的技术能级衰落。企业 DMU76154 在 2001 年技术能级处于较高水平的激发态，但在外界刺激下发生失稳，至 2005 年已跌落至中等水平的激发态，2006～2013 年，其技术能级基本保持稳定，说明已经完全从原有能级衰落到较低能级，2013 年后则开始向基态能级衰落。企业 DMU01144、企业 DMU28676 和企业 DMU65537 在 2001 年时技术能级同样处于中等水平，其中企业 DMU65537 在 2001～2004 年迅速跌落至基态能级，并且在基态能级附近调整，没有实现新一轮的向上跃迁。企业 DMU01144 在 2001～2005 年逐渐跌落至能量较低的激发态，在 2005～2014 年的很长一段时间里，其始终保持在该激发态，这说明 2001 年前该企业技术能力能够维持在较高水平可能是因为要素投入，特别是技术投入较大，2001 年后由于要素投入的减少，失去外界激发后技术能级发生衰变，但由于前期投入要素有一部分已经成功被内化吸收，使其得以长期维持在激发态，未向基态继续跌落。企业 DMU28676 在 2001～2005 年期间在较高水平的激发态能级周围做调整，2004～2005 年向更高能级跃迁的过程受到阻碍，并开始缓慢衰落，2006 年其技术能级进入新的稳定时期，并保持该激发态直至 2010 年，2010 年至今，其技术能级逐渐跌落至基态。

企业技术能级还呈现出另外一种演化路径，图 5-8 (a) 中，企业 DMU76896、企业

DMU63434、企业 DMU45361、企业 DMU46289、企业 DMU13291 在 2001～2014 年间技术能级整体比较稳定，没有明显的跃迁和衰落现象，对 5 个企业技术能级演化路径做更细致的而观察，图 5-8（b）中每个企业呈现出不同的演化趋势。企业 DMU63434 和企业 DMU46289 在 2001～2014 年间都经历了两次小的技术能级波动，并都于 2010 年完成第二次能级衰落，由 2010～2014 年都有小幅度的技术能级提升。企业 DMU13291 在 2005 年完成第一次技术能级的衰落后，在后续的 4 年间技术能级得到了较大程度的恢复，但并没有能够维持较高的激发态，自 2009 年之后技术能级明显衰落，2011～2013 年则在技术能量较低的激发态附近调整。企业 DMU46289 在 2005 年同样处于其技术能级的最低点，但 2005 年之后可以看到明显的调整，技术能级在 2005～2013 年稳步提升，直至 2013 年已经恢复至跌落之前的技术能级水平。企业 DMU45361 于 2005 年由较低的激发态能级成功跃迁至相对较高的激发态能级，2005～2013 年则在新的激发态能级附近震荡调整。可以看到，在距离较近的能级之间跃迁更容易发生，但由于能级差较小，在外界环境的刺激下同样容易发生能级的跌落，维持能级的稳定需要外界要素的持续投入。

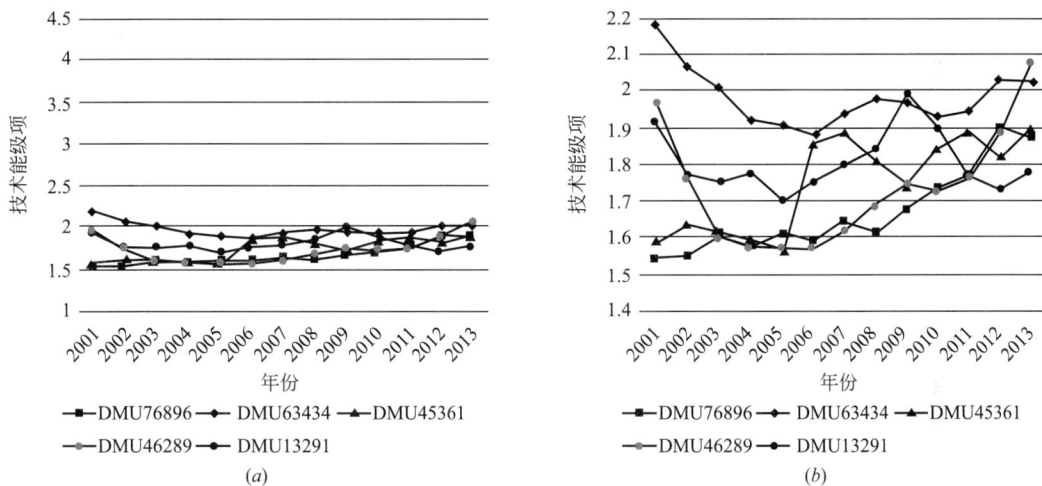

图 5-8　技术能级震荡调整路径

（a）技术能级调整路径；（b）技术能级调整路径

5.4.3　基于 DEA-Malmquist 指数法的企业技术能级测算

使用 MaxDEA 6.3 对全部 21170 家企业的 TFP 进行估算，对估算结果进行 DEA-Malmquist 指数分解，取其中的技术效率项 $EFF_{i,t}$ 代表企业技术能级，对技术效率项的总体分布按区间进行统计，通过技术效率项集中分布规律对其进行标准化，抽取与表 5-14 对应的 13 个企业标准化技术效率，见表 5-15。

利用 DEA-Malmquist 指数分解的 13 个企业标准化技术效率　　　　表 5-15

企业编号	2001	2002	2003	2004	2005	2006	2007
DMU07611	0.4995	0.8313	0.6346	0.8375	0.6484	0.9588	1.1150
DMU76122	0.3971	0.4722	0.4462	0.4376	0.6132	0.7086	0.7845

企业编号	2001	2002	2003	2004	2005	2006	2007
DMU47396	1.2300	1.2422	1.1030	1.1427	1.0537	1.2087	1.3204
DMU16018	1.3638	1.3371	1.2693	1.2268	1.3553	1.5420	1.6921
DMU76896	0.9091	0.9982	0.9402	0.9411	0.7483	0.7820	0.8484
DMU63434	1.1698	1.3559	1.1839	1.1234	0.8663	0.9244	0.9959
DMU45361	0.9256	1.1680	1.0454	1.0426	0.8819	1.1109	1.1560
DMU46289	0.8386	1.0210	0.9240	0.8519	0.8656	0.9172	0.9349
DMU13291	0.7107	0.9301	1.0399	0.9531	1.1041	1.2082	1.2460
DMU01144	1.4826	1.7089	1.6153	1.4176	1.0733	1.1193	1.1314
DMU76154	1.6705	1.8233	1.8560	1.6614	1.4437	1.3534	1.2626
DMU28676	1.5975	1.9802	1.9802	1.9802	1.9490	1.8131	1.7636
DMU65537	1.8938	1.3160	1.1739	0.9500	0.9032	0.9135	0.8772

企业编号	2008	2009	2010	2011	2012	2013
DMU07611	1.1672	1.2134	1.2700	1.2799	1.2744	1.2955
DMU76122	0.8913	0.9532	0.8897	0.9279	0.8285	0.8126
DMU47396	1.4344	1.5887	1.5218	1.3761	1.1777	1.4607
DMU16018	1.8138	1.7974	1.7032	1.7487	1.7085	1.8808
DMU76896	0.8486	0.9315	0.9328	0.9253	0.9590	0.8800
DMU63434	1.0644	1.0953	0.9927	0.9242	0.9240	0.9288
DMU45361	1.1658	1.0728	1.0352	1.0708	0.9805	1.0173
DMU46289	0.9851	1.0120	0.9062	0.8515	0.8925	1.0008
DMU13291	1.2753	1.3558	1.1770	1.0060	0.9094	0.9656
DMU01144	1.1269	1.1553	1.0787	0.9864	0.9236	0.9620
DMU76154	1.199	1.1954	1.0901	1.0344	1.0124	1.0634
DMU28676	1.7488	1.6704	1.6418	1.5049	1.3340	1.3289
DMU65537	0.7840	0.8612	0.7632	0.6908	0.6410	0.5085

通过对数据的观察以发现，所选 13 个企业技术效率项分布与其对应的标准技术能级项分布在总体趋势和局部演化路径上都基本保持一致，对 8 个企业的技术效率项与技术能级项分别绘制对比折线图可以进一步地识别二者之间的共同趋势，见图 5-9。

将计算得到的标准化技术能级 $\hat{N}_{i,t}$ 和标准化技术效率 $\hat{EFF}_{i,t}$ 相匹配（去除 46 个数据缺失项）组成新的面板数据集，通过回归分析验证二者的相关性。前文计算出的技术能级与技术效率都通过了单位根检验，由模型 KAO 检验对应的显著性概率 P 值为 0.0000，小于 0.01，在 1% 显著性水平上通过了 KAO 检验，证明模型的变量之间存在协整关系，可以做面板数据的协整回归分析。通过 Hausman 检验判定模型适用于个体固定效应，由表 5-16 模型个体固定效应回归结果可知，模型的判决系数为 0.939545，调整后的判决系数为 0.934827，模型 F 检验值为 199.1599，F 检验对应的显著性概率 P 值为 0.0000，在 1% 显著性水平上通过了 F 假设检验，说明模型拟合效果较好。从模型回归结果来看，技术效率（TE）与技术能级（TL）呈现出显著的正相关关系，回归系数为 0.4846，在 1% 显著性水平上通过了 T 假设检验。这说明当对生产函数的估计存在与一定难度时，使用非参数的 DEA-Malmquist 方法对技术能级进行测定是可行的。

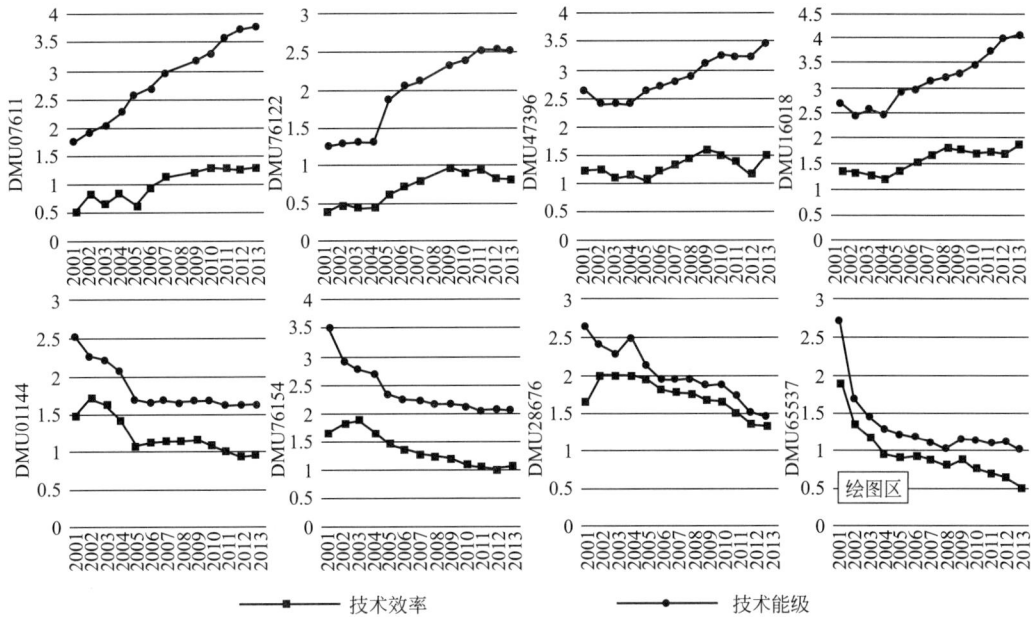

图 5-9 技术效率与技术能级分布

个体固定效应回归结果 　　　　　　　　　　　　　　　　　表 5-16

Dependent Variable：TL
Method：Pooled Least Squares
Sample：2001 2013
Total pool(unbalanced)observations：2750

Variable	Coefficient	Std. Error	t-Statistic	Prob.
C	0.6192	0.0121	50.9582	0.0000
TE	0.484646	0.011393	42.54010	0.0000
R-squared	0.9395		Mean dependent var	1.1280
Adjusted R-squared	0.9348		S. D. dependent var	0.4993
S. E. of regression	0.1274		Akaike info criterion	−1.2120
Sum squared resid	52.887		Schwarz criterion	−0.7642
Log likelihood	2382.0930		Hannan-Quinn criter.	−1.0522
F-statistic	199.1599		Durbin-Watson stat	0.5255
Prob(F-statistic)	0.000000			

5.5 企业技术能级指标有效性以及模型的进一步完善

5.5.1 企业技术能级指标有效性研究

由式（4-18）～式（4-23）可知，各要素的弹性系数至少受到技术能级、资源中心势场以及经济体质量三方面因素的影响。使用连玉君（2006）编写的 STATA 程序 xtthres，利用 Hansen[206]（1999）面板门限模型观测技术能级对各要素弹性系数的影响。以企业工业产值作为因变量，资本投入、劳动投入作为自变量，企业技术能级作为门限项。图 5-10

显示了门限值的估计过程，认为门限回归残差平方和较小的位置存在结构变化点，即门限效应。

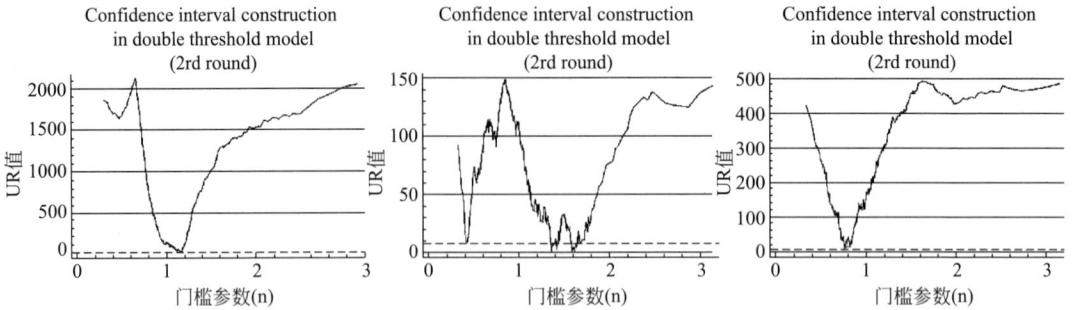

图 5-10　门限回归残差平方和

表 5-17 为程序估计出的产出与各投入要素之间关系出现结构变化时的技术能级值及其置信区间。通过表 5-18 所示的门限显著性检验，产出与各投入要素均存在显著的双重门限关系，三重门限关系不明显，故采用双重门限模型[①]分析技术能级对各投入要素弹性系数的影响。

门限值的估计与置信区间　　　　　　　　　　　　　　　　　表 5-17

变量		门槛估计值	95％置信区间
Lncap	单一门限模型(g1)： 双重门限模型：	0.9681	[0.9653 , 0.9701]
	Ito1(g1)：	0.6743	[0.6695 , 0.6812]
	Ito1(g2)	1.1812	[1.1001 , 1.1878]
	三重门限模型(g3)：	0.9114	[0.8913 , 0.9140]
Lnlab	单一门限模型(g1)： 双重门限模型：	0.4225	[0.4014 , 0.4807]
	Ito1(g1)	0.8477	[0.8373 , 0.8515]
	Ito1(g2)	1.5883	[1.3561 , 1.6351]
	三重门限模型(g3)	1.3561	[1.2369 , 1.4343]

门限显著性检验　　　　　　　　　　　　　　　　　表 5-18

变量	模型	F 值	P 值	BS 次数	临界值		
					1％	5％	10％
Lncap	单一门限	758.0841 ***	0.0000	100	73.8258	48.4500	34.5851
	双重门限	1525.3925 ***	0.0000	100	−551.5343	−604.8752	−648.2710
	三重门限	0.0000	0.3600	100	0.0000	0.0000	0.0000
Lnlab	单一门限	211.4813 ***	0.0000	100	92.9505	63.1091	52.6700
	双重门限	297.2870 ***	0.0000	100	−242.2319	−258.6060	−289.3043
	三重门限	0.0000	0.3000	20	0.0000	0.0000	0.0000

表 5-19 中，随着企业技术能级的提升，各区间内投入要素的弹性系数逐渐增加，说

---

①　此处计算出的弹性系数与前文回归计算出的弹性系数不完全相同，前文使用的是多元面板回归，而此处使用的是一元面板回归。

明企业技术能级的提高有利于全面提高对各种投入要素的利用效率。当企业技术能级项小于 0.674 时，资本投入的弹性系数为 0.4589，企业技术能级项在 0.674～1.181 时，资本投入的弹性系数为 0.4800，企业技术能级项大于 1.181 时，资本投入的弹性系数为 0.5155，可以发现，资本投入的弹性系数随着能级的提升而增加，说明企业技术能级的提高有利于提高对企业固定资本的利用效率。当企业技术能级项小于 0.847 时，劳动投入的弹性系数为 0.3408，企业技术能级项在 0.847～1.588 时，劳动投入的弹性系数为 0.3578，企业技术能级项大于 1.588 时，劳动投入的弹性系数为 0.3689，企业劳动投入的弹性系数随着能级的提升而增加，但企业技术能级的提高对劳动力资本的利用效率提升效果有限，并且在企业技术能级项达到 0.847 前后的提升效果比达到 1.588 前后的提升效果明显。

总产出与各投入要素门限模型 表 5-19

$Lnpro$	Coef.	Std. Err.	P>|t|	[95%Conf.	Interval]
$Lncap\_1$	0.4589	0.0031	0.0000	[0.4530	0.4648]
$Lncap\_2$	0.4800	0.0033	0.0000	[0.4744	0.4856]
$Lncap\_3$	0.5155	0.0025	0.0000	[0.5103	0.5195]
_cons	6.8884	0.0457	0.0000	[6.7987	6.9781]
$Lnlab\_1$	0.3408	0.0027	0.0000	[0.3379	0.3452]
$Lnlab\_2$	0.3578	0.0023	0.0000	[0.3541	0.3602]
$Lnlab\_3$	0.3689	0.0021	0.0000	[0.3655	0.3733]
_cons	2.2715	0.2305	0.0000	[1.8196	2.7234]

Note：Lncap_1：Lncap * I (n<0.6743)   Lnlab_1：Lnlab * I (n<0.8477)
     Lncap_2：Lncap * I (0.6743<=n<1.1812)   Lnlab_2：Lnlab * I (0.8477<=n<1.5883)
     Lncap_3：Lncap * I (n>=1.1812)   Lnlab_3：Lnlab * I (n>=1.5883)

5.5.2 集群企业技术能级量子模型的进一步完善

通过面板门限模型估计出的结构变化点分布与模型中设定的标准化技术能级（$2-1/n_c^2$）计算出的能级分布之间存在一定差异，集群企业技术能级量子模型中能级项与投入要素、约束要素之间的关联项已经以弹性系数的方式提取出来，能级项本身独立代表决策单元的瞬时状态，其形式具有很强的可扩展性。引入政策、环境等因素产生的约束势垒对模型进行补充，参照式（4-26）给出标准化技术能级的具体形式为：

$$\hat{N}_{i,t} = \underbrace{(2-1/n_c^2)}_{\text{中心势场能级项}} + \underbrace{Bn_b^2}_{\text{约束势垒能级项}} \tag{5-7}$$

设中心势场能级 n_c 为主技术能级，约束势垒能级 n_b 为副技术能级，B 为远小于 1 的系数，将其定义为约束影响系数。分别绘制 $B_1 = 0.03$、$B_2 = 0.08$ 时的标准化技术能级分布折线图，见图 5-11。同一条折线上的点具有相同的主能级，副能级由左至右递增，系数 B 取值越大，折线的斜率越大，代表政策、环境等约束条件对企业工业产值影响越强，企业技术能级之间的能量差越明显，企业在不同能级之间的跃迁则越困难。

将本研究计算出的标准化技术能级以基态能级为基准进行归一化处理，更新后的 4 个技术能级值分别为 1（0.6743）、1.2571（0.8477）、1.7517（1.1812）、2.3555（1.5883）。

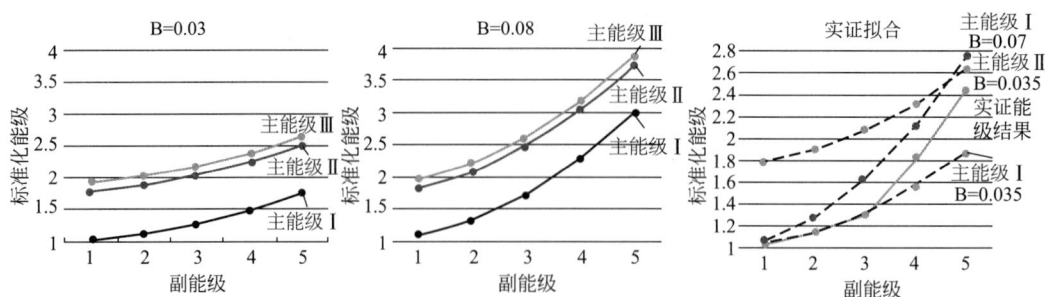

图 5-11　扩展模型标准技术能级分布及实证拟合

图 5-11 中实证结果能级的分布折线前半部分与主能级Ⅰ、$B = 0.035$ 的模型能级折线拟合良好，后半段斜率迅速提升，与主能级Ⅰ、$B = 0.07$ 的模型能级折线拟合良好，最高能级接近主能级Ⅱ、$B = 0.035$，这说明政策、环境等因素在企业技术能级提升过程中的作用不应被忽略。首先，由投入要素形成的主技术能级在能级Ⅰ至能级Ⅱ之间存在较大的能级差，能级差随着能级的提高迅速降低，企业技术进步初期的不连续性严重阻碍了企业技术跨越的进程。政策、环境等因素构建的副技术能级在能级Ⅰ～能级Ⅲ阶段能级差很小，技术跃迁过程更容易发生，可以作为企业技术发展的阶梯帮助企业逐渐提升自身技术能级，在减小与下一主技术能级之间差距的同时寻找技术跨越的机会。其次，企业随着技术能级的提升可以更好地识别和利用政策、环境中对自身有利的要素，回避和突破其中的限制因素，政策、环境要素对企业技术进步的影响将会更为显著且表现为正向的促进作用，约束影响系数 B 得到提高。

5.6　小结

首先，利用《中国区域创新报告》中的数据对我国产业创新的热点地区进行识别，选取辐射效果最好的长三角地区进行产业集群面板数据的构建与研究样本企业的定位，通过空间核密度分析和聚类与异常值分析识别待研究集群并利用数据可视化分析对集群的特点进行初步的观察和分析。其次，对所选样本进行企业技术能级的测度，实证研究结果表明，提出的企业技术能级指标能够反映企业所处的能量状态，可以用来测度产业集群中的知识溢出。

第6章 产业集群知识溢出影响企业创新绩效的实证分析

6.1 产业集群知识溢出的可视化分析

6.1.1 产业集群知识溢出识别

根据本书第 2 章构建的理论模型，产业集群中的知识溢出效应将引起集群企业技术能级的涨落，因此，集群企业技术能级的变化可以作为观察产业集群中发生知识溢出效应的信号。利用 DEA-Malmquist 方法测算研究区域内产业集群中企业 2005～2013 年的技术能级，图 6-1 显示了长三角区域产业集群在 2005～2013 年间企业技术能级分布的典型演化路径。图 6-1 中所示的 3 号产业集群中的企业在 2005 年主要处于较低基态能级，处于激发态技术能级的企业较少，2006 年大量企业跃迁进入激发态技术能级，集群企业技术能级分布曲线的波峰明显坐标轴右侧移动，这说明 3 号产业集群在 2006 年之前的某个时段接收到了来自集群外部的技术能量，技术能量经过集群主导企业吸收内化最终转化为能够被

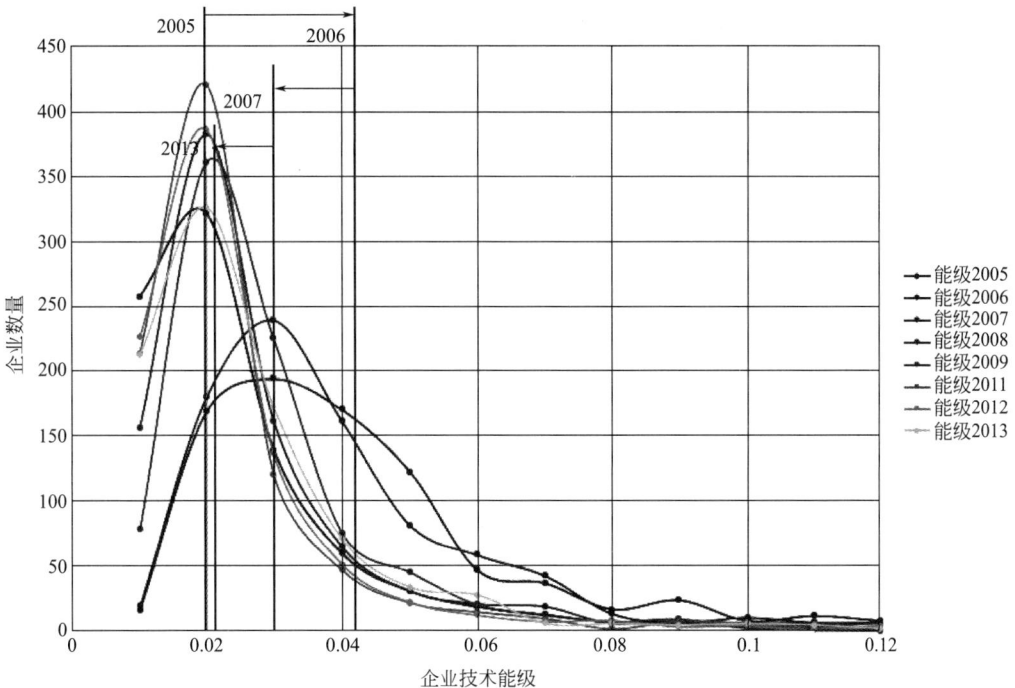

图 6-1 集群企业技术能级分布演化

集群中其他企业利用的知识溢出，最终实现集群企业技术能级的整体提升。2006年之后集群企业的技术能级出现回落，至2013年已跌落至2005年受激跃迁之前的水平，这一过程中又有大量的知识经由作为研究对象的集群规模以上企业释放出来，转化成"弥漫"在产业集群空气中的知识，这些知识被集群内中小企业吸收利用，形成了产业集群中的二次知识溢出。

通过逐一观察各个集群中的主导企业技术能级的演化曲线，我们识别出两种典型的集群主导企业技术能级演化分布形式，见图6-2。以企业总资产代表其规模，图6-2中3号和22号产业集群主导企业中规模最大的企业1技术能级较低，并且在2009年之后进入衰减路径，3号产业集群中规模相对较小的主导企业2和5号集群中规模相对较小的主导企业3和主导企业5却在2005～2013年间的某一时段处于集群技术前沿面（Technology Frontier）的高技术能级，两个集群中的其他企业则在整个研究周期内围绕较低的企业技术能级水平震荡，我们假设3号和22号产业集群中处于集群技术前沿面的主导企业受益于与集群规模最大企业之间的地理邻近，加之企业本身高技术存量的优势，获得了来自集群规模最大企业的知识溢出，企业技术能级受激跃迁实现了企业创新能力的整体提升，将产业集群主导企业技术能级的这种演化路径定义为H-H型知识溢出曲线。对26号和28号产业集群进行观察可以发现，集群中的主导企业均处于较低的技术能级水平，但仍然存在企业技术能级的跃迁和跌落，在集群主导企业技术能级演化的这种路径中，集群中主导

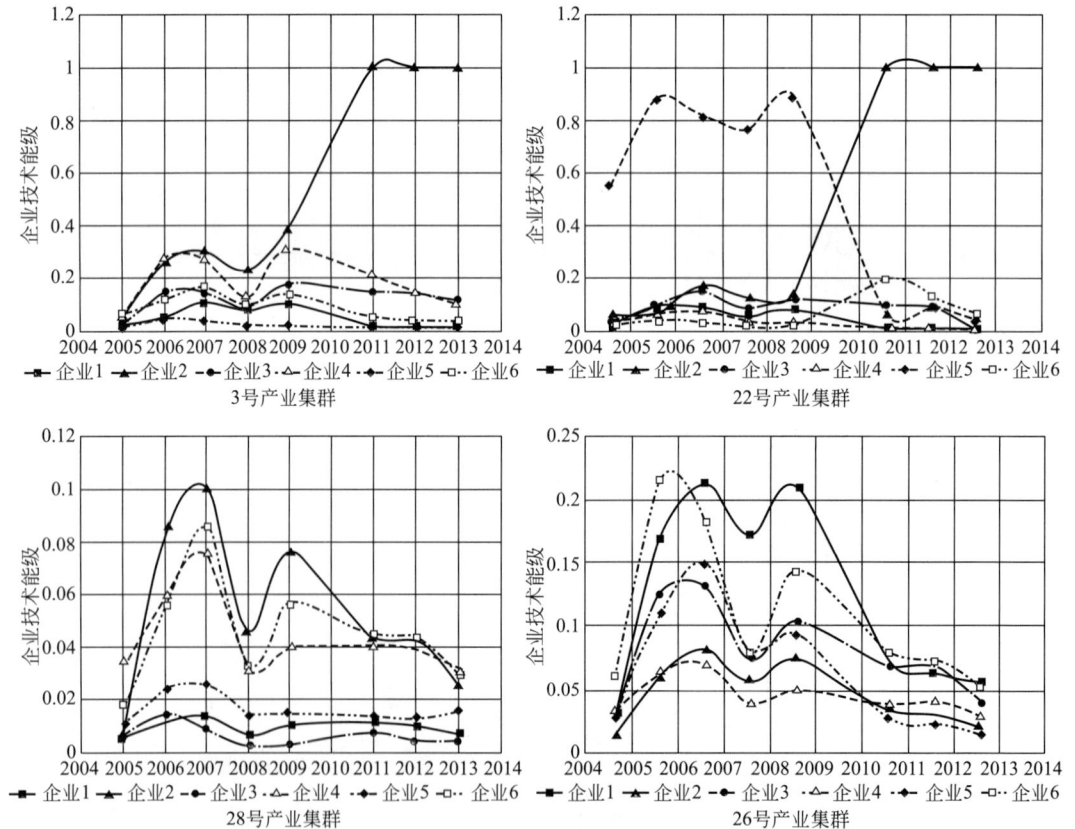

图6-2　集群主导企业技术能级演化分布

企业技术能级的跌落向外界释放知识没有被集群中的其他主导企业吸收,我们假设 26 号和 28 号产业集群中的知识溢出效应主要是由集群主导企业向集群中其他企业传递,将产业集群主导企业技术能级的这种演化路径定义为 H-L 型知识溢出曲线。

对选取的 46 个产业集群按照其主导企业技术能级的演化曲线进行分类汇总,得到表 6-1。通过观察,产业集群集聚中心的数量在很大程度上决定了集群主导企业技术能级的演化类型,18 个单集聚中心产业集群中仅有 4 个集群中存在 H-L 型知识溢出,而 28 个多集聚中心产业集群中超过一半的集群中存在 H-L 型知识溢出,高能的技术知识大量的经过集群主导企业传递至集群落后企业。将进一步利用可视化分析方法探求形成产业集群差异化知识溢出路径的原因。

集群主导企业技术能级演化分类　　　　　　　　　　　　　　表 6-1

编号	集聚中心	技术能级演化类型	编号	集聚中心	技术能级演化类型
1	多中心	H-L 型	24	多中心	H-H 型
2	多中心	H-L 型	25	多中心	H-L 型
3	单中心	H-H 型	26	多中心	H-L 型
4	多中心	H-H 型	27	单中心	H-H 型
5	多中心	H-H 型	28	单中心	H-L 型
6	单中心	H-H 型	29	多中心	H-H 型
7	多中心	H-H 型	30	单中心	H-H 型
8	单中心	H-L 型	31	多中心	H-H 型
9	多中心	H-L 型	32	多中心	H-H 型
10	多中心	H-H 型	33	单中心	H-H 型
11	单中心	H-H 型	34	单中心	H-H 型
12	单中心	H-H 型	35	单中心	H-H 型
13	多中心	H-L 型	36	多中心	H-L 型
14	多中心	H-H 型	37	多中心	H-H 型
15	多中心	H-H 型	38	单中心	H-H 型
16	单核心	H-L 型	39	多中心	H-L 型
17	多中心	H-H 型	40	单中心	H-H 型
18	多中心	H-L 型	41	单中心	H-H 型
19	多中心	H-H 型	42	单中心	H-H 型
20	单中心	H-H 型	43	单中心	H-H 型
21	多中心	H-L 型	44	多中心	H-H 型
22	多中心	H-H 型	45	多中心	H-H 型
23	多中心	H-H 型	46	单中心	H-H 型

6.1.2　产业集群知识溢出路径验证

首先,通过可视化分析方法对产业集群知识溢出路径的假设进行验证。图 6-3 分别选取了单中心集聚的 3 号产业集群和多中心集聚的 4 号产业集群作为代表,观察产业集群中的知识溢出现象,图 6-3 中以实心点代表区域内的企业,突出显示了集群中规模较大的主导企业,同时,背景展示了利用空间核密度分析对区域内 2005 年企业技术能级的可视化分析结果。首先,集群知识溢出受到空间位置的影响。3 号产业集群以企业 1 为集聚中心,集聚中心周边的企业普遍具有较大的规模,通过可视化分析可以发现,由于知识技术的外部性,企业 1 的资金、劳动等投入并没有有效提升自身的创新绩效,而是通过知识溢出的方式激发了周边企业技术跃迁，企业 2 距离产业集群集聚中心较近，可以便捷地获得来自集聚中心主导企业的知识溢出，企业 3 由于距离集聚中心较远，与集群中的落后企业相比虽然具有较高的知识存量，仍然很难获得知识溢出效应带来的企业技术能级提升；其次，产业集群中的知识溢出具有方向性。3 号产业集群中的企业 4、5、6 与集群的集聚中心距离短，但受到知识溢出效应的影响较弱，没有观察到明显的企业技术能级跃迁，这一方面可能是受到企业吸收能力差异的影响，另一方面，由于企业 4、5、6 所处的区域同行业企业较多，企业之间的竞争减弱了企业主动加大研发投入、进行技术追赶所能够带来的效益，这也会在一定程度上降低企业利用集群知识溢出的积极性；与此同时，产业集群中主导企业的知识溢出可能经由其他主导企业传递至集群的其他区域。4 号产业集群中企业 2 受到来自企业 1 知识溢出的影响，自身处于较高的技术能级，可以发现，不仅企业 1 周边区域内企业技术能级有所提高，企业 2 周边区域的内的企业也处于相对较高的技术能级。

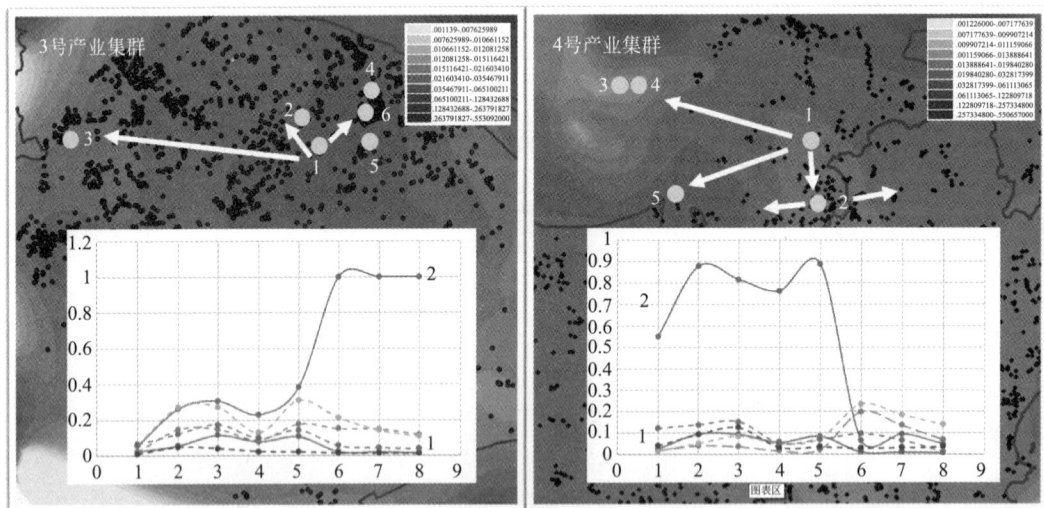

图 6-3　产业集群主导企业知识溢出路径

　　具体对 14 号产业集群 2005～2013 年内企业技术能级时空演化进行连续观察，见图 6-4。图 6-4 中以黑色圆圈代表集群中的企业，圆圈大小代表企业的规模，使用白色圆圈对集群中规模最大的 3 个企业进行标注，同时利用空间核密度分析方法对各年企业技术能级空间分布演化进行分析。该产业集群遵循 H-H 型知识溢出演化路径，通过观察，企业通过在集群中规模较大的 3 个企业周围集聚，利用来自主导企业的知识溢出效应，显著提升自身的创新能力，因此，在 3 个企业周围均形成了高企业技术能级区域，3 个企业共同组成了 14 号产业集群中最重要的集聚中心。其中，1 号和 2 号企业对周边企业的影响更为明显，1 号企业主要向集群东部的企业提供知识溢出，在集群的东部形成了一条高企业技术能级带，2 号企业的知识溢出则极大地提升了其北部区域内集群中小企业的技术能级。截至 2008 年，以 1 号企业和 2 号企业知识溢出效应为代表的集群主导企业技术辐射范围达到最大，由 2009 年起，产业集群中企业的技术能级整体进入衰退阶段，到 2013 年形成了位于 1 号企业的东、西两侧的高企业技术能级区域。

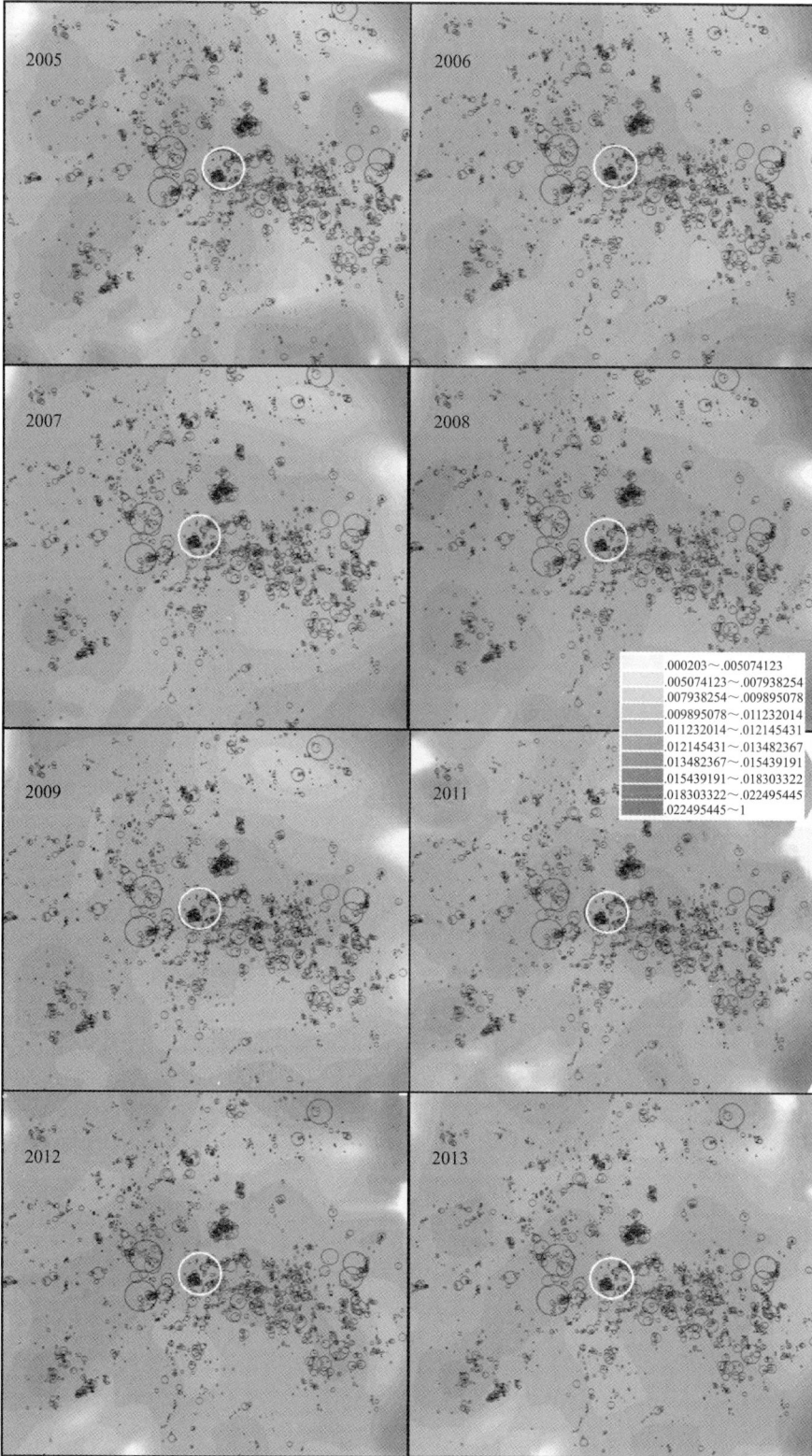

图 6-4　产业集群主导企业知识溢出路径

　　《中国规模以上工业企业数据库》提供了部分年份的企业新产品产量数据，最近更新至 2009 年，以新产品产量作为衡量企业创新绩效的指标对 14 号产业集群进行空间核密度分析，见图 6-5。图 6-5 中被集群中规模最大的 3 个主导企业围绕的区域中，企业创新绩效的水平最高，结合图 6-4 可以发现该区域内的企业在企业规模、研发投入方面投入较少，却在处于高企业技术能级的同时处于较高的企业创新绩效水平，这主要得益于来自其周边主导企业的知识溢出效应。与该区域相比，1 号企业东部集聚的大量企业由于地理邻近性，更多地受到来自 1 号企业的知识溢出效应影响，虽然也处于较高的企业技术能级，但新产品产出水平较低，若要全面提升该区域的创新绩效水平，则应该有针对性地培养、扶持、引入类似 2 号、3 号企业的主导企业进入该区域。一方面更充分地利用来自 1 号企业的知识溢出；另一方面，依靠其他主导企业的技术存量优势，帮助集群中的知识向集群落后企业的传递和扩散。

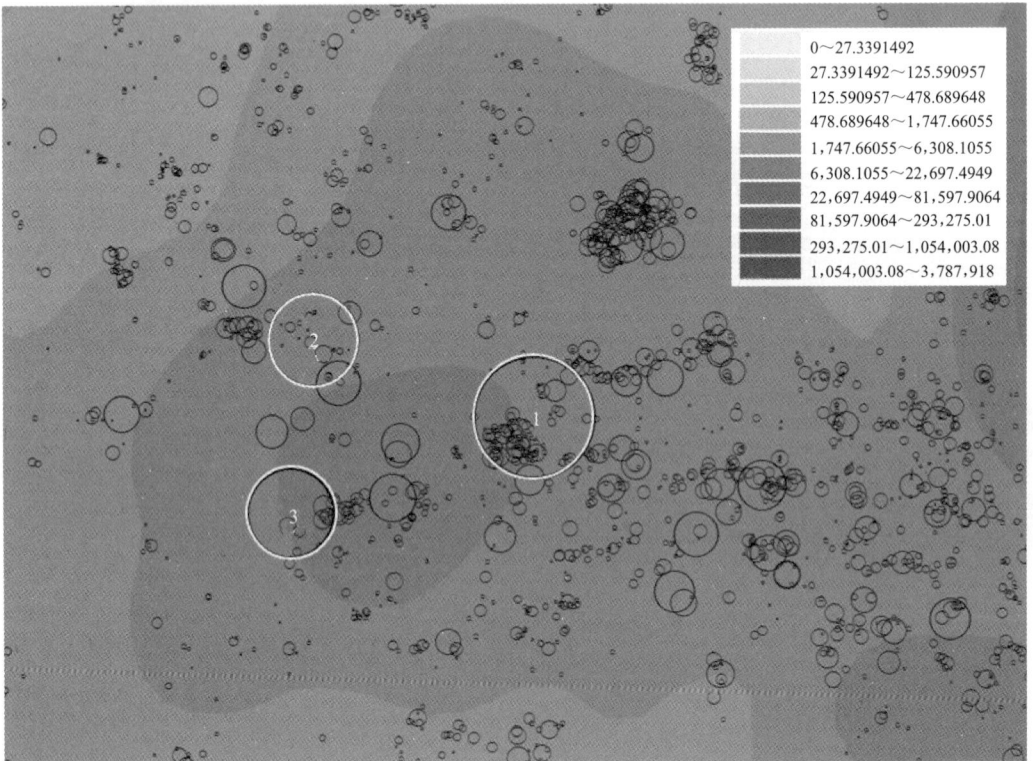

图 6-5　产业集群 2009 年新产品产量空间分布

6.2　产业集群知识溢出影响企业创新绩效的实证分析

　　产业集群中企业获得知识溢出的种类和途径有很多，国内外学者主要就对专业化产业市场结构中的 Mar 溢出、多样化产业市场结构中的 Jac 溢出，通过进出口贸易及外商投资产生的知识溢出以及逆向知识溢出，基于产业集群人员流动的知识溢出等。传统研究更多地基于宏观或中观层面数据对省间、城市间的知识溢出效应进行研究，并以此推断产业集群的知识溢出效应，由于产业集群知识溢出本身是大量微观现象的累加，存在很大的偶然性，这样的近似研究得出的结论与实际情况可能存在较大差异。本书重点探究产业集群内企业间知识溢出的微观机理，根据前文建立的产业集群技术进步量子模型以及产业集群识别方法，结合选取的知识溢出的类型，分别针对基于技术追赶的产业集群 Mar 溢出、基于量子模型的产业集群 Mar、Jac 溢出以及产业集群 H-H 集聚和 H-L 集聚下的知识溢出对产业集群、集群企业创新绩效的影响提出理论预期的关系假设，并随后进行实证检验及讨论。

6.2.1　假设提出

产业集群中的 Mar 溢出和 Jac 溢出虽然在对集群企业创新绩效的作用机制上存在差别，但二者作为产业集群知识溢出的重要形式都会在很大程度上影响集群企业创新绩效的提升。同时，利用聚类和异常值分析将产业集群分为 H-H 集聚、H-L 集聚、L-L 集聚和L-H 集聚四种类型，通过空间分析发现我国规模以上工业企业的空间集聚主要呈现为 H-L和 H-H 的形式，将 H-L 集聚对应于 Mar 理论中的垄断性市场结构，H-H 集聚对应于竞争性市场结构，提出如下假设：

假设 1（H_1）产业集群 Mar 溢出效应可以提升集群企业的创新绩效，提升效果受到企业吸收能力的中介调节作用影响。

假设 2（H_2）产业集群 Jac 溢出效应可以提升集群企业的创新绩效，提升效果受到企业吸收能力的中介调节作用影响。

假设 3（H_3）H-L 集聚有利于产业集群中 Mar 溢出的发生，进而提升集群企业的创新绩效。

假设 4（H_4）H-H 集聚会对产业集群中的 Mar 溢出产生屏蔽作用，抑制产业集群知识溢出效应对企业创新绩效的提升效果。

由于知识溢出本身的隐蔽性，很难直接捕捉到其发生的痕迹，对省际、市际知识溢出的研究大多直接使用统计数据，将被研究省、市创新产出受其他区域研究开发投入的影响程度作为知识溢出发生的证据，进而完成区域间知识溢出强度的测度。在关于产业集群知识溢出效应的研究当中，大多数学者选择使用问卷调查的方式对研究样本企业的具体情况进行调研，很少使用企业层面的微观数据。本书第 2 章提出了产业集群技术进步量子模型，并对知识溢出的发生机制进行了进一步的扩展，提出了伴随集群主导企业能级衰落产生的纯知识溢出的概念。将产业集群中主导企业的被动知识溢出分为两类：一类是由集群其他企业对主导企业进行模仿、学习的过程中产生的技术追赶效应，主要受企业间的技术差距和追赶企业技术吸收能力的影响；另一类是在集群主导企业在集群中的领先地位受到影响扰动时，由较高的激发态技术水平衰落至较低的基态技术水平时释放多余资源产生的，也受到接受溢出企业技术吸收能力的影响，可以通过对企业全要素生产率的测算来识别。

传统对于产业集群知识溢出的研究虽然考虑集群企业在某一时间段的动态变化，但实际上更多的是将提供知识溢出的集群主导企业视作静态的能量源，集群主导企业研发投入达到一定水平后会满溢出来，从而促进周边企业创新绩效的提升。事实上，随着研发投入的增加，产业集群主导企业容纳资金、技术、人才的能力都在不断提高，而企业加大研发投入在行业中保持技术领先地位的主要目的是为了保证企业的市场份额以及商业利润，很少会以开源的方式主动将自身的创新成果分享给集群里的其他企业，集群主导企业通过组成专利同盟提高技术壁垒的做法也在一定程度上证明了这一点。集群主导企业的知识分享行为往往是有目的性的，是为了满足企业自身发展过程中对创新资源、合作者、配套生产者的需求，这种有目的性的知识分享活动被以往学者的研究定义为知识扩散和知识转移，并与知识溢出加以区分，这使得对被动知识溢出的识别更加困难，也使得对被动知识溢出发生机制的量子扩展具有更大的实际意义。为验证本研究提出的产业集群技术进步量子模型，提出如下假设：

假设 5（H_5）以主导企业技术的研发投入可以提升集群企业的创新绩效，提升效果受到企业吸收能力的中介调节作用影响。

假设 6（H_6）产业集群主导企业技术能级的衰落是触发产业集群知识溢出的重要因素，产业集群主导企业知识溢出对企业创新绩效的影响受到其技术能级衰落的中介调节作用。

产业集群是一个半开放系统，集群企业与外部企业、高校、研究机构的互动交流伴随着大量的知识流动，其中包括除上文内容涉及外的其他知识溢出形式。陈继勇（2010）提出区域企业自主创新能力的提高可以吸引外商直接投资（FDI），同时有利于知识溢出净流入的发生，对我国区域创新绩效的显著促进作用[207]。李梅（2012），尹建华（2014）利用门限回归模型识别出我国对外直接投资产生的逆向知识溢出效应，并具体考察了 FDI 逆向知识溢出效应在不同地区的差异[208-209]。孙文松（2012）、侯爱军（2015）分别基于跨国人才流动和区域人才资本流入的视角对我国省级层面的区域间知识溢出进行了实证研究，证明基于人才流动的知识溢出效应在不同地区具有差异性，其中西部区域受以人才流动为载体的知识溢出影响较小[210-211]。陈永广（2011）、李有（2013）、刘舜佳（2014）通过实证研究验证了我国企业可以通过进出口贸易获得来自国外企业的正向和逆向知识溢出[212-214]。鉴于研究方向以及《中国工业企业数据库》的局限性，本书重点对基于人员流动和出口贸易的知识溢出效应进行实证研究，并提出如下假设：

假设 7（H_7）产业集群企业间人员流动与交流的频度越大，产业集群知识溢出对创新绩效的促进越显著。

6.2.2　模型设定

为研究产业集群 Mar 溢出、Jac 溢出和吸收能力对集群企业创新绩效的影响，采用相应的计量模型：

$$
\text{模型 1（}M_1\text{）}\begin{cases}
innovper_{ijk}=\alpha_i+\alpha_t+\beta_1 tecinv_{ijk}+\beta_2 mar_{ij}+\beta_3 jac_i+\gamma X_{ijk}+\varepsilon_{ijk}\\
innovper_{ijk}=nprod_{ijk}/tprod_{ijk}\\
tecinv_{ijk}=tinv_{ijk}/tasset_{ijk}\\
mar_{ij}=tinv_{ij}/tasset_{ij}\\
jac_{ij}=tinv_i/tasset_i
\end{cases}\tag{6-1}
$$

其中，因变量 $innovper_{ijk}$ 代表 i 区域 j 行业 k 企业的创新绩效，α_i 和 α_t 分别代表企业固定效应和时间固定效应，ε_{ijk} 为误差项。$tecinv_{ijk}$ 代表企业自身的研发投入强度，mar_{ij} 为 i 区域 j 行业的 Mar 溢出强度，jac_i 为 i 区域内全部企业产生的 Jac 溢出强度。X_{ijk} 为企业层面的控制变量，包括企业规模（$worker$）、主营业务收入（$opinc$）、存货（$inventory$），选取这些指标主要出于以下考虑：①根据前文建立的企业量子模型，企业的创新活动是在企业规模达到一定程度时，为了平衡由资金集聚产生的内部斥力，维持企业的稳定而展开的，因此无法排除企业规模（$worker$）对企业创新绩效的影响；②企业的主营业务收入（$opinc$）代表了企业在行业内的竞争力，主营业务收入的提高会激励企业在主营业务方面的创新活动，一般而言，企业在熟悉的领域进行技术创新成功率更高，更容易转化成市场效益；③存货（$inventory$）一方面代表了企业的生产能力，另一方面可能也意味着企业过去产品的滞销，产品的滞销即可能会带来企业流动资金的减少，使企业被迫减少创新方面的投入，从而抑制企业创新绩效的提升，又可能成为倒逼企业加大创新投入，为企业创新绩效的提升提供有利契机。

在模型 1 中增加吸收能力的中介作用，对模型进行进一步扩展：

$$\text{模型 2（}M_2\text{）}\quad \begin{aligned} innovper_{ijk} = {} & \alpha_i + \alpha_t + \beta_1 tecinv_{ijk} + \beta_2 mar_{ij} + \beta_3 jac_i \\ & + \beta_4 mar_{ij} abs_{ijk} + \beta_5 jac_i abs_{ijk} + \gamma X_{ijk} + \varepsilon_{ijk} \end{aligned} \quad (6\text{-}2)$$

其中 abs_{ijk} 为企业 k 的吸收能力，通过增加吸收能力与 Mar、Jac 溢出的交乘项考察吸收能力的中介调节作用。在模型 2 的基础上加入虚拟变量 hl_{ij} 和 hh_{ij}，如果企业所在集群属于 H-L 集聚型产业集群，则 $hl_{ij}=1$，否则 $hl_{ij}=0$；如果企业所在集群属于 H-H 集聚型产业集群，则 $hh_{ij}=1$，否则 $hh_{ij}=0$，进一步对模型进行扩展：

$$\text{模型 3（}M_3\text{）}\quad \begin{cases} \begin{aligned} innovper_{ijk} = {} & \alpha + \beta_1 tecinv_{ijk} + \beta_2 mar_{ij} + \beta_3 jac_i + \beta_4 mar_{ij} abs_{ijk} \\ & + \beta_5 jac_i abs_{ijk} + \beta_6 mar_{ij} hl_{ij} + \gamma X_{ijk} + \varepsilon_{ijk} \end{aligned} \\[1em] \begin{aligned} innovper_{ijk} = {} & \alpha + \beta_1 tecinv_{ijk} + \beta_2 mar_{ij} + \beta_3 jac_i + \beta_4 mar_{ij} abs_{ijk} \\ & + \beta_5 jac_i abs_{ijk} + \beta_7 mar_{ij} hh_{ij} + \gamma X_{ijk} + \varepsilon_{ijk} \end{aligned} \end{cases} \quad (6\text{-}3)$$

将企业的研发投入强度（$tecinv_{ijk}$）、产业集群的 Mar 溢出（mar_{ij}）与 Jac 溢出（jac_i）纳入控制变量 X_{ijk} 中，新的控制变量为 $\overline{X}_{ijk}$，进一步考察来自产业集群主导企业的知识溢出对集群企业创新绩效的影响：

$$\text{模型 4（}M_4\text{）}\quad \begin{cases} innovper_{ijk} = \alpha + \beta_8 dftecinv_{ij} + \beta_9 dftecinv_{ij} abs_{ijk} + \gamma' \overline{X}_{ijk} + \varepsilon_{ijk} \\[0.5em] innovper_{ijk} = \alpha + \beta_8 dftecinv_{ij} + \beta_{10} dftecinv_{ij} dftdec_{ij} abs_{ijk} + \gamma' \overline{X}_{ijk} + \varepsilon_{ijk} \end{cases}$$
$$(6\text{-}4)$$

其中 $dftecinv_{ij}$ 为 i 区域 j 行业主导企业的研发投入强度，$dftdec_{ij}$ 为增加的虚拟变量，代表集群主导企业能级变化情况，当集群主导企业能级呈现衰落状态时 $dftdec_{ij}=1$，否则 $dftdec_{ij}=0$。最后，从产业集群整体角度观察基于人员流动的知识溢出对产业集群创新绩效的影响：

$$\text{模型 5（}M_5\text{）}\quad \begin{cases} innovper_{ij} = \alpha_i + \alpha_t + \beta_{11} mar_{ij} + \beta_{12} jac_i + \gamma X_{ij} + \varepsilon_{ijk} \\[0.5em] innovper_{ij} = \alpha_i + \alpha_t + \beta_{11} mar_{ij} + \beta_{12} jac_i + \beta_{12} mar_{ij} humov_{ij} + \gamma X_{ij} + \varepsilon_{ijk} \end{cases}$$
$$(6\text{-}5)$$

其中 $innovper_{ij}$ 为 i 区域 j 行业的总体创新绩效，$humov_{ij}$ 为区域内的人员流动强度，控制变量选择产业集群规模（$worker'$）、产业集群总存货（$inventory'$）。

6.2.3 变量度量与数据说明

利用 arcgis 识别出长三角地区 11 个主要产业的 46 个产业集群和产业集聚区，同时利用软件对区域内的数据进行深入挖掘，整理成为长三角区域产业集群数据库，由于研究的内容需要企业研发与投入数据，因此选取 2005～2007 年的数据进行回归分析。表 6-2 对所设变量的定义进行了详细说明。

主要变量定义

表 6-2

主变量名称	变量代码	变量定义
创新绩效	$innovper$	研究区域或企业新产品产值取对数
研发投入强度	$tecinv$	研究区域或企业研究开发费取对数
区域 Mar 溢出	mar	研究产业集群或集聚区指定行业总研究开发费取对数
区域 Jac 溢出	jac	研究产业集群或集聚区全部行业总研究开发费取对数
吸收能力	abs	企业人均工资水平与行业人均工资水平之比*
H-L 型集聚	hl	取值 0 或 1，通过 Arcgis 聚类与异常值分析得到
H-H 型集聚	hh	取值 0 或 1，通过 Arcgis 聚类与异常值分析得到
企业能级衰减	$dftdec$	取值 0 或 1，通过对面板数据 DEA-Malmquist 指数的计算得到
人员流动强度	$humov$	对研究区域内各企业相邻两年间员工人数变化绝对值求和，取其与区域内总员工人数变化绝对值的比值
控制变量名称	变量代码	变量定义
规模	$worker$	产业集群或企业内员工总数
主营业务收入	$opinc$	产业集群或企业主营业务收入
存货	$inventory$	产业集群或企业当年存货

*注：《中国工业企业数据库》虽然提供了员工培训费的数据，但数据缺失比较严重，企业的人均工资水平可以在一定程度上反映企业的员工结构，假设高工资水平的企业中研发人员比重更高，同时考虑行业整体的工资水平，以企业人均工资水平与行业人均工资水平之比作为替代变量代表企业或区域的吸收能力。

由于使用的是企业微观层面的数据，变量的选择和使用存在很大的困难。为了避免企业规模、行业差异对分析结果的影响，首先尝试使用企业新产品产值与工业总产值之比作为衡量企业创新绩效的指标，使用研究开发费用与企业总资产的之比作为衡量企业研发投入强度的指标，使用产业集群范围内同行业企业总研究开发费用与总资产之比作为衡量集群 Mar 溢出的指标，使用产业集群范围内所有行业全部企业总研究开发费用与总资产之比作为衡量集群 Jac 溢出的指标。利用 Eviews 做初步估计发现模型的拟合程度很差，通过分析可能是因为求比值的变量之间存在相关性，在计算相对指标时损失了过多的信息，因此改用绝对指标的对数作为模型的估计变量。

本书提出了企业技术能级的概念，并认为主导企业能级的衰减与知识溢出的发生存在相关关系，利用 MaxDEA 软件对 2005～2013 年长三角地区研究样本企业进行了 DEA-

Malmquist 指数分析，以计算得到的各年各企业技术效率值作为企业技术能级的衡量指标，分析共获得 20000 余个企业共 900000 余条计算结果，并以集群内主导企业技术能级的变化作为集群中知识溢出现象的识别指标。对于产业集群内主导企业的选择，通过对 46 个产业集群进行综合观察，选择每个集群中总资本排名前 4 位的企业作为集群主导企业的代表，以企业总资本为权重分别对每个产业集群中主导企业的能级进行加权平均，得到产业集群主导企业能级衰减项，46 个产业集群主导企业能级 2005～2013 年的演化过程见图 6-6。

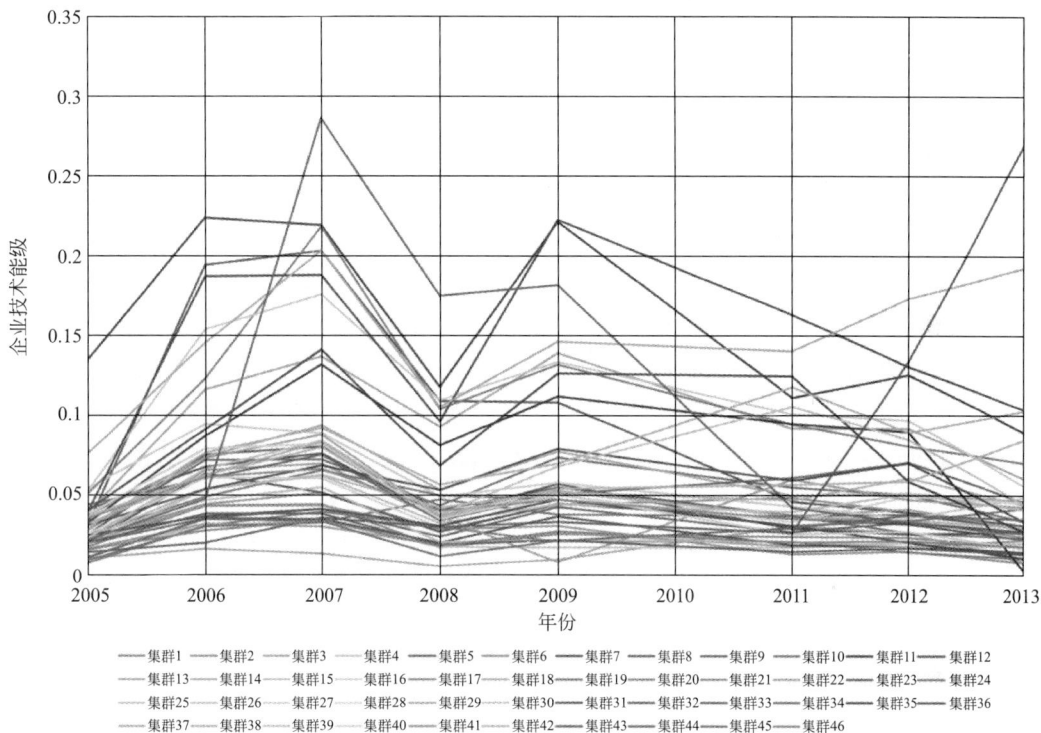

图 6-6　产业集群主导企业能级演化

本书尝试考察产业集群内以人员流动为载体的知识溢出对创新绩效的影响，以往学者基于中观统计数据的研究认为区域内的人员流动率与从业人员正相关，并使用区域从业人员数量作为人员流动机制下知识溢出的替代指标。认为这种近似的做法并不能反映产业集群内真实的人员流动强度，并且很难将基于人员流动的知识溢出与由产业集群劳动蓄水池带来的规模效应区别开来，因此尝试构建基于微观数据的衡量区域内人员流动的新指标，人员流动强度：

$$humov_{ij} = \frac{\sum_k |humov_{ijk}|}{\left| \sum_k humov_{ijk} \right|} \tag{6-6}$$

式中 $humov_{ijk}$ 代表 i 区域 j 行业 k 企业相邻两年间的人员变化，假设由于专业化的生产和集聚，企业员工特别是企业技术员工在离职后倾向于选择与原来相似的行业重新就

业，同时假设由于受到地理边界的限制，为降低更换工作的成本，企业员工在离职后倾向于选择与原来工作地点接近企业重新就业。人员流动强度 $humov_{ij}$ 越大，代表相对于集群整体的人员变化而言，集群内部的人员流动更频繁，例如，当集群整体的人员变化 $\sum_k humov_{ijk}$ 为零，而集群企业人员变化 $\sum_k |humov_{ijk}|$ 较大时，可以认为集群内的人员没有流向集群外部，而是在集群内部频繁的移动，基于人员流动的知识溢出效应将会增强。

6.3 计量估计结果分析

表 6-3 报告了采用 5 种模型进行估计的结果。其中回归组合 1 考察了企业研发投入、来自集群的 Mar 溢出以及来自集群区域的 Jac 溢出对企业创新绩效的影响；回归组合 2 在回归组合 1 的基础上加入企业吸收能力与 Mar 溢出、企业吸收能力与 Jac 溢出的交乘项，考察企业吸收能力对企业知识溢出、创新绩效的中介作用；回归组合 3、4 引入虚拟变量，考察企业在 H-L 集聚型产业集群和 H-H 集聚型产业集群中接受知识溢出的效果；回归组合 5、6 引入虚拟变量没考察当集群主导企业的技术能级跌落时，产业集群内部的知识溢出、创新绩效情况；回归组合 7、8、9 从产业集群的角度考察人员流动强度对集群区域内 Mar 溢出和 Jac 溢出效应的影响。回归组合 1 中，企业受到来自集群区域内 Mar 溢出的负向影响，且并不显著，企业受到来自集群区域内的 Jac 溢出较弱的负向影响在 5% 水平上显著，这说明目前我国产业集群中的企业的创新绩效仍然主要受到自身研发投入的影响，企业所处集群整体研发投入强度的增加可能会使企业产生对技术的路径依赖，抑制企业自主创新的积极性，从而影响企业的创新绩效。我们在回归组合 2 中重点考虑集群企业吸收能力对企业接受知识溢出，提升创新绩效的中介调节作用，在加入企业吸收能力与 Mar 溢出、Jac 溢出的交乘项之后，通过回归结果可以观察到集群 Mar 溢出对集群企业创新绩效的正向影响，且在 5% 水平上显著，说明企业的吸收能力能够有效增强企业对来自集群内部同质性知识溢出的识别和内化，并最终可以有效地转化为企业的创新产出。通过回归组合 2 的结果还可以观察到，企业的吸收能力同样增强了集群范围内 Jac 溢出对企业创新绩效的抑制作用。集群企业通过提升吸收能力获取外部技术资源，可以实现自身知识创造能力的提高，前文对美国硅谷创新企业的分析认为，企业在研究开发方面投入越大，企业吸收能力越强，则员工吸收外部异质性知识的能力越强，这种全方位的知识搜索、内化模式对于高新技术企业来说十分重要。高新技术企业需要面对更加多变的环境，企业短期内的技术优势不能为企业提供持续发展的动力，只有通过不断地创新、转型、解体，快速整合企业外部的各种资源，才能使自身的技术竞争力保持在较高的水平，因此，提升企业吸收能力，充分利用来自其他行业的 Jac 溢出，这对于高新技术企业创新绩效的提升是有效的，更是必须的。我国的产业集群以传统生产型企业为主，《中国工业企业数据库》也将数据统计的重点放在我国大中型生产企业上，这也使得本书得到的结论更符合中国国情。与高新技术企业不同，传统生产型企业所处的外部环境相对比较稳定，市场需求的不确定性较小，这本身就会影响企业加大研发投入、生产创新产品的积极性。另外，我国产业集

表 6-3

模型估计结果

	(1)企业创新绩效	(2)企业创新绩效	(3)企业创新绩效	(4)企业创新绩效	(5)企业创新绩效	(6)企业创新绩效	(7)集群创新绩效	(8)集群创新绩效	(9)集群创新绩效
$tecinv$	0.2414*** (0.0067)	0.2157*** (0.0094)	0.2380*** (0.0145)	0.2045** (0.095)	0.2435*** (0.0082)	0.2213*** (0.0075)			
mar	−0.0083 (0.0072)	0.0356** (0.0183)	0.0626*** (0.0178)	−0.0372** (0.0184)			0.1536 (0.1176)	0.1515 (0.1061)	0.2151** (0.1149)
jac	−0.0080** (0.0136)	−0.0491** (0.0211)	−0.0225*** (0.0206)	0.0145 (0.0254)			0.4908*** (0.0694)	0.4452*** (0.0632)	0.4484*** (0.6302)
$marabs$		−0.0046*** (0.0155)	−0.0561*** (0.0147)	0.0271* (0.0162)					
$jacabs$		0.0572*** (0.0119)	0.0596*** (0.0112)	0.0018 (0.0130)					
H-L cluster			1						
H-H cluster				1					
$dftecinv$					0.0126* (0.0091)	0.0231** (0.0126)			
$dftecinvabs$					−0.0110*** (0.0047)	0.0613*** (0.0152)			
$dftecabsdec$						1			
$marmove$								0.0277*** (0.0050)	0.0273*** (0.0050)
$jacmove$									−0.0157 (0.0110)
$cons$	3.5362*** (0.2662)	3.2521*** (0.2641)	2.7514*** (0.2632)	2.9623*** (0.2978)	3.5512*** (0.3121)	2.6153*** (0.2618)	−3.4131** (0.4572)	−1.776* (0.4213)	−2.7848* (1.5283)
N	12552	12552	7047	6312	12552	12552	138	138	138
伪 R^2	0.5573	0.5681	0.5377	0.5706	0.5218	0.5485	0.4572	0.5576	0.5610

注：*，**，*** 分别表示在 10%，5%，1%的水平上显著，括号中的数字表示标准差，回归结果由 Eviews9 给出。

群中企业的同质化普遍存在，大型产业集群往往被锁定在技术水平较低的领域，在这种背景下，集群中的主导企业只需要利用规模效应就可以保持自身的较高的竞争力，而增加研发投入无形中增加了主导企业的机会成本，这也为成了我国产业集群主导企业在技术领域裹足不前的重要原因。对于我国产业集群中的跟随企业，虽然在整体研发实力、创新水平等方面与主导企业存在一定的差距，但由于企业规模较小，可以通过加大研发投入、引进优秀人才等方式快速有效地提升企业吸收能力，从而对集群内的主导企业进行技术追赶和技术超越。当企业的吸收能力达到一定水平后，会倾向于对行业内外的知识进行广泛搜索，一旦识别出有市场潜力的知识后会利用自身规模小、组织结构灵活的优势实现产业转型，如果《中国工业企业数据库》对企业当年新产品产值的统计口径要求新产品必须是企业主要经营范围内的产品，就会对本研究的回归结果产生较大的影响。

回归模型 3 和回归模型 4 重点考察了产业集群集聚形式对集群知识溢出效应、创新绩效的作用机制。当企业处于 H-L 型集群中时，产业集群的 Mar 效应有所增强，这与提出的理论模型相符合，当集群中仅有少数的主导企业，而主导企业周围又分布着企业规模较小、创新能力相对较低的跟随企业时，由于主导企业与跟随企业之间不存在直接的竞争关系，企业双方会倾向于通过更频繁地互动交流，形成良好的协同创新网络，从而实现企业整体创新水平的提升，以产业同盟的形式与其他产业集群中的企业展开竞争。添加企业吸收能力中介效应的变量 $marabs$ 回归系数表现出对集群企业创新绩效很强的负向影响，这说明，在我国 H-L 集聚型产业集群虽然可以从整体上提升集群企业的创新绩效，但在对具体企业作用时，主导企业知识溢出过程中释放的技术资源会扰乱高吸收能力跟随企业的创新策略，跟随企业为追逐知识溢出的短期利益改变自身长期的创新发展战略，可能会丧失自主创新的能力，在长期会表现为企业创新绩效的下降。

H-H 集聚型产业集群中的 Mar 溢出表现出对集群企业创新绩效的负向影响，与 H-L 集聚下相对垄断的竞争环境不同，H-H 集聚型产业集群中存在大量规模相似、创新水平相当的主导企业，企业间的竞争关系会促使企业建立相对安全的技术壁垒，从而使企业获得集群内知识溢出的难度增加，变量 $marabs$ 的系数显著为正，代表在 H-H 集聚型产业集群中，企业吸收能力的提升可以帮助其从相对恶劣的竞争环境中获取行业内的技术资源。模型（4）中 Jac 溢出效应相关变量的回归系数为正但不显著，只能从一定程度上说明在 H-H 集聚型产业集群中，企业通过搜索其他产业的创新资源，有可能对企业创新绩效的提升有一定的帮助。

模型（5）、（6）考察由集群主导企业对外产生的知识溢出，使用每个产业集群中总资产排名前 4 的企业作为集群的主导企业，这是由于集群主导企业识别具有一定难度，认为在对大量的区域进行产业集聚、产业集群的识别时，这种近似是可以接受的。模型（5）在不考虑企业能级变化的情况下，集群主导企业的研发投入会对集群企业创新绩效的提升起到一定促进作用，但跟随企业的吸收能力会干扰企业对来自集群主导企业知识溢出的获取，这种干扰较小，但却十分显著，这可能是由于吸收能力较强的跟随企业获取外部技术的渠道较多，并不依赖集群内部少数几个主导企业的知识溢出效应。模型（6）增加了代表集群主导企业能级变化的虚拟变量，当集群主导企业能级衰落时，来自集群主导企业的知识溢出对跟随企业创新绩效的影响得到增强，而此时跟随企业吸收能力的中介作用也更加显著，这主要是由于伴随集群主导企业能级衰落产生的知识溢出具有一定的不确定性，跟随企业很难提前预测这类知识溢出的发生，而对于这种偶发性知识溢出的捕捉要求企业具有更高的技术水平、创新能力和知识存量，吸收能力越强的企业越有可能充分利用这种量子态的知识溢出，实现企业创新绩效的提升。

模型（7）、（8）、（9）以产业集群整体为研究对象，样本相对较少，但回归结果在一定程度上反映了集群内部人员流动对集群创新绩效的影响。回归结果表明，集群内的人员流动有利于集群内 Mar 溢出效应的发挥，这也证明了集群内的人员更换工作时倾向于选择集群内与原工作企业相同行业的其他企业，人员在行业内的流动促进了知识和技术的交流，提升了行业整体的创新绩效。人员在集群企业间的流动也在一定程度上抑制了集群内的 Jac 溢出效应，人员在不同行业之间频繁的流动会影响其对所从事领域技术知识的学习与深入理解，此时人员流动所携带的异质性知识所包含的创新能量较低，并不能够激发企业的创新潜能，也无法表现为企业创新绩效的提升。

通过上述实证分析，本书所提出的的关系假设得到检验，检验结果如表 6-4 所示。各分析结论即基于传统视角分析不同类型的知识溢出效应，又在提出量子模型的基础上对传统理论进行了扩展，使理论研究与实证分析构成有机整体。

关系假设的检验结果　　　　表 6-4

关系假设	假设描述	检验结论
假设 1	产业集群 Mar 溢出效应可以提升集群企业的创新绩效，提升效果受到企业吸收能力的中介调节作用影响	支持
假设 2	产业集群 Jac 溢出效应可以提升集群企业的创新绩效，提升效果受到企业吸收能力的中介调节作用影响	部分支持
假设 3	H-L 集聚有利于产业集群中 Mar 溢出的发生，进而提升集群企业的创新绩效	支持
假设 4	H-H 集聚会对产业集群中的 Mar 溢出产生屏蔽作用，抑制产业集群知识溢出效应对创新绩效的提升效果	支持
假设 5	主导企业技术的研发投入可以提升集群企业的创新绩效，提升效果受到企业吸收能力的中介调节作用影响	部分支持
假设 6	产业集群主导企业技术能级的衰落是触发产业集群知识溢出的重要因素，产业集群主导企业知识溢出对企业创新绩效的影响受到其技术能级衰落的中介调节作用	部分支持
假设 7	产业集群企业间人员流动与交流的频度越大，产业集群知识溢出对创新绩效的促进越显著	支持

6.4　小结

本章首先利用可视化分析方法对产业集群中的知识溢出进行了识别，初步观察了产业集群知识溢出与创新绩效之间的关系。随后使用统计回归方法的实证结果证明，我国产业集群中的知识溢出以 Mar 溢出为主；相较于 H-H 集聚型产业集群，H-L 型产业集群更有利于企业对知识溢出的获取；集群主导企业技术能级的跌落可以在一定程度作为企业释放知识溢出的信号；人员流动对集群中的 Mar 溢出效应具有增强效应；各种形式的知识溢出对创新绩效提升效果的发挥均不同程度地受到集群企业吸收能力的中介调节作用影响。

第7章 充分利用产业集群知识溢出效应 提升企业创新绩效的对策和建议

根据本书构建的基于技术进步的产业集群协同创新、连锁裂变式创新量子模型，结合本书对产业集群知识溢出、吸收能力对创新绩效影响的实证研究，按照产业结构优化的原则、方向、思路、目标和重点，本章提出充分利用产业集群知识溢出效应，深入挖掘企业创新潜能，全面提升企业创新绩效的对策和建议，以期为我国产业集群产业结构优化升级提供策略指导，有效发挥产业集群对区域经济的"引擎"作用，促进区域经济长期、稳定、可持续的发展。

7.1 政府主导加强产业集群边界建设

产业集群与区域经济相互影响、相互促进，产业集群的发展不仅能够为周边区域创造经济价值、提供就业机会，还能有效地吸引区域外资金、人才、企业的加入，加速区域经济结构的调整和升级。在产业集群发展初期，产业集群的地理、技术、政策边界可以对集群企业起到保护作用，从而吸引更多优质企业的加入，但随着发展产业集群规模不断扩大，设置过高的集群边界会使其陷入技术锁定陷阱。作为区域经济的服务者、监督者，政府必须及时发现产业集群边界建设中存在的问题，改变传统的产业集群发展指导思想，在更为开放的格局视角下主导产业集群的边界建设与维护。

7.1.1 维护合理的产业集群地理边界

产业集群强调企业在空间上的集聚和在生产经营上的交流互动，企业空间集聚首先导致的就是产业集群地理边界的产生，而政府应该担负维护合理的产业集群地理边界的责任。产业集群地理边界的合理性主要表现为企业在地理空间上的合理临近和集群空间可扩展性以及产业集群间的地理邻近：

（1）企业在空间上的合理临近与集群空间的可扩展性

与产业内主导企业的地理邻近是新企业加入产业集群的重要原因，通过对长三角11个主要行业的K函数分析发现，同行业的产业集聚主要发生在 $80\sim160km$，相当于 $1\sim2h$ 车程的距离范围内。与产业集聚中心距离过远会影响企业对产业集群知识溢出的获取，而产业在空间中过于密集的集聚又会导致对集聚中心各类资源的争抢，导致"挤出"效应。可以通过改善集群外围区域员工居住生活条件、加强集群外围区域企业配套设施等方式，将集群中的中小型企业引导至相对远离集聚中心的产业园区，配合交通条件的改善突破地理空间的限制，保障企业间技术创新信息交流互动能够及时、通畅地进行。利用政府的引导作用，使集群企业在空间上更为合理地布局，通过对集群各区域模块化的设计加强产业集群空间可扩展性。

（2）产业集群间的地理邻近

通过对长三角地区 46 个产业集群空间分布的观察发现，同行业产业集群在空间上分布得较为分散，存在明显的地理边界，大多数区域在集群间的大范围空间之中仅零星分布同行业的中小型企业，加之同行业产业集群之间本身存在较强的竞争关系，这些都使得产业集群间的知识交流变得十分困难。区域经济的发展是一个整体，少数产业集群的快速发展必然导致区域内创新资源分配具有明显的偏向性。应该重视产业集群间技术外部性带来的知识溢出效应对集群整体创新绩效的提升，可以在集群建设之前做好空间规划，尽量保证同行业弱竞争关系产业集群的空间临近。对于已经建成的产业集群，应该调查同行业产业集群的空间临近程度，对于空间分布过于分散的产业集群，可以在两个产业集群之间建立"缓冲带"，通过引入企业、高校、研究机构建立集群间沟通的桥梁，进一步促进区域协同生产、协同创新的高效开展。

7.1.2 政府搭台建立有效的产业集群政策边界

政府作为集群发展的监督者、管理者以及政策的制定者，需要考虑如何让集群需要的企业"进得来"，让对集群发展不利的企业"走出去"，同时使有意愿加入集群的新企业"有机会"，保证产业集群的平稳发展。建立合理的政策边界，利用产业集群内外的差异政策，既保证集群内企业的创新积极性，将优势创新资源留在集群内部，又能够对集群周边产生辐射作用，带动区域经济的整体发展。

政府应当重点从行政、财政税收、补贴资助、人才引进四个方面制定行之有效的集群政策：

（1）行政措施

产品是企业创新成果转化的最终载体之一，企业通过销售创新产品不仅可以回流资金、获取经验，还可以在产品销售的过程中获取来自顾客的逆向知识溢出，在新产品开发中不断提升企业技术水平。然而新产品的销售不仅取决于产品的创新程度，还受到产品外观设计、产品价格、用户需求等多方面的影响，其中任何某一方面错误的决策都可能导致新产品滞销，这很有可能打消企业持续创新的积极性。政府通过建立直接对接企业创新产品的政府采购保护措施，可以在一定程度上改善企业的创新环境，刺激企业创新的积极性。政府还应该加快组织体系建设，提高审批灵活度，积极促进服务体系的完善和改进，精简行政流程，在保证审批权限、严格执行审批程序的基础上适当采取特殊与例外处理原则，为企业提供方便快捷公共服务。

（2）财政税收、补贴资助和其他经济措施

继续深入执行目前的税收政策，在贴息上给予集群创新企业支持，对其执行较低的税率（10%～15%）或按现行税率至少减半缴纳，并在一定年限内对企业免收所得税。给予企业较大的补贴资助，但应分批分期按照企业实际创新绩效的情况进行审核和发放。对集群企业实行其他经济措施，规定企业一定比例的费用可以税前扣除，为企业提供经营场地等多重经济支持方案。

（3）人才引进措施

通过合理的人才政策吸引外部优秀人才进入产业集群，采用按岗位、项目任务、实际业绩等多种层次确定分配所得；建立集群内完善的社会福利保障制度，允许集群企业使用股权分红的方式留住核心人才。为人才有效流动和科技成果有效转化建立服务型规章制度，额外奖励具有科技成果转化突出贡献的人员和团队，简化科技成果转化中的流程。

7.2　充分发挥市场调节作用

根据构建的产业集群连锁裂变式创新模型，市场在产业技术创新的过程中起到了创新技术识别与解读的关键作用，通过市场热点的转移，企业的创新结构也会做出相应的调整，从而实现产业结构的自我优化。与此同时应该注意的是，市场对技术热点的追逐有时是盲目的，需要不断地试错完成机会的筛选和经验的积累，这对于人类整体技术的发展是一个必经过程，但地方政府可以充分发挥其监管作用，帮助产业集群对市场调节作用加以利用，产业集群也应该对市场的异常热点进行识别和控制。

（1）充分重视市场对创新技术的识别与解读过程

政府针对企业、高校、研究机构进行的创新资金资助应避免采用政府部门直接匹配资助金的方式，通过对中介机构的使用避免传统资助方式中存在的弊端，充分发挥市场对创新技术的识别与解读作用。首先，与政府部门相比，中介机构对其负责相关技术领域的情况更加了解，能够对优质创新技术进行识别和筛选；其次，中介机构通过聘请专家对相关技术进行评估，这一过程充分调动了专家的积极性，能够更好地发挥其作用；最后，中介机构为政府官方和民间企业机构之间提供了沟通的渠道，从而提高政府创新自主资金的利用效率。

产业集群应该重视金融市场在促进科技创新方面的作用，积极引入银行、证券、保险、基金等金融组织体系，利用其长期与市场面接触形成的机会捕捉能力和敏锐的观察力，将中介机构作为帮助创新项目通过产权交易等活动获得金融支持和专业服务的桥梁，完成资源在产业集群创新中的优化配置。政府对创新活动的支持不应该有明显的导向性，应秉持普适性原则，充分发挥市场竞争机制，完成优质创新技术、理想技术创新路线的选择。

（2）关注市场异常热点

国外政府在创新活动的监管过程中尽量不干预市场与企业选择，这样虽然可以充分利用市场自由竞争的优势，但需要完善的制度体系作为支持。我国技术创新领域的制度法规并不完善，政府各职能部门从事技术创新扶持工作的经验不足，这都使得市场可能由于异常热点的出现陷入混乱无序的状态。以目前存在较大争议的网络贷款行业为例，由于市场需求巨大，大量缺乏经验、资质和社会责任感的企业参与其中，打着 P2P 技术的旗号获取政府的政策支持，更有企业针对高校大学生市场提供校园小额贷款，严重扰乱了社会的正常秩序。此时，政府应该及时出面，对市场热点是否有利于区域经济的发展做出判断，对市场异常热点进行干预和疏导。产业集群在为企业创新活动提供服务与配套设施的同时，也应该利用自身平台优势，通过对集群内部市场数据进行深入的挖掘，为企业提供及时有效的市场信息，帮助企业规避局部市场过热带来的风险。

7.3 提高集群企业吸收能力

对长三角产业集群知识溢出与创新绩效作用机制的实证研究得到了与国内外大多数学者研究相同的结论，企业的吸收能力对企业接受来自同行业的 Mar 溢出、来自其他行业的 Jac 溢出、来自产业集群主导企业的纯知识溢出以及企业通过技术追赶获得的知识溢出起到显著的增强作用。企业吸收能力的提升从本质上依托于企业整体知识存量的累积，是一个漫长的过程，而政府和产业集群通过"1 比 1"扶持、引导区域互助、引入外资知识溢出等方式可以加快这一进程，帮助企业实现知识存量的快速累积，迅速提升企业的吸收能力，使产业集群进入创新发展的快车道。

7.3.1 "1 比 1"扶持鼓励企业自主研发投入

通过对《中国工业企业数据库》2005～2007 年企业研究与开发费数据的统计研究发现，该时间段内我国规模以上企业在研究与开发方面进行资金投入的企业数量分别仅占当年统计全部企业数量的 9.6%、9.9% 和 10.5%，最新的 2013 年数据虽然显示绝大多数规模以上规模企业都在研究与开发方面投入了资金，但所投入资金占企业总资产的比重仍然不高，以研究的 46 个产业集群为例，2007 年研究与开发费占总资产比例最高的 38 号仪器仪表制造产业集群研发投入比例为 6.8%，而最低的 23 号黑色金属冶炼和压延加工产业集群研发投入比例仅为 0.06%，直至 2013 年这一比例并没有得到明显的提升，工业企业的低研发投入成为我国产业创新发展的掣肘。

政府和产业集群可以通过多种渠道，采用多种方式提高企业自主研发、自主创新的积极性，其中最为有效的方式是对企业的研发投入实行"1 比 1"匹配，即在企业本身研发投入的基础上，为企业匹配同等的研发补贴，补贴的形式并不局限于资金的补贴，与企业研发投入资金等额的技术、税收优惠以及其他的权益都可以成为政府和产业集群鼓励企业自主研发投入的有效手段。另外，企业还应该通过加强与产业集群的交流，改变我国企业重生产、轻研发的旧思维、旧观念，为企业提供基于全球共享经济体系的开放视野，使企业从根本上认识到自主创新策略对企业长期发展的重要性。

7.3.2 整合区域教育资源发挥区域互助优势

笔者通过对《中国工业企业数据库》的统计研究发现，虽然我国工业企业在整体研发投入强度上比较低，但产业集群或产业集聚区中的企业在研究与开发上的投入更为积极，金额也更大。与此同时，数据库在 2006 年、2007 年统计了企业在员工教育上的投入，统计结果表明产业集群中的企业更倾向于对员工进行培训。这一方面是由于研发投入与培训投入可以提升企业员工对外部知识的识别与内化能力，从而使得企业可以更有效地利用产业集群中的知识溢出；另一方面也是由于产业集群中存在大量的优质企业、高校和研发机构，他们都可以成为企业的优质教育资源。企业通过派遣员工参与集群中技术领先企业、团体组织的培训活动，可以更好地掌握行业发展的前沿和动态，企业通过对技术领先企业发展战略的追踪，能够更为合理地统筹自身资源，制定有效的企业发展策略。

应该注意的是，即便集群中聚集了大量的优质教育资源，集群企业在员工教育方面的投入水平与发达国家相比仍然存在较大的差距，对员工实施教育培训的企业也可能受自身能力的影响无法快速、有效地选择适合其员工特点的教育培训资源，从而造成资源的浪费。政府作为区域的统一管理者，能够全面掌握区域内企业、高校、研发机构的具体情况，可以多角度地整合区域教育资源，发挥区域互助协作优势：①发挥集群主导企业的带头作用。集群主导企业不仅拥有更高的创新水平，也拥有更广阔的视野，更了解行业的技术前沿和发展趋势，政府应该以行业论坛等方式建立集群企业与集群主导企业的正式联系。对集群企业而言，参与与集群主导企业的行业交流可以开阔视野，提升企业吸收能力，更为准确地捕捉行业发展趋势与热点，对集群主导企业而言，与集群企业的行业交流不仅是教育的过程，更是"驯化"的过程，可以作为主导企业建立集群行业标准、培养配套生产者的辅助手段；②实现集群内高校、研究机构的创新成果转化。根据《中国统计年鉴》和《中国科技统计年鉴》的数据，我国各地政府在研究与开发方面的投入中，相当大的一部分提供给了区域内的高校和研究机构，但是与之相对应的却是高校、研究机构的研发成果"高高在上""落地难"，造成了研发资金的巨大浪费。究其原因是没有建立高校与研发机构、高校与企业、研发机构与企业之间的互动交流平台，高校和研究机构的创新活动并没有充分考虑所在区域经济的特点以及区域内企业的技术需求。通过建立高校、研究机构与企业之间的沟通机制，既可以发挥高校、研发机构的教育功能，同时也可以帮助高校、研究机构获取来自企业更贴近市场实际情况的反馈信息，综合地提升产业集群的整体吸收能力。

虽然实证研究中并未涉及，但是 FDI 知识溢出作为知识溢出的重要途径，对产业集群，特别是处于发展阶段的我国产业集群知识存量的积累、吸收能力以及创新能力的提升都具有不可忽视的意义。相对于地方企业而言，政府工作人员拥有更多出国访问学习的机会，通过对国外先进企业的走访和调查，政府应该为区域内集群企业及时提供来自国外的第一手资料，发挥自身的服务作用。政府工作人员还应该通过对区域内集群企业、国外先进企业的综合了解，在技术水平、细分市场等方面对双方企业进行合理匹配，搭建集群企业与国外先进企业的互动桥梁。政府应该通过为外资提供相应的用地、税收、投资政策，将国外资金以及国外优质企业引入产业集群当中，进一步为集群企业获取 FDI 知识溢出创造条件。

7.4　关注产业集群结构优化

随着互联网和计算机技术的发展以及移动互联网的普及，云计算以及大数据技术已经能够以模块化的形式嵌入传统工业企业的日常生产当中。产业集群应该利用互联网和移动互联网技术对产业集群的整体结构及演化趋势进行监控和识别，及时发现区域内的优质产业集群，并加大对其的政策扶持力度，同时也应该对不利于区域技术交流的产业集群进行识别，并引导其完成结构调整。

7.4.1 发挥产业集群集聚结构对知识溢出的积极作用

实证研究表明，H-L 集聚型产业集群中，集群跟随企业在集群主导企业周围形成了一条企业创新技术高速公路，这在很大程度上开放了产业集群的技术边界，不仅使得产业集群之间、不同产业集群主导企业之间的信息交流成为可能，也在很大程度上提高了产业集群之间的交流频率，形成更复杂的协同创新、协同生产网络。通过观察，我国的 H-L 集聚型产业集群主要分布在南部沿海地区，其中以珠三角区域和长三角区域最具代表性，基于 2005 年《中国工业企业数据库》识别出的 46 个长三角区域产业集群中，有 21 个属于 H-L 集聚型产业集群，有 4 个属于 H-L、H-H 集聚混合型产业集群，数量达到全部集群的 54%，远大于京津冀一体区的 25%，这也使得长三角区域技术进步对周围区域产生了巨大的辐射作用。

产业集群首先应该利用实时统计数据对区域内规模大、技术水平高的企业进行识别，对其作为区域主导企业的可能性进行判断，随后对有主导潜力的企业周围企业分布的情况进行调查，鉴定是否存在 H-L 集聚型产业集群形成的趋势。对于新涌现的 H-L 集聚型产业集群，产业集群应该发挥资源协调配置的功能，在为集群中心主导企业提供优质创新环境的同时，加强其周围地区的基础设施建设，吸引更多有自主创新倾向的中小型企业加入。同时，产业集群应迅速调整自身的准入条件，对有加入产业集群倾向的其他大型企业进行调查筛选，选择具有开放式创新意愿，有意图加入产业集群协同创新网络的企业进入产业集群，而对于竞争意识主导的同行业大型企业，应引导其在缺少主导企业的 L-L 集聚型产业集群中心选址。

7.4.2 打破产业集群结构导致的企业创新壁垒

本书的实证研究表明，H-H 集聚型产业集群中，集群中大量主导企业在空间上的集聚使得集群中的竞争十分激烈，企业为保持自身竞争力容易在企业周围、企业与企业间形成一道企业创新技术壁垒，这在很大程度增强了产业集群企业技术边界的封闭性，不仅增加了产业集群之间、不同产业集群主导企业之间的信息交流的难度，也在很大程度上降低了产业集群之间的交流频率，协同创新、协同生产网络难以有效形成。通过观察，我国的 H-H 集聚型产业集群主要分布在以重工业为主的北方地区，以其代表区域京津冀一体区为例，基于 2005 年《中国工业企业数据库》识别出的京津冀一体区产业集群中有 80% 以上属于 H-H 型产业集群，这使得以北京市、天津市集聚中心的创新能量难以传递到周边地区，虽然北京市、天津市在 2005~2013 年期间不断地加大研发投入，由于产业结构的限制，河北省并没有充分接受到区域中心的知识溢出，与长三角周边地区、珠三角周边地区相比，京津冀一体区周边地区的创新绩效并没有显著提高。

政府和产业集群通过对集群产业结构的实时监控，在发现 H-H 集聚型产业集群形成的趋势时应及时疏导，将产业集群中技术同质性强、存在强竞争关系的主导企业按照其特点进行重新组合，并将原产业集群中的部分主导企业转移至原产业集群附近建立的新产业集聚区中，同时在主导企业之间的区域引入中小型企业形成缓冲带，逐渐将 H-H 集聚型产业集群转化为 L-H-L-H-L 集聚的大型产业集聚群，盘活原有优势资源，重构区域内的协同创新、协同生产网络，打破主导企业之间的创新壁垒，使得集聚中心的创新能量对周边地区产生积极的辐射作用，带动整个区域的产业经济发展。

7.4.3 及时识别产业集群中的毒素企业

除了在产业层面对产业的集聚形式进行监管和调节，政府和产业集群还应该在微观层面建立企业信息数据库，及时识别集群中占用资源多、自主创新绩效低的毒素企业，并将其清除出产业集群。政府和产业集群应该做好新企业加入前的引导、新企业申请加入产业集群后的审核以及新企业加入产业集群后的监督三个方面的服务监管工作：①新企业加入产业集群前的政策宣传与引导。目前各地政府在发展电子与信息技术、生物工程和新医药技术、新材料及应用技术为代表高新技术产业集群和以文化创意产业为代表的新兴产业集群时，为吸引新企业加入会对企业提供大量的资金支持和与之相配套的扶持政策，但在对加入企业责任的规定以及对无法履行责任企业的处罚措施等方面的宣传力度还不够，这可能造成企业为获取资金和政策盲目转型，加入陌生的行业和领域，从而影响高技术产业集群和新兴产业集群的整体创新绩效。因此，政府和产业集群应该加强新企业进入前的宣传引导工作，帮助企业了解自身优势，理性选择是否加入产业集群。②新企业申请加入产业集群后的审核。新企业申请加入产业集群后，政府和产业集群应组织对新加入企业进行注册资本、净资产、专业技术人员、技术装备和已完成相关行业项目业绩等资质条件进行系统细致地审核，将虚报资产、租用企业外人员专业技术证书等为获得政策、资金支持的弄虚作假行为扼杀在萌芽之中，并将相关企业加入产业集群"黑名单"，同时要保证审核过程的公平、透明、高效。③新企业加入产业集群后的监督。在新企业加入产业集群后，政府和产业集群应该保持与企业的沟通，及时了解企业的经营情况和创新动态，对创新绩效低下、占用大量集群资源的"毒素"企业要迅速识别、彻底清除，构建产业集群企业"黑名单"并与其他地方政府共享名单信息，从而全面有效地净化企业创新环境。

7.5 保护集群企业利益

以产业集群主导企业为代表的领先企业中聚集了大量的创新资源，并且相对于其他集群企业而言创新意识更强烈，创新绩效更高，产业集群应该积极引导领先企业加入，并通过长期稳定的企业创新政策以及通畅的市场渠道留住优质企业。以产业集群跟随企业为代表的落后企业在良好的市场环境中会主动地参与产业创新，但由于受到企业规模、知识存量、人才构成的影响，凭借自身力量很难实现创新绩效的跨越式提升。落后企业作为产业集群发展的稳定剂，应该得到更多的重视。

7.5.1 "腾笼换鸟"引入领先企业

根据《中国工业企业数据库》2013 年的统计数据及企业全要素生产率估算分解的结

果显示，研究的 2 万余家企业中，当年全要素生产率分解的技术效率项达到 0.5 以上的企业仅有 50 家，产业集群中的大量工业企业占用集群内的有限资源，却始终维持较低的生产效率与创新绩效水平，造成集群资源的不合理分配，大量优势资源被浪费在无效率的生产和创新活动中。

2008 年广东省委、广东省人民政府以《中共广东省委、广东省人民政府关于推进产业转移和劳动力转移的决定》文件形式正式提出"腾笼换鸟"的"双转移战略"思想。2010 年 6 月，广东省委政府出台《关于加快经济发展方式转变的若干意见》，提出要培育省内 500 强企业，拟通过提高重污染行业排污费、提高限制和淘汰类行业电价的方式，加快这些行业的淘汰速度。2014 年"两会"期间，国家提出了"腾笼换鸟、凤凰涅槃"的区域产业结构调整战略，强调"腾笼不是空笼，要先立后破，还要研究新鸟进笼老鸟去哪？要着力推动产业优化升级，充分发挥创新驱动作用，走绿色发展之路，努力实现凤凰涅槃"。

结合提出的 H-H 集聚型产业集群向 L-H-L-H-L 型产业集聚群转化的区域产业结构调整路径，地方政府应首先完成原产业集群周边地区的基础设施建设，"腾笼换鸟"不是对"老鸟"的驱逐，而是将其引导至原有产业集群之间的缓冲带中。"腾笼换鸟"战略可以从两方面解决产业集群结构僵化、创新绩效低下的问题：①"腾笼"引入"新鸟"，发挥"新鸟"的引领作用。通过将集群原有企业向产业集群周边引导，集群中心的优势资源被释放出来，利用新引入技术领先企业的创新势能，充分发挥集群的资金、人才、区位优势，并对集群内原有的跟随企业产生辐射作用，激发区域的创新活力。②"老鸟"识途，助力集群协同网络建设。政府将集群内原有主导企业向集群外围转移，并辅以税收、租金的政策扶持，可以降低企业的经营成本，给企业喘息的机会。企业利用时间窗口进行资源重组，清除劣质资产，有可能重新焕发创新活力。产业集群间协同创新网络的形成离不开集群间技术、信息"高速公路"的建设，"老鸟"外移恰恰可以利用集群原有主导企业的知识存量，丰富的经营经验和对行业发展趋势较高的洞察力使其成为集群间协同创新网络的重要环节，产业集群的陈旧资源得到二次的利用和开发。

7.5.2 提供完善的制度框架以及有针对性的政策扶持

集群主导企业通过大量的研发投入，推动了整个产业集群的技术创新，但由于"搭便车"现象的存在使得企业无法获得与投入资金相匹配的效益回报，针对这一点，政府应该为集群主导企业提供完善的制度框架以及更有针对性的政策扶持。

首先，政府应该效仿德国，为技术创新提供完善的制度框架条件。构建完善的知识产权法律体系，对我国现有的《专利法》《外观设计专利法》等法规进行适当地更新，使其更适合当前的技术创新环境。同时，应该保证知识产权法律被严格、高效地执行。员工创新是企业创新的动力源泉，应该通过《雇员发明法》对员工的创新行为进行保护，德国的《雇员发明法》不仅为解决雇员与其所属机构之间在发明权归属方面产生的纠纷提供了依据，而且规范了雇员及其所属机构之间在技术创新及其各自收益方面所需承担的责任、履行的义务和相应的补偿方法，有效地促进了雇员与其所属机构之间双赢创新的实现。

集群主导企业从事的创新活动除了需要来自政府的法律、资金支持外，还需要政府协助其建立与外界创新技术源之间的通道，搜寻、引入适合本地产业集群的优秀创新技术，激发集群内领先企业的创新活力。地方政府应该有针对性地提供除税收和土地之外的其他优惠政策，与企业共同研究市场对新产品的需求，帮助企业完成创新成果的转化，更多地对研发活动本身而非研发活动的成果给予补贴支持，鼓励集群中的主导企业进一步加大自身研发投入。在保证集群内原有主导企业利益的同时，吸引更多高新技术企业的进入，发挥其技术引领作用，为产业集群提供更多的创新技术，促进集群创新能力的提升。

7.5.3 重视集群落后企业发展

集群中的落后企业在行业高速发展阶段可以起到稳定剂的作用，通过对创新大潮中产生的冗余技术、人才的吸纳减少集群中的不稳定因素，这对于高速发展的中国产业集群尤为重要。落后企业稳定剂作用的发挥直接取决于企业对于技术、人才的利用效率，因此，政府和产业集群应该通过资金补贴进一步提高落后企业的吸收能力。

落后企业由于规模有限，知识存量较低，集聚的资源很少，无法形成对人才、技术、资金有吸引力的中心势场，同时抵抗市场风险和创新风险的能力较差，对自主创新持保守观望的态度。与技术扶持相比，政府和产业集群更应该通过加大对落后企业的资金扶持力度，或者为落后企业提供相应的人才引进扶持政策，帮助落后企业形成更具吸引力的中心势场，从而提高企业的基态技术能级，使其更容易捕获来自集群主导企业和技术领先企业的知识溢出。落后企业尝试自主研发的产品可能并不能满足市场需求标准，政府应该提供相应的采购政策，保证企业资金的持续流动，保持落后企业自主研发的积极性。

7.6 小结

本章在前文定性分析和定量分析的基础上，按照产业结构优化的原则、方向、思路、目标和重点，本章提出全面提升企业创新绩效的对策和建议，包括加强产业集群边界建设、充分发挥市场调节作用、提高集群企业吸收能力、优化集群产业结构和全面保护集群企业利益等。

结　论

产业集群是我国区域经济发展的重要引擎，通过对资金、劳动力、技术的聚集和合理分配可以使集群企业的创新能力得到整体提高，知识溢出效应作为集群经济重要的组成部分，其对集群企业创新绩效的作用效果受到集群企业吸收能力、集群创新环境等诸多因素的制约。本书基于技术进步视角，针对产业集群企业这一微观研究对象构建了全面系统的理论模型，通过模拟仿真验证了知识溢出在产业集群创新中的重要性，通过对传统生产函数的量子扩展为产业集群知识溢出的识别与追踪提供了新的研究角度，综合利用企业地理编码和可视化技术提出了收集产业集群研究样本的新方法，并提出了产业集群知识溢出、吸收能力、创新绩效三者之间的关系假设。通过实证研究，分别检验了产业集群知识溢出、吸收能力、产业集群空间结构、集群主导企业能级状态对集群创新技校的影响。最后基于构建的理论模型和实证结论，有针对性地提出了相应的政策建议。

从不同的角度对产业集群的知识溢出和创新机制进行理论模型构建，并以提升集群企业创绩效为最终目的进行规范的理论研究与实证分析。针对知识溢出受企业空间分布状态影响的特点，在综合考虑企业空间信息的基础上，以产业集群企业创新绩效为研究重点，有针对性地选取研究对象进行实证分析，主要得到如下结论：

（1）集群企业是产业集群创新活动的载体，相对于国家宏观层面而言，企业层面的创新活动具有更大的不确定型，传统的统计分析方法将企业创新投入与创新产出看作连续的变量，然而现实企业即使投入的创新资源相同，仍然很大机会表现出差异化的创新状态，这使得微观层面的研究无法得到统一的结论。因此，需要进一步建立与企业层面数据相对应的微观分析方法，对不同的产业集群采用不同的方法组合，做到对症下药，才能真正有效地提高集群企业的创新绩效。

（2）产业集群的知识溢出主要发生在产业集群生命周期中的成长期和衰落期，而在集群发展的初期和成熟期产业集群内部的知识流动多表现为以集群主导企业为主的知识扩散和知识转移。无论是基于技术追赶的技术溢出，还是由集群主导企业能级衰落产生的纯知识溢出，都需要集群企业具有较高的吸收能力，能够迅速及时地对产业集群中的 Mar 溢出、Jac 溢出等多种形式的溢出进行内化和吸收，并最终可以转化为企业创新绩效的提升。

（3）我国产业集群中驱动企业创新绩效提升的知识溢出形式主要是 Mar 溢出和基于人员流动的知识溢出，在设置的多个模型中，Jac 溢出都表现出对集群企业创新绩效的抑制作用。究其原因，是由于我国产业集群中，除了少数的主导企业之外，大多数企业在研发和员工培训方面的投入不高，企业的知识存量导致企业难以真正有效的利用来自行业外部的 Jac 溢出。非本行业产业集群技术进步导致的行业腾飞可能会扰乱产业集群自身的发展步调，企业盲目改变创新方向最终导致资源的浪费和企业创新绩效的降低。

（4）我国的产业集群按集聚形式主要分为 H-H 型大型企业产业集群、H-L 型大小企业混合型产业集群、L-L 型中小企业产业集群，在由大型企业主导创新的产业集群中，H-L 型产业集群的结构更为合理，有利于集群企业创新绩效的提升。而 H-H 型产业集群中虽然集聚了大量的优质企业，但由于企业之间存在较强的竞争关系，企业边界相对封闭，不利于创新主体和创新成果在企业之间的移动，最终导致企业整体创新绩效的降低。

（5）在我国，产业集群的主导企业并没有充分地发挥自身的引领作用，集群落后企业对集群主导企业往往只是简单地模仿，落后企业的"山寨行为"导致主导企业的创新成本大幅度增加，主导企业只能通过增加知识产权保护方面的投入或减少新产品研究和开发投入的方式进行防御，最终劣币驱逐良币，扼杀了产业集群企业整体的创新活力。研究同时也发现，在产业集群主导企业技术能级衰落时的确会产生知识溢出，但知识溢出的效果取决于集群落后企业的吸收能力以及产业集群整体的发展状态。

（6）人员流动是我国产业集群知识溢出的重要载体，企业创新绩效较高的产业集群中，工作人员在原企业离职后倾向于选择进入原企业周边相似行业的企业继续工作，表现为区域人员流动强度的增加。产业集群的人员流动可以有效增强集群内 Mar 溢出对企业创新绩效的提升效果，但过度的人员流动会抑制集群中 Jac 溢出对企业创新绩效的正向影响，不利于产业集群中多样化创新的展开。

企业微观层面的创新活动具有很强的不确定性，这使得对于单一样本的研究不再具有代表性和普适的解释能力。理论研究与实证分析中虽然使用数据包络分析与数据可视化分析等技术手段对数据库中企业样本的信息进行深入挖掘，但由于工作量较大，并没有对我国所有地区的产业集群进行完整系统的定位与分析。另外，关于本书构建的产业集群量子模型以及量子化的 C-D 生产函数的有效性还有待来自企业层面数据的进一步验证。我国的产业集群仍然处于发展转型阶段，知识溢出的渠道在不断变化，衡量产业集群和企业创新绩效的标准在持续更新，关于产业集群企业创新的微观作用机制仍有待更为深入的研究，产业集群知识溢出的理论体系还需要进一步完善。

参考文献

［1］ 哈瑞·丹特. 下一轮经济周期［M］. 北京：中信出版社，2009.

［2］ Michael E. Porter. The Competitive Advantage of Nations［M］. New York：The Free Press，1990.

［3］ Krugman P. Increasing Returns and Economic Geography［J］. Journal of Political Economy，1991，99（3）：483-499.

［4］ 熊彼特. 经济发展论［M］. 北京：商务印书馆，1990.

［5］ 克利斯·弗里曼. 工业创新经济学［M］ 北京：北京大学出版社，2004.

［6］ Parisi M. L.，Schiantarelli F，Sembenelli A. Productivity，Innovation and R&D：Micro Evidence for Italy［J］. European Economic Review，2006，50（3）：2037-2061.

［7］ Elias C，Manlio D. G.，Maria Rosaria. Managing the Intellectual Capital within Government-University-Industry R&D Partnerships：A Framework for the Engineering Research Centers［J］. Journal of Intellectual Capital，2014，15（4）：611-630.

［8］ Wallsten S. The Effects of Government-Industry R&D Programs on Private R&D：the Case of the Small Business Innovation Research Program［J］. Rand Journal of Economic，2000，31（1）：82-100.

［9］ Schwartz M，Peglow F，Fritsch M，Gunther J. What Drives Innovation Output from Subsidized R&D Cooperation? Project Level Evidence from Germany［J］. Technovation，2012，32（6）：358-369.

［10］ James C. Hayton. Competing in the New Economy：The Effect of Intellectual Capital on Corporate Entrepreneurship in High-Technology New Ventures［J］. R&D Management，2005，35（2）：137-155.

［11］ Amabile T. M.，Conti R.，Coon H. Assessing the Work Environment for Creativity［J］. Academy of Management Journal，1996，39（5）：1154-1184.

［12］ Mansfield E. Social Returns from Research and Development：Findings，Methods and Limitations［J］. Research Technology Management，1991，34（6）：24-27.

［13］ Gulati R，Singh H，The Architecture of Cooperation：Managing Coordination Costs and Appropriation Concerns in Strategic Alliance［J］. Administrative Science Quarterly，1998，43（4）：781-814.

［14］ Berchicci L. Towards an Open R&D System：Internal R&D Investment，External Knowledge Acquisition and Innovative Performance［J］. Research Policy，2012，42（1）：1-11.

［15］ Hagedoom J，Cloodt M. Measuring Innovative Performance：is the Read Vantage in Using Multiple Indicators?［J］. Research Policy，2003，32（8）：1365-1379.

［16］ Jaffe A，Trajtenberg M，Henderson R. Geographic Localization of Knowledge Spillovers as Evidenced by Patent Citations［J］. Quarterly Journal of Economics，1993（108）：577-598.

［17］ Hitt M. A.，Hoskisson R. E.，Johnson R. A. The Market for Corporate Control and Firm Innovation［J］. Academy of Management Journal，1996，39（5）：1084-1119.

［18］ Beneito P. The Innovative Performance of In-House and Contracted R&D in Terms of Patents and Utility Models［J］. Research Policy，2006，35（4）：502-517.

［19］ Breschi S. F. Lissoni. Knowledge Spillovers and Local Innovation Systems：Acritical Survey［J］. Industrial and Corporate Change，2001（10）：975-1004.

［20］ Jaffe A，Real Effects of Academic Research［J］. American Economic Reviews，1989（97）：957-970.

［21］ Ruslan L，Joseph P. Knowledge Spillovers in Belgium：Evidence from the Firm's Patent Citation Behavior［J］. TEW Research Paper，2002（12）.

［22］ Acs Z. J.，Feldman M. P. Real Effects of Academic Research：Comment［J］. American Economic Review，1992，82（1）：363-367.

［23］ Audretsch D. B.，Feldman M. P. R&D Spillovers and the Geography of Innovation and Production［J］. American Economic Review，1996（86）：630-640.

［24］ Angeles Montoro Sánchez, Marta Ortiz de Urbina Criado. Effects of Knowledge Spillovers on Innovation and Collaboration in Science and Technology Parks［J］. Journal of Knowledge Management, 2011, 15（6）：948-970.

［25］ Lamia B. H. FDI and Spillovers in the Swiss Services/Construction Industry：Interaction Effects between Spillover Mechanisms and Domestic Technological Characteristics［J］. Critical Perspectives on International Business, 2011, 7（3）：224-249.

［26］ Gopal V. Krishnan. Further Evidence on Knowledge Spillover and the Joint Determination of Audit and Non-Audit Fees［J］. Managerial Auditing Journal, 2011, 26（3）：230-247.

［27］ Marco Ferretti, Adele Parmentola. FDI Knowledge Spillovers and Host Government Policies：The Iranian Experience［J］. European Business Review, 2010, 22（2）：175-194.

［28］ Isaac Oluwajoba Abereijo, Matthew Oluwagbemiga Ilori. Forms of Technological Spillovers from Multinational Companies to Small and Medium Food Companies in Nigeria［J］. Journal of Technology Management in China, 2012, 7（2）：152-163.

［29］ José-Antonio Belso-Martínez, Manuel Expósito-Langa. Knowledge Network Dynamics in Clusters：Past Performance and Absorptive Capacity［J］. Baltic Journal of Management, 2016, 11（3）：310-327.

［30］ Markus Kohlbacher, Doris Weitlaner. Innovation in Clusters：Effects of Absorptive Capacity and Environmental Moderators［J］. Competitiveness Review, 2013, 23（3）：199-217.

［31］ Jan Meinlschmidt, Kai Foerstl. The Role of Absorptive and Desorptive Capacity（ACDC）in Sustainable Supply Management：A Longitudinal Analysis［J］. International Journal of Physical Distribution & Logistics Management, 2016, 46（2）：177-211.

［32］ Saeed Najafi Tavani, Hossein Sharifi. A Study of Contingency Relationships between Supplier Involvement, Absorptive Capacity and Agile Product Innovation［J］. International Journal of Operations & Production Management, 2013, 34（1）：65-92.

［33］ Evaldo Fensterseifer Jaime, Rastoin Jean-Louis. Cluster Resources and Competitive Advantage：A Typology of Potentially Strategic Wine Cluster Resources［J］. International Journal of Wine Business Research, 2013, 25（4）：267-284.

［34］ 魏江. 小企业集群创新网络的知识溢出效应分析［J］. 科研管理, 2003（4）：54-60.

［35］ 盖文启, 朱华晟. 产业的柔性集聚及其区域竞争力［J］. 经济理论与经济管理, 2001（10）：25-30.

［36］ 黄建康. 对硅谷创新型网络资本系统的剖析与思考［J］. 国际经贸探索, 2004（4）：40-43.

［37］ 魏江, 叶波. 企业集群的创新集成：集群学习与挤压效应［J］. 中国软科学, 2002（12）：39-43.

［38］ 蔡铂, 聂鸣. 社会网络对产业集群技术创新的影响［J］. 科学学与科学技术管理, 2003（7）：57-60.

［39］ 吕宏芬, 余向平. 传统产业集群技术创新能力提升的内在机理及途径探讨——以瑞安汽摩配产业集群为例［J］. 科技进步与对策, 2005（5）：49-50.

［40］ 古家军, 胡蓓. 企业高层管理团队特征异质性对战略决策的影响——基于中国民营企业的实证研究［J］. 管理工程学报, 2008（3）：30-35.

［41］ 郑海涛. 产业集聚影响企业技术创新绩效的机理研究——基于广东产业集群案例和458家企业数据的实证研究［J］. 中国科技论坛, 2011（10）：55-62.

［42］ 曾婧婧, 刘定杰. 产业集群集聚效应能促进企业创新绩效提升吗——对武汉市生物医药产业集群的实证分析［J］. 科技进步与对策, 2016（18）：65-71.

［43］ 朱建民, 史旭丹. 产业集群社会资本对创新绩效的影响研究——基于产业集群生命周期视角［J］. 科学学研究, 2015（3）：449-459.

［44］ 赵波. 产业集群特征与创新绩效关系实证研究——以陶瓷产业集群为例［J］. 软科学, 2011（11）：19-23.

［45］ Leiponen Aija, Helfat C. E. Innovation Objectives, Knowledge Sources, and the Benefits of Breadth［J］. Strategic Management Journal, 2010, 31（2）：224-236.

［46］ 郭京京. 产业集群中知识存储惯例对企业创新绩效的影响研究——知识管理的视角［J］. 科学学与科学技术管理,

2013（6）：76-82.

[47] 孙兆刚，徐雨森，刘则渊.知识溢出效应及其经济学解释［J］.科学学与科学技术管理，2005（1）：87-89.

[48] 彭中文.知识员工流动、技术溢出与高技术产业聚集［J］.财经研究，2005（4）：93-102.

[49] 吴寿仁，李湛.科技孵化企业聚集知识溢出效应的理论分析［J］.上海交通大学学报，2004（3）：478-483.

[50] 邓莉，梅洪常.R&D溢出效应与企业簇群创新机制的构建［J］.企业经济，2004（1）：132-134.

[51] 辛文昉.企业集群单波知识溢出的测算［J］.科技进步与对策，2004（1）：71-73.

[52] 郑德渊，李湛.R&D的溢出效应研究［J］.中国软科学，2002（9）：78-82，93.

[53] 喻金田.企业的知识构成、测评及管理探讨［J］.研究与发展管理，2002（6）：59-62.

[54] 叶建亮.知识溢出与企业集群［J］.经济科学，2001（3）：23-30.

[55] 李文博.产业集群网络中知识溢出关键影响因素的实证研究［J］.科技进步与对策，2011（2）：142-145.

[56] 傅利平，周小明，张烨.高技术产业集群知识溢出对区域创新产出的影响研究——以北京市中关村科技园为例［J］.天津大学学报（社会科学版），2014（4）：300-304.

[57] 郑慕强，李兰芝.知识溢出效应对创新能力及创新绩效的作用——基于闽粤产业集群的实证研究［J］.当代经济管理，2015（3）：23-29.

[58] 闫华飞.创业行为、创业知识溢出与产业集群发展绩效［J］.科学学研究，2015（1）：98-105，153.

[59] 王飞绒，丁仲芳，胡祝琳，等.浙江省高新技术产业集群知识溢出的实证研究［J］.技术经济，2015（7）：5-12.

[60] 庄小将.知识溢出对集群企业技术创新绩效影响——基于传统产业集群企业的实证研究［J］.技术经济与管理研究，2016（10）：38-44.

[61] 吴波，贾生华.网络开放、战略先行与集群企业吸收能力构建——基于浙江产业集群的实证研究［J］.科学学研究，2009（12）：1845-1852.

[62] 朱彬钰.集群企业资源获取、吸收能力与技术创新绩效——珠三角传统产业集群中的企业研究［J］.科技进步与对策，2009（10）：84-90.

[63] 吴先华，郭际，胡汉辉，等.知识吸收能力影响内生型产业集群创新的实证——以苏州市乌鹊桥电脑产业集群为例［J］.科学学研究，2010（6）：941-951+815.

[64] 窦红宾，王正斌.网络结构、吸收能力与企业创新绩效——基于西安通讯装备制造产业集群的实证研究［J］.中国科技论坛，2010（5）：25-30.

[65] 蔡猷花，陈国宏，蔡彬清.产业集群网络、知识整合能力及创新绩效关系研究——基于福建省三个制造业集群的实证分析［J］.福州大学学报（哲学社会科学版），2013（2）：21-28+36.

[66] 魏江，郑小勇.关系嵌入强度对企业技术创新绩效的影响机制研究——基于组织学习能力的中介性调节效应分析［J］.浙江大学学报（人文社会科学版），2010（6）：168-180.

[67] 武博，闫帅.知识型企业智力资本对知识创新绩效的影响研究——兼论组织学习能力的中介作用［J］.求索，2011（9）：84-86.

[68] 薛捷，张振刚.技术及市场环境动荡中企业动态学习能力与创新绩效关系研究［J］.科技进步与对策，2015（1）：98-104.

[69] 华连连，张悟移.知识流动及相关概念辨析［J］.情报杂志，2010（10）：112-117.

[70] Marshall A. Principles of Economics [M]. London：MacMillan，reprinted by Prometheus Books，1st edn，1920.

[71] 罗胤晨，谷人旭，王春萌.经济地理学视角下西方产业集群研究的演进及其新动向［J］.世界地理研究，2016（6）：96-108.

[72] Bathelt H，Halmberg A，Maskell P. Cluster and Knowledge：Local Buzz，Global Pipelines and the Process of Knowledge Creation [J]. Progress in Human Geography，2004，28（1）：31-56.

[73] 朱秀梅.知识溢出、吸收能力对高技术产业集群创新的影响研究［D］.吉林大学，2006.

[74] 陈国宏，李凯.产业集群的组织分析逻辑：组织本质、效率与边界［J］.财经问题研究，2009（1）：37-42.

[75] Van Stel A. J.，Nieuwenhuijsen H. R. Knowledge Spillovers and Economic Growth：An Analysis using Data of Dutch Regions in the Period 1987-1995 [J]. Regional Studies，2004（4）：393-407.

［76］　徐占忱，何明升.知识转移障碍纾解与集群企业学习能力构成研究［J］.情报科学，2005（5）：559-663.

［77］　Davenport T. H. ，Laurence P. Working Knowledge：How Organizations Manage What They Know［M］. Boston， MA：Harvard Business School Press，1998.

［78］　Bartol K. M. ，Liu Wei，Zeng Xiangquan. Social Exchange and Knowledge Sharing among Knowledge Workers： The Moderating Role of Perceived Job Security［J］ Management and Organization Review，2009（2）：223-240.

［79］　赵勇，白永秀.知识溢出：一个文献综述［J］.经济研究，2009（1）：144-156.

［80］　周丹，郭万山.非均衡条件下技术扩散路径的理论辩争与现实选择——基于辽宁装备制造业的经验性分析［J］. 经济与管理，2010（2）：10-16.

［81］　Cohen W，Levinthal D. Absorptive Capacity：A New Perspective on Learning and Innovation［J］. Administrative Science Quarterly，1990，35（1）：128-152.

［82］　Zahra S. A. ，George G. Absorptive Capacity：A Review，Reconceptualization，and Extension［J］. Academy of Management Review，2002，27（2）：185-203.

［83］　熊鸿儒，王毅，林敏，等.技术轨道研究：述评与展望［J］.科学学与科学技术管理，2012（7）：21-28.

［84］　张立超，刘怡君.技术轨道的跃迁与技术创新的演化发展［J］.科学学研究，2015，33（1）：137-145.

［85］　熊鸿儒，王毅，林敏，等.技术轨道研究：述评与展望［J］.科学学与科学技术管理，2012，33（7）：21-28.

［86］　张立超，刘怡君.技术轨道的跃迁与技术创新的演化发展［J］.科学学研究，2015，33（1）：137-145.

［87］　Moller K. Sense-making and Agenda Construction in Emerging Business Networks：How to Direct Radical Innovation［J］. Industrial Marketing Management，2010，39（3）：361-371.

［88］　Hsin-Hui Chou，Mobilising Resources to Bridge Technological Discontinuities［J］. Journal of Business & Industrial Marketing，2016，31（6）：784-793.

［89］　Mark Jenkins. Technological Discontinuities and Competitive Advantage：A Historical Perspective on Formula 1 Motor Racing 1950-2006［J］. Journal of Management Studies，2010，47（5）：884-910.

［90］　Dosi G. Technological paradigms and technological trajectories：a suggested interpretation of the determi-nants and directions of technical change［J］. Research Policy，1982，11（3）：147-162.

［91］　Soete L. International diffusion of technology，industrial development and technological leap frogging［J］. World Development，1985，13（3）：409-422.

［92］　Brezis E，Krugman P. Leapfrogging in international competition：a theory of cycles in national technological leadership［J］. The American Economic Review，1993，83（5）：1211-1230.

［93］　Teece D. Dosi's technological paradigms and trajectories：insights for economics and management［J］. Industrial and Corporate Change，2008，17（3）：507-512.

［94］　Tunzelmann N，Malerba F，Nightingale P，et al. tech-nological paradigms：past，present and future［J］. Industrial and Corporate Change，2008，17（3）：467-484.

［95］　Funk J. Key technological trajectories and the expansion of mobile internet applications［J］ ，The Journal of Policy，Regulation and Strategy for Telecommunications，2004，6（3）：208-216.

［96］　Dijk M，Yarime M. The emergence of hybrid-electric cars：innovation path creation through co-evolution of supply and demand［J］. Technological Forecasting & Social Change，2010（77）：1371-1390.

［97］　Tanaka N. Technology roadmap：electric and plug-in hybrid electric vehicles［R］. International Energy Agency， Tech. Rep，2011.

［98］　黄鲁成，石媛嫄，吴菲菲.基于专利引用的技术轨道动态分析：以太阳能电池为例［J］.科学学研究，2013，31（3）：358-367.

［99］　杨中楷，刘佳.基于专利引文网络的技术轨道识别研究：以太阳能光伏电池板领域为例［J］.科学学研究，2011，29（9）：1311-1317.

［100］　缪小明，赵静.基于专利数据的汽车产业技术轨道研究［J］.科研管理，2014，35（10）：101-106.

［101］　Dendler L，Sharmina M，Calverley D. Sustainable futures：Multi-disciplinary perspectives on multi-level transitions [J]. Environmental Development，2012（2）：2-5.

[102] Kaplan S，Tripsas M. Thinking about technology：Ap-plying a cognitive lens to technical change [J]. Research Policy，2008，37（5）：790-805.

[103] Doina Olaru，Sharon Purchase. Innovation network tra-jectories：the role of time and history [J]. Journal of Business & Industrial Marketing，2015，30（3）：342-353.

[104] Castaldi C，Fontana R，Nuvolari A. Chariots of fire：The evolution of tank technology，1915-1945 [J]. Journal of Evolutionary Economics，2009（19）：545-566.

[105] Anderson B. The evolution of technological trajectories：1890—1990 [J]. Structural Change and Economic Dynamics，1998（9）：5-34.

[106] 张震宇，陈劲.基于开放式创新模式的企业创新资源构成、特征及其管理 [J].科学学与科学技术管理，2008（11）：61-65.

[107] 刘莉亚，何彦林，杨金强.生产率与企业并购：基于中国宏观层面的分析 [J].经济研究，2016（3）：123-136.

[108] Kaustav Misra，Esra Memili，Dianne，H. B. Cross-Country Technology Gap in Latin America：Growth Accounting and Non-Parametric Approaches [J]. Cross Cultural Management，2015，22（4）：630-648.

[109] 高良谋，马文甲.开放式创新：内涵、框架与中国情境 [J].管理世界，2014（6）：157-169.

[110] 刘小鲁.知识产权保护、自主研发比重与后发国家的技术进步 [J].管理世界，2011（10）：10-19＋187.

[111] 蒋天颖，王峥燕，张一青.网络强度、知识转移对集群企业创新绩效的影响 [J].科研管理，2013，34（8）：27-34.

[112] 刘满凤，吴卓贤.高新技术产业集群知识溢出的 Mar 效应和 Jac 效应的实证研究 [J].科学学与科学技术管理，2013，34（8）：83-92.

[113] 郭磊，周燕芳，蔡虹.基于机会窗口的后发国家产业追赶研究：中国智能手机产业的案例 [J].管理学报，2016，13（3）：359-365.

[114] 徐雨森，逯垚迪，徐娜娜.快变市场环境下基于机会窗口的创新追赶研究：HTC 公司案例分析 [J].科学学研究，2014，32（6）：927-936.

[115] 谢建国，周露昭.进口贸易、吸收能力与国际 R&amp；D 技术溢出：中国省区面板数据的研究 [J].世界经济，2009（9）：68-81.

[116] 史丽萍，刘强，吴康俊，腾云.FDI 技术溢出、知识创新与企业竞争优势的关系研究——基于企业吸收能力、内部控制机制的调节作用 [J].研究与发展管理，2014（5）：1-13.

[117] 周春应.对外直接投资逆向技术溢出效应吸收能力研究 [J].山西财经大学学报，2009（8）：47-53.

[118] 马宁，官建成.影响我国工业企业技术创新绩效的关键因素 [J].科学学与科学技术管理，2000（3）：16-20.

[119] 樊利钧，林枫，徐金发，等.企业吸收能力的影响因素及展望 [J].情报杂志，2009（11）：18-22.

[120] 任寿根.新兴产业集群与制度分割——以上海外高桥保税区新兴产业集群为例 [J].管理世界，2004（2）：56-62.

[121] 张书军，苏晓华.资源本位理论：演进与衍生 [J].管理学报，2009（11）：1555-1562.

[122] 赵金楼，刘国岩.基于 DAHP 的创新型大企业的竞争力评价 [J].科技管理研究，2008（5）：104-105.

[123] 彭正龙，王海花，王晓灵.开放式创新与封闭式创新的比较研究——基于资源共享度 [J].研究与发展管理，2011（4）：35-41.

[124] 袁健红，李慧华.开放式创新对企业创新新颖程度的影响 [J].科学学研究，2009（12）：1892-1899.

[125] 肖岳峰，龚敏卿.影响企业开放式创新趋势的环境因素分析 [J].科技管理研究，2010（13）：36-39.

[126] 李文元，梅强，顾桂芳.基于技术创新服务体系的中小企业开放式创新研究 [J].科技进步与对策，2011（16）：5-8.

[127] Taylor A. Organizational Linkages for Surviving Technological Change：Complementary Assets，Middle Management，And Ambidexterity [J]. Organization Science，2009，20（4）：718-739.

[128] 高良谋，马文甲.开放式创新：内涵、框架与中国情境 [J].管理世界，2014（6）：157-169.

［129］ Henkel，Joachim. Selective Revealing in Open Innovation Processes：The Case of Embedded Linux ［J］. Research Policy，2006，35（7）：953-969.

［130］ 夏恩君，王素娟，张明，等.企业开放式创新社区网络创新绩效内部影响因素分析——NK 模型视角 ［J］.科技进步与对策，2014（18）：80-84.

［131］ 陈畴镛，夏文青，王雷.企业同质化对产业集群技术创新的影响与对策 ［J］.科技进步与对策，2010（3）：55-58.

［132］ 汤临佳，池仁勇.产业集群结构、适应能力与升级路径研究 ［J］.科研管理，2012（1）：1-9.

［133］ 王发明.产业集群的识别界定——集群度 ［J］.经济地理，2008（1）：33-37，43.

［134］ 李晓翔，刘春林.冗余资源、并购行为和剥离行为：一项关于我国 ST 企业的配对研究 ［J］.经济管理，2011（6）：59-68.

［135］ Ciccone A. Agglomeration Effects in Europe ［J］. European Economic Review，2002，（04）：213-227.

［136］ Kafouros M，Forsans N. The Role of Open Innovation in Emerging Economies：Do Companies Profit from the Scientific Knowledge of Others? ［J］. Journal of World Business，2012，47（3）：362-370.

［137］ Arrow K. J. The Economic Implication of Learning by Doing ［J］. Review of Economic Studies，1962（29）：155-173.

［138］ Romer P. Increasing Returns and Long Run Growth ［J］. Journal of Political Economy，1986（94）：1002-1037.

［139］ Romer P. Endogenous Technological Change ［J］. Journal of Political Economy，1990，98（5）：71-102.

［140］ Jacobs. The Economy of Cities ［M］. New York：Vintage，1969.

［141］ Feldman M. P.，Audretsch D. B. Innovation in Cities：Science-based Diversity，Specialization and Localized Competition ［J］. European Economic Review，1999（43）：409-429.

［142］ Raffaele Paci，Stefano Usai. Externalities，Knowledge Spillover and the Spatial Distribution of Innovation ［J］. Geo Journal，1999，49（4）：381-390.

［143］ 吴梅，龙志和，林光平.产业结构对知识溢出效应的影响分析——来自广东工业产业的证据 ［J］.科研管理，2011（7）：18-24.

［144］ 周钟，陈智高.产业集群网络中知识转移行为仿真分析——企业知识刚性视角 ［J］.管理科学学报，2015（1）：41-49.

［145］ 解学梅，左蕾蕾.企业协同创新网络特征与创新绩效：基于知识吸收能力的中介效应研究 ［J］.南开管理评论，2013（3）：47-56.

［146］ 陶锋.吸收能力、价值链类型与创新绩效——基于国际代工联盟知识溢出的视角 ［J］.中国工业经济，2011（1）：140-150.

［147］ 肖欣荣，田存志.激励契约、规模报酬递减与组织形式演进：以公募基金和私募基金为例 ［J］.南开经济研究，2016（4）：38-55.

［148］ 郭庆旺，贾俊雪.中国全要素生产率的估算：1979—2004 ［J］.经济研究，2005（6）：51-60.

［149］ 生延超，欧阳峣.规模扩张还是技术进步：中国汽车产业全要素生产率的测度与评价：基于非参数 Malquist 指数的研究 ［J］.中国科技论坛，2011（6）：42-47.

［150］ 生延超，钟志平.规模扩张还是技术进步：中国饭店业全要素生产率的测度与评价：基于非参数的曼奎斯特（Malmquist）生产率指数研究 ［J］.旅游学刊，2010（5）：25-32.

［151］ 李胜会，李红锦.要素集聚、规模效率与全要素生产率增长 ［J］.中央财经大学学报，2010（4）：59-66.

［152］ Scherer F. M. Firm size，market structure，opportunity and the output of patented inventions ［J］. American Eco-nomic Review，1965，55（5）：1097-1125.

［153］ 聂辉华，谭松涛，王宇锋.创新、企业规模和市场竞争：基于中国企业层面的面板数据分析 ［J］.世界经济，2008（7）：57-66.

［154］ 于君博，舒志彪.企业规模与创新产出关系的实证研究 ［J］.科学学研究，2007，25（2）：373-380.

［155］ 韩超，胡浩然.清洁生产标准规制如何动态影响全要素生产率：剔除其他政策干扰的准自然实验分析 ［J］.中国

工业经济，2015（5）：70-82.

[156] 毛德凤，李静，彭飞等.研发投入与企业全要素生产率：基于 PSM 和 GPS 的检验 [J].财经研究，2013，39（4）：134-144.

[157] 方福前，张艳丽.中国农业全要素生产率的变化及其影响因素分析：基于 1991—2008 年 Malmquist 指数方法 [J].经济理论与经济管理，2010（9）：5-12.

[158] 王珏，宋文飞，韩先锋.中国地区农业全要素生产率及其影响因素的空间计量分析：基于 1992-2007 年省域空间面板数据 [J].中国农村经济，2010（8）：24-35.

[159] 李平.提升全要素生产率的路径及影响因素：增长核算与前沿面分解视角的梳理分析 [J].管理世界，2016（9）：1-11.

[160] Battese G. E., Coelli T. J. A Model for Technical Inefficiency Effects in A Stochastic Frontier Production Function for Panel Data [J]. Empirical Economics，1995（20）：325-332.

[161] 成邦文，刘树梅，吴晓梅.C-D 生产函数的一个重要性质 [J].数量经济技术经济研究，2001（7）：78-80.

[162] Solow R. M. A Contribution to Theory of Economic Growth [J]. Quarterly Journal of Economics，1956，70（1）：65-94.

[163] 易纲，樊纲，李岩.关于中国经济增长与全要素生产率的理论思考 [J].经济研究，2003（8）：13-20，90.

[164] Meeusen W., Vandenbroeck J. Efficiency Estimation from Cobb-Douglas Production Functions with Composed Error [J]. International Economy Review，1977，18（2）：435-445.

[165] Battese G. E., Coelli T. J. A Model for Technical Inefficiency Effects in A Stochastic Frontier Production Function for Panel Data [J]. Empirical Economics，1995（20）：325-332.

[166] 王远方.基于随机前沿分析的全要素生产率分解 [J].西南民族大学学报（人文社科版），2016（4）：134-141.

[167] Charnes A，Cooper W. W.，Rhodes E. L. Measuring the Efficiency of Decision Making Units [J]. European Journal of operational research，1978（2）：429-444.

[168] Malmquist S. Index numbers and indifference surfaces [J]. Trabajos de Estadistica，1953（4）：209-242.

[169] Cave s D. W.，Christensen L. R.，Diewert W. E. The Economic Theory of Index Numbers and the Measurement of Input，Output，and Productivity [J]. Econometrica，1982（50）：1393-1414.

[170] Fare R，Grosskopf S，Roos P. On Two Definitions of Productivity [J]. Economics Letters，1996（53）：269-274.

[171] Ray S. C.，Desli E. Productivity Growth，Technical Progress，and Efficiency Change in Industrialized Countries：Comment [J]，American Economic Review，1997（87）：1033-1039.

[172] 王锐淇，彭良涛，蒋宁.基于 SFA 与 Malmquist 方法的区域技术创新效率测度与影响因素分析 [J].科学学与科学技术管理，2010（9）：121-128.

[173] 马海良，黄德春，姚惠泽.中国三大经济区域全要素能源效率研究——基于超效率 DEA 模型和 Malmquist 指数 [J].中国人口.资源与环境，2011，21（11）：38-43.

[174] 韩晶.中国高技术产业创新效率研究——基于 SFA 方法的实证分析 [J].科学学研究，2010，28（3）：467-472.

[175] 匡远凤.技术效率、技术进步、要素积累与中国农业经济增长——基于 SFA 的经验分析 [J].数量经济技术经济研究，2012（1）：3-18.

[176] 彭华涛.创业企业成长瓶颈突破——政企互动的中介作用与政策感知的调节作用 [J].科学学研究，2013，31（7）：1077-1085.

[177] 刘秉镰，李清彬.中国城市全要素生产率的动态实证分析：1990-2006——基于 DEA 模型的 Malmquist 指数方法 [J].南开经济研究，2009（3）：139-152.

[178] 王庆喜.多维邻近与我国高技术产业区域知识溢出——一项空间面板数据分析（1995-2010）[J].科学学研究，2013（7）：1068-1076.

[179] Anselin L. Local Indicators of Spatial Association [J] Geographical Analysis，1995，27（2）：93-115.

[180] 谢千里，罗斯基，张轶凡.中国工业生产率的增长与收敛 [J].经济学（季刊），2008（3）：809-826.

[181]　汤二子，孙振.异质性生产率、产品质量与中国出口企业的"生产率悖论"[J].世界经济研究，2012 (11)：10-15，87.

[182]　Brandt L. Creative Accounting or Creative Destruction? Firm-Level Productivity Growth in Chinese Manufacturing [J]. Journal of Development Economic, 2012, 97 (2): 339-351.

[183]　李琳，熊雪梅.产业集群生命周期视角下的地理邻近对集群创新的动态影响——基于对我国汽车产业集群的实证 [J].地理研究，2012 (11)：2017-2030.

[184]　毛广雄，廖庆，刘传明，等.高新技术产业集群化转移的空间路径及机理研究——以江苏省为例 [J].经济地理，2015 (12)：105-112.

[185]　郭曦，郝蕾.产业集群竞争力影响因素的层次分析——基于国家级经济开发区的统计回归 [J].南开经济研究，2005 (4)：34-40，46.

[186]　张玲，邬永强.基于CAS理论的旅游产业集群动力机制研究——以广州会展旅游产业集群为例 [J].经济地理，2013 (8)：171-176.

[187]　连蕾，卢山冰.科技资源区域集聚效应与创新效率研究 [J].科学管理研究，2015，33 (2)：40-43.

[188]　王世平，钱学锋.中国城市出口：集聚效应还是排序效应 [J].国际贸易问题，2016 (8)：16-27.

[189]　王丽丽.集聚、贸易开放与全要素生产率增长——基于中国制造业行业的门槛效应检验 [J].产业经济研究，2012 (1)：26-34.

[190]　刘春霞.产业地理集中度测度方法研究 [J].经济地理，2006，26 (5)：742-747.

[191]　孙慧，周好杰.产业集聚水平测度方法综述 [J].科技管理研究，2009 (6)：449-451.

[192]　袁海红，张华，曾洪勇.产业集聚的测度及其动态变化——基于北京企业微观数据的研究 [J].中国工业经济，2014 (9)：38-50.

[193]　Combes P. P. , Overman H. G. The Spatial Distribution of Economic Activities in the European Union [A]. J. F. Thisse, and J. V. Henderson. Handbook of Regional and Urban Economics [C]. Amsterdam：North Holland, 2004.

[194]　孟晓晨，王滔，王家莹.北京市制造业和服务业空间组织特征与类型 [J].地理科学进展，2011，30 (2)：186-197.

[195]　Gini, Corrado. Measurement of Inequality of Incomes [J]. The Economic Journal, 1921, 31 (121): 124-126.

[196]　Keeble D, Offord J, Walker S. (1986) Peripheral regions in a community of twelve member states (Luxembourg：Commission of the European Communities).

[197]　Ellison G, Glaeser E. L. Geographic Concentration in US Manufacturing Industries：A Dartboard Approach [J]. Journal of Political Economy, 1997, 105 (5): 889-927.

[198]　Ripley B. D. Modelling Spatial Patterns [J]. Journal of the Royal Statistical Society, 1977, 39 (2): 172-212.

[199]　Besag J. Errors in Variables Estimation for Gaussian Lattice Schemes [J]. Journal of the Royal Statistical Society, 1977, 39 (1): 73-78.

[200]　Sweeney S. H. , Feser E. J. Plant Size And Clustering Of Manufacturing Activity [J]. Geographical Analysis, 1998, 30 (1): 45-64.

[201]　Marcon E, Puech F. Evaluating the Geographic Concentration of Industries Using Distance Based Methods [J]. Journal of Economic Geography, 2003, 3 (4): 409-428.

[202]　Okabe Atsuyuki, Satoh Toshiaki, Sugihara Kokichi. A Kernel Density Estimation Method for Networks, Its Computational Method and a GIS-Based Tool [J]. International Journal of Geographical Information Science, 2009, 23 (1): 7-32.

[203]　蔡虹，张永林.我国区域间外溢技术知识存量的测度及其经济效果研究 [J].管理学报，2008 (4)：568-575，590.

[204]　蔡虹，许晓雯.我国技术知识存量的构成与国际比较研究 [J].研究与发展管理，2005 (4)：15-20.

[205]　邓明，钱争鸣.我国省际知识存量、知识生产与知识的空间溢出 [J].数量经济技术经济研究，2009 (5)：

42-53.

[206] Hansen. Threshold Effects in Non-Dynamic Panel：Estimation，Testing and Inference [J]. Journal of Development Economics，1999，94（3）：345-368.

[207] 陈继勇，雷欣，黄开琢. 知识溢出、自主创新能力与外商直接投资 [J]. 管理世界，2010（7）：30-42.

[208] 李梅，柳士昌. 对外直接投资逆向技术溢出的地区差异和门槛效应——基于中国省际面板数据的门槛回归分析 [J]. 管理世界，2012（1）：21-32＋66.

[209] 尹建华，周鑫悦. 中国对外直接投资逆向技术溢出效应经验研究——基于技术差距门槛视角 [J]. 科研管理，2014（3）：131-139.

[210] 孙文松，唐齐鸣，董汝婷. 知识溢出对中国本土高新技术企业创新绩效的影响——基于国际创新型人才流动的视角 [J]. 技术经济，2012（12）：7-12.

[211] 侯爱军，夏恩君，陈丹丹，李森. 基于供需视角的我国区域人才流动研究 [J]. 科技进步与对策，2015（9）：141-145.

[212] 陈永广，韩伯棠，李燕. 基于进口贸易的知识溢出与技术进步——对环渤海地区制造业的实证研究 [J]. 北京理工大学学报（社会科学版），2011（3）：32-35.

[213] 李有. 我国逆向获取技术溢出的主要渠道：出口贸易抑或外向对外直接投资 [J]. 当代财经，2013（12）：99-108.

[214] 刘舜佳，王耀中. 国际研发知识溢出：货物贸易还是服务贸易——基于非物化型知识空间溢出视角的对比 [J]. 国际贸易问题，2014（11）：14-24.